普通高等教育“十一五”国家级规划教材
经全国高等学校体育教学指导委员会审定
普通高等学校“互联网+”立体化教材

大学体育与健康教程

（第3版）

《大学体育与健康教程》编委会　编

北京体育大学出版社

策划编辑：吕常峰
责任编辑：姜艳艳
责任校对：杨　洋
版式设计：高荣华

图书在版编目（CIP）数据

大学体育与健康教程 /《大学体育与健康教程》编委会编 . -- 3 版 . -- 北京：北京体育大学出版社，2011.6（2022.8 重印）

ISBN 978-7-81100-320-8

Ⅰ . ①大… Ⅱ . ①大… Ⅲ . ①体育－高等学校－教材 ②健康教育－高等学校－教材 Ⅳ . ① G807.4

中国版本图书馆 CIP 数据核字 (2011) 第 112701 号

大学体育与健康教程　　**《大学体育与健康教程》编委会　编**

DAXUE TIYU YU JIANKANG JIAOCHENG

出版发行：北京体育大学出版社
地　　址：北京市海淀区农大南路 1 号院 2 号楼 2 层办公 B–212
邮　　编：100084
网　　址：http://cbs.bsu.edu.cn
发 行 部：010–62989320
邮 购 部：北京体育大学出版社读者服务部 010–62989432
印　　刷：艺堂印刷（天津）有限公司
开　　本：787mm × 1092mm　1/16
成品尺寸：185mm × 260mm
印　　张：18
字　　数：508 千字
版　　次：2005 年 8 月第 1 版　　2011 年 6 月第 3 版
印　　次：2022 年 8 月第 13 次印刷
定　　价：34.00 元

《大学体育与健康教程》编审委员会

序

为了培养德、智、体、美、劳全面发展的社会主义新型人才，作为高等学校教育组成部分的大学体育，除了必须有课程教学指导纲要，还应有一本高质量的教科书，这既是培养合格人才的需要，也是提高学校教育和教学质量的需要。《大学体育与健康教程》是林志超教授及全国部分高等院校有丰富教学经验的专家、学者辛勤劳动的成果，它的出版将对我国高等学校体育的改革和发展产生积极的影响。

该教材贯彻落实了《全国普通高等学校体育课程教学指导纲要》的精神和“健康第一”的指导思想，以促使学生养成体育活动的习惯，学会欣赏体育项目和形成良好生活方式为主要目的。该教材将理论与实践相结合，以直接指导教学实践及教师使用与学生阅读、应用相结合为特色，内容丰富、结构严谨、版式新颖、图文并茂、通俗易懂，并配有多媒体微课，具备了体育教学指导书的应用价值，是一本实用性和可读性均较强的好教材。

借该教材出版之际作此序，以表示对作者的敬意，并衷心祝愿《大学体育与健康教程》在教学实践中不断完善，从而为大学体育教材建设增色添彩。

教育部体育卫生与艺术教育司原司长

前 言

《中共中央国务院关于深化教育改革，全面推进素质教育的决定》明确指出："健康体魄是青少年为祖国和人民服务的基本前提，是中华民族旺盛生命力的体现。学校教育要树立健康第一的指导思想，切实加强体育工作。"为贯彻这一文件精神，编者根据教育部颁布的《全国普通高等学校体育课程教学指导纲要》（以下简称《纲要》）和当前高等学校体育教学的实际需要，编写了本教材。

本教材牢牢把握"立德树人、健康第一"和"以人为本"的指导思想，把培养终身体育意识、提高身体素质和运动技能、增进身体健康作为出发点和落脚点，力求成为在校大学生体育学习和锻炼的指导用书。本教材概括起来有以下特色。

1. 系统性

本教材的内容不仅有理论知识论述，还有体育技能介绍。理论知识部分不仅有健康理论知识论述，还有体育理论知识论述。体育技能部分不仅有竞技体育技能介绍，还有休闲娱乐体育技能介绍。

2. 层次性

根据《纲要》提出的"三个自主"原则和"两个目标"，本教材实践部分包括大球运动、小球运动、武术与搏击运动、游泳运动、形体运动、田径运动、休闲运动等运动项目，以满足具有不同水平、不同兴趣和爱好的学生的需求。

3. 实用性

本教材中的大部分图片为实拍照片，便于学生在学习中模仿，具有较强的可操作性。

4. 开放性

本教材坚持系统性、科学性、实用性和趣味性相结合的原则，倡导开放式、探究式的教学方法，研制了配套多媒体微课，构建起立体化教学模式，以方便教与学。

本教材是北京体育大学出版社策划出版的系列教材之一，由全国普通高等学校体育教学指导委员会原公共体育组组长林志超教授担任总主编，北京大学、清华大学、北京体育大学等高校专家、教授参与编写。本教材编审人员根据师生的意见，对本教材的部分内容进行了修订。编者期待本教材能通过知识学习、能力培养与情感体验的有机结合，激发学生思考问题和深入探究问题的兴趣，从而促进我国普通高校体育教学的改革。

感谢教育部体育卫生与艺术教育司原司长杨贵仁教授拨冗为本教材作序，全国普通高等学校体育教学指导委员会公共体育组组长孙麒麟教授和李重申教授对本教材提出的许多宝贵意见和建议。

由于编者水平所限，本教材若有不妥之处，恳请广大读者给予批评与指正，以便我们对本教材进行修订和完善。

目　录

第一章 体育锻炼与健康

学习提示

本章内容包括健康概述、体育锻炼的益处、健康生活方式的养成等。

通过对本章的学习，学生应该能够回答以下问题。

√ 健康的定义与标准是什么？

√ 体育锻炼的益处有哪些？

√ 良好的生活方式包括哪些内容？

第一节 认识健康的重要性

一、健康的价值

（一）健康既是学校教育的前提，又是学校教育的首要目标

高校提倡使受教育者在德育、智育、体育、美育等方面得到全面的发展，它们各有特定的含义和任务，是相互联系、相辅相成的统一体。而学校教育在全面教育中起着主导作用，学校可以有计划、有目的地安排好各项教育活动，其中“体育”就肩负着提高学生健康水平的教育作用。

（二）健康是人们奉献社会和享受生活的基础与前提条件

生命的意义在于奉献。拥有健康，才能优化自己在社会生活中的地位和作用，才能使自我价值最大限度地体现出来，从而为社会做贡献。一个身体健康、精神饱满、具有良好社会适应能力的人，才可能享受高质量的生活。反之，如果没有健康的身体和健康的心理，就无法享受生活、享有幸福。

（三）健康是衡量一个民族文明程度的标志

健康受多种社会因素的制约，如社会制度、经济状况和文化教育等。在一个安定团结、安居乐业、经济快速发展以及文化教育先进的社会环境中，人民的健康水平无疑会极大地提高。联合国教科文组织关于新一代人才的三项基本标准是：健康的体魄、高尚的道德品质和丰富的科学文化知识。健康的体魄被放在衡量人才标准的首位。健康水平和体质状况将直接影响到一个国家和民族的发展水平和种族的繁衍昌盛。在现代社会中，健康已经成为衡量一个民族文明程度的重要标志。在充满竞争与挑战的现代社会中，拥有大批的高素质人才是一个国家可持续发展的保证。所谓高素质的人才，就是德、智、体、美、劳五方面全面发展的合格人才。健康的体质是思想道德素质和科学文化素质的物质基础，是高素质人才成才的物质基础。拥有健康的高素质国民是社会发展的潜在动力。

二、健康的定义与标准

（一）健康的定义

健康是指一个人在身体、心理和社会适应等方面都处于良好的状态。健康包括两个方面的内容：① 主要脏器无疾病，身体形态发育良好，体形均匀，人体各系统具有良好的生理功能，有较强的身体活动能力和劳动能力，这是对健康最基本的要求；② 身体对疾病的抵抗能力较强，能够适应环境变化、各种生理刺激及致病因素的作用。

传统的健康观是“躯体无病即健康”。20 世纪 40 年代，世界卫生组织提出：健康不仅为疾病或羸弱之消除，而系体格、精神与社会之完全健康状态。此后，相关学者不断完善健康的概念，于 20 世纪 90 年代又提出人类健康还应包括道德健康，认为只有身体健康、心理健康、社会适应良好、道德健康的人，才算是完全健康的人。至此，现代健康观包括身体健康、心理健康、社会适应良好和道德健康四个方面。

（二）健康的标准

世界卫生组织的研究报告表明：人类 1/3 的疾病可以通过预防保健避免，1/3 的疾病通过早期的发现可以得到有效控制，1/3 的疾病通过信息的有效沟通能够提高治疗效果。因此，及时了解自己的身体存在哪些疾病或隐患十分重要。因为在很多时候，身体虽然没有异常，但是可能会有处于潜伏期的病变。专家建议人们应该定时进行全面的身体健康检查。此外，人们可以通过一些简单而实用的身体健康检测方法，随时随地对自己的身体状况进行检查，随时掌握身体的健康动向，及时采取相应对策。

1. 平衡性——检验人体老化程度

平衡性在人类生活中有非常重要的意义。日本京都府立医科大学的山田教授根据对人体组织30多年的研究提出一种简单易行的“人体老化简易自测法”。

测试方法：两手扶于腰间，紧闭双目，选择你认为站立较为容易的一条腿单腿站立；抬起脚可以继续抬高或者放低，但不能与支撑脚接触；记录单腿站立从开始到结束的时间，结束标志是支撑脚移位或者抬起脚接触到地面；受试者进行两次测试，把较长的一次时间记录下来。这期间可以变换支撑脚。

见表1-1-1，测试结果在4秒及以下的男性和在3秒及以下的女性就要加强平衡性训练。锻炼关节和肌肉可以改善平衡性，而一些反常规运动也可以刺激人体做出平衡反应。平衡性训练的方法很多，如倒着走、走猫步等。我们推荐原地转圈法，即用3小步在原地转个圈，根据个人情况转一两分钟，停下来，闭眼静立半分钟，然后反向转。

表1-1-1 平衡性测试表

等级	男性保持单腿站立的时间	女性保持单腿站立的时间
非常好	110秒以上	110秒以上
较好	38～109秒	36～109秒
标准	13～37秒	12～35秒
较低	5～36秒	4～35秒
非常不好	4秒及以下	3秒及以下

2. 腰臀比——检验脂肪指标

腰臀比是反映身体脂肪分布的一个简单指标。世界卫生组织通常用它来衡量人体是否肥胖。保持臀围和腰围的适当比例关系，对成年人体质和健康及其寿命有着重要意义。许多研究已证明，腰臀比与心血管发病率有密切关系。标准的腰臀比：男性小于0.8，女性小于0.7。根据美国运动医学会1997年推荐的标准，男性腰臀比>0.95和女性腰臀比>0.86，就具有患心血管疾病的危险。注意，人们在测量腰臀比时一定要采取站姿。

3. 屏息试验——检验呼吸系统机能

屏息试验是对受试者深吸气或深呼气后屏气时间长短的试验。人在屏气时，由于肺泡中的二氧化碳分压逐渐升高，造成人体缺氧，此时会引起呼吸系统、循环系统、神经系统等系统的一系列反应。因此，屏息试验是检查呼吸系统机能的辅助方法。

一般男子深吸气后屏息时间为35～45秒，女子深吸气后屏息时间为25～30秒；男子深呼气后屏息时间为20～30秒，女子深呼气后屏息时间为15～25秒。屏息时间越长，说明机体对缺氧的耐受力和碱储备水平越高。运动员深吸气后的屏息时间可达60秒以上，深呼气后可达40秒以上。

4. 脉搏——检验心脏功能

3次脉搏数相加，减去200再除以10，若所得结果处于0～3说明心脏强健，3～6说明心脏状态良好，6～9说明心脏状态一般，9～12说明心脏状态不怎么好，当为12以上时，应及时就医。

5. 爬楼梯——检验体力、腿力

一步迈两级台阶，能快速登上5层楼，说明健康状况良好；一步迈一级台阶，登上5层楼，没有明显的气喘现象，说明健康状况不错；如果一步迈一级台阶，登上3层楼，有明显的气喘现象，意味着身体虚弱，应到医院进一步查明原因，切莫大意。

6. 世界卫生组织关于健康的十条标准

（1）精力充沛，能从容不迫地应对日常生活和工作的压力而不感到过度紧张和疲劳。

（2）处世乐观，态度积极，勇于承担责任，做事不挑剔。

（3）善于休息，睡眠良好。

（4）应变能力强，能适应外界环境的各种变化。

（5）能够抵抗一般性感冒和传染病。

（6）体重得当，身材匀称，站立时头、肩、臂位置协调。

（7）眼睛明亮，反应敏锐，眼睑不易发炎。

（8）牙齿清洁，无龋齿，无疼痛；牙龈颜色正常，无出血现象。

（9）头发有光泽，无头屑。

（10）肌肉丰满，皮肤富有弹性。

三、健康要点

（一）五快——生理健康

（1）吃得快：进餐时，有良好的食欲，不挑剔食物，并能很快地吃完一顿饭。

（2）便得快：一旦有便意，能很快排泄完大小便，而且感觉良好。

（3）睡得快：入睡快，且睡得好，醒后头脑清醒，精神饱满。

（4）说得快：思维敏捷，口齿伶俐。

（5）走得快：行走自如，步履轻盈。

（二）三良好——心理健康

（1）具有良好的个性人格，情绪稳定，性格温和，意志坚定，感情丰富，胸怀坦荡，豁达乐观。

（2）具有良好的处世能力，观察问题客观现实，具有较好的自控力，能适应复杂的社会环境。

（3）具有良好的人际关系，能助人为乐，与人为善，对人际关系充满热情。

四、影响健康的主要因素

（一）环境因素

自然环境是人类赖以生存的物质基础，人类生存所需的食物、空气、阳光均来自大自然。然而，人类的一些错误的生产活动和生活方式使自然环境的构成或状态发生了不利于人类生存和发展的变化。生态平衡遭到破坏，会对人类的健康产生直接、间接或潜在的危害。环境污染对健康的危害具有机制复杂、效应慢、周期长、范围大、后果重的特点。社会环境包括政治、经济、文化、教育等多方面的内容。良好的社会环境有利于人类的健康，不良的社会环境会直接或间接地危害人类的健康。

（二）生物学因素

引起传染性疾病、感染性疾病的病原微生物，以及导致遗传性疾病和残障肢体的遗传、非遗传的内在缺陷，可归类为影响健康的生物学因素。目前，虽然人类疾病谱和死因顺位的变化把人们关注健康的目光引向了不良的生活方式和行为致病因素上，但生物学因素对健康的危害依然存在，并且不断地出现新问题。

（三）卫生保健服务因素

卫生保健服务是指卫生机构和卫生专业人员针对个人、群体和社会的健康需要所提供的必要的、可能的服务。良好的卫生保健服务对健康起着促进作用，反之则会危害健康。良好的卫生保健服务包括健全的医疗卫生机构、完善的服务网络、充足的卫生资源及其合理配置与科学分配。然而，卫生保健服务的投入与效益并非成正比，个人对卫生保健服务的利用能力是影响卫生保健服务投入与效益间关系的重要因素。因此，对卫生保健服务的合理利用是健康教育的重要内容之一。

（四）行为与生活方式因素

行为是指具有认知、思考能力、情感、意志等心理活动的人在内外环境因素的刺激下所做出的能动反应。狭义的生活方式是指个人及其家庭的日常生活的活动方式；广义的生活方式是指一切生活活动的典型方式和特征的总和，包括生活态度、生活水平、生活习惯等。行为与生活方式紧密联系、互相影响。人们自身不良的行为和生活方式，会给个人、群体和社会的健康带来直接或间接的危害。这种危害具有潜伏性、积累性和影响广泛的特点。

维护健康的三道防线

第一道防线是预防。① 科学饮食；② 适量运动；③ 充分休息，要保持约 8 小时的睡眠；④ 心理平衡，正确对待一切人和事物；⑤ 养成良好的个人习惯，戒烟戒酒。

第二道防线是保健。保健是调节亚健康最有效的方法之一。有效保健需要从清、调、补三个环节进行。清是清除体内毒素，调是调节人体机能，补是补充均衡营养。

第三道防线是治疗。治疗的方式主要包括药物治疗、手术治疗等。

五、维护青少年健康的必要性

随着社会经济的发展和人们生活水平的提高，人们的生活方式也发生了明显的变化。心脑血管疾病已经成为人类健康的主要威胁。现代生活方式的改变，主要体现在体力活动不足、营养过剩、过度依赖电子产品。这些是诱发疾病的重要因素。因此，加强体育锻炼、积极参加体育运动是增强体质、预防疾病、提高健康水平的积极、有效的方法。广大青少年身心健康、体魄强健、意志坚强、充满活力，是一个民族旺盛生命力的体现，是社会文明进步的标志，是国家综合实力的重要方面。党中央、国务院历来高度重视青少年的健康成长。改革开放以来，我国青少年体育事业蓬勃发展，学校体育工作取得很大进步，青少年营养水平和形态发育水平不断提高，这极大地提升了全民健康素质。

青少年时期是身心健康和各项身体素质发展的关键时期。体育运动是加强爱国主义和集体主义教育、磨炼坚强意志、培养竞争意识与合作精神的重要途径，是促进青少年全面发展的重要方式，对青少年思想品德、智力发育、审美素养的形成都有着不可替代的重要作用。各地和各级各类学校必须全面贯彻党的教育方针，高度重视青少年体育工作，使广大青少年在增长知识、培养品德的同时，锻炼和发展身体的各项素质和能力，成长为中国特色社会主义事业的合格建设者和接班人。大学生拥有健康的体魄是其为祖国和人民服务的基本前提，也是保持中华民族旺盛生命力的体现。

大学体育教师应指导学生认识拥有健康人生的意义，提高学生进行体育健身的积极性。联合国教育、科学及文化组织将教育的目标界定为："把一个人在体力、智力、情感、伦理各方面的因素综合起来，使其成为一个完善的人。"大学体育作为塑造学生健康人生的基础工程，通过体育课程教学和课外体育锻炼活动来实现体育健身的导向目标。大学体育的主要目标是提高大学生的健康水平，增强大学生的体质。学校在组织学生开展体育锻炼的过程中，必须以学生为主体，倡导学生根据自身的特点和兴趣，利用在大学体育课程中所掌握的锻炼方法和技能，科学地选择体育锻炼内容与方法，以达到增强体质的目的。在此过程中，体育教师应积极主动地关注学生的体育锻炼情况，及时地指出学生存在的不足，并给予指导，从而有效地保障学生体育健身活动的顺利开展。

各高校应广泛开展"全国亿万学生阳光体育运动"，鼓励学生走向操场、走进大自然、走到阳光下，形成青少年体育锻炼的热潮。根据学生的年龄、性别和体质状况，各高校应积极探索适应青少年特点的体育教学与活动形式，指导学生开展有计划、有目的、有规律的体育锻炼，努力改善学生的身体形态和机能，提高学生的运动能力，使学生的体质达到《国家学生体质健康标准》的要求。

第二节　体育锻炼的益处

体育锻炼作为一种健康、积极的生活方式在增强体质、提高健康水平方面发挥着不可替代的作用。研究证实，科学的体育锻炼可以促进人体生长发育，提高人体机能水平；缓解心理压力，使人保持心情舒畅；降低心脑血管疾病、糖尿病等疾病的发生率；延缓衰老，使人延年益寿。

一、体育锻炼促进生理健康

（一）体育锻炼对心血管系统的良好影响

心脏和血管所构成的心血管系统是人的生命线。呼吸系统为心血管系统提供氧气。

1.多锻炼——心脏更强健

心脏是一个压力泵，为血液循环提供动力。血液循环为身体的各个器官输送氧气和各种营养物质，维持它们的生命活动。锻炼时，肌肉组织需要更多的氧气和能量物质，心脏通过加压提高血液的循环量。锻炼量增大时，心脏就要更“努力”地工作。长期锻炼会使心脏更加强健，其每次搏动所泵出的血液会更多。

2.多锻炼——血管更粗、更有弹性

通过体育锻炼，可以增加血管壁的弹性，从而使血管变粗，可以使更多的血液通过以满足各组织、各器官对氧气和能量物质的需求。经常锻炼可以使血管的弹性更好、变得更粗、输送血液的能力更强。

3.多锻炼——改善血脂

血脂异常是造成血管狭窄的重要原因，主要表现为血液中低密度脂蛋白胆固醇含量升高、高密度脂蛋白胆固醇含量降低。体育锻炼可以改善血液中低密度脂蛋白胆固醇和高密度脂蛋白胆固醇的含量水平，从而有助于延缓血管堵塞的发展。

4.多锻炼——提高心血管系统和呼吸系统的功能

心血管系统和呼吸系统的功能决定着身体输送氧气的能力。经常进行体育锻炼可以提高心血管系统和呼吸系统的功能。

（二）体育锻炼对运动系统的良好影响

1.体育锻炼对骨骼的影响

进行体育锻炼可以使骨骼的血液供给得到改善，使骨骼的形态结构和性能发生良好的变化；还可以使骨密质增厚，骨骼变粗，骨小梁的排列更加整齐而有规律，骨骼各表面肌肉附着的突起更加明显。这些变化可以使骨骼变得更加粗壮和坚固，从而提高了骨骼抗折、抗弯、抗压缩和抗扭转的能力。

2.体育锻炼对关节的影响

体育锻炼既可增强关节的稳固性，又可提高关节的灵活性。关节稳固性得到增强，主要是由于体育锻炼增强了关节周围肌肉的力量，并使关节囊韧带增厚；关节灵活性得到提高，主要是由于关节囊韧带和关节周围肌肉伸展性增强的结果。

3.体育锻炼对肌肉的影响

（1）体育锻炼能使肌纤维变粗，肌肉体积增大，从而让肌肉变得发达、结实、健壮、匀称、有力。正常人的肌肉质量占体重的35%～40%；经常进行体力劳动和体育锻炼的人的肌肉质量可占体重的45%～55%。

（2）体育锻炼能使肌肉组织的化学成分（如肌肉中的肌糖原、肌球蛋白、肌动蛋白和肌红蛋白等）含量增加。肌球蛋白、肌动蛋白是促使肌肉收缩的基本物质，这些物质的增多能提高肌肉的收缩能力。体育锻炼能使三磷酸腺苷分解酶的活性增强，使磷酸的分解速度加快，从而促进向肌肉组织的能量供给。肌红蛋白具有与氧结合的功能。肌红蛋白含量增加，则肌肉内的氧储备量也相应增加，这有利于肌肉在供氧不足的情况下继续工作。

（3）体育锻炼能使肌肉中线粒体数量增多、体积增大，毛细血管开放数量增多，有助于肌肉耐力的增强。线粒体成倍地增多和增大，毛细血管大量开放，能使肌肉组织得到更多的能量供应。长期坚持体育锻炼，可使毛细血管的形态结构发生变化，如出现囊泡状结构，从而增加肌肉组织中的血液供应量，增强肌肉的耐力。

（三）体育锻炼有助于控制体重

脂肪是体内良好的储能物质，主要有提供热量；保护内脏，维持体温；促进脂溶性维生素的吸收等作用。体内存在过多的脂肪对健康不利。肥胖的根本原因是摄入的多、消耗的少。摄入的能量大于消耗，多余出来的能量就会变成脂肪储存起来，久而久之，人就会变得越来越胖。

要想控制和保持体重，一方面要避免过量饮食，另一方面要多进行体育锻炼，保持能量摄入与消耗之间的平衡。锻炼者每周进行5次30分钟以上的有氧运动，再辅助一周2次的力量运动训练，可以取得很好的减脂效果。

（四）体育锻炼有助于增强免疫系统的机能

人体的免疫系统随各种刺激的发生而变化。对于外界微生物的入侵，免疫系统会调动体内各种免疫细胞和免疫因子加以防卫。

体育锻炼是对机体的一种刺激形式，可以提高机体的抗感染能力和对某些细菌的特殊抵抗作用，从而增强免疫系统的机能。

（五）体育锻炼有助于防治疾病

体育锻炼可降低轻度高血压患者的血压，延缓动脉粥样硬化斑块的形成；可有效缓解随年龄增长而发生的骨质疏松；有助于调节神经系统的活动状态，协调各神经中枢间兴奋与抑制的平衡，改善神经系统的机能，防止神经衰弱的发生。

此外，体育锻炼还能增加胰岛素受体对胰岛素的亲和力，促进肌肉组织对葡萄糖的利用，降低血糖水平；促进肌肉对脂肪酸的利用，降低血脂水平。因此，体育锻炼对糖尿病有一定的预防和辅助治疗作用。

（六）体育锻炼有助于延缓衰老

体育锻炼可以改善人体心血管系统的机能，改善脂代谢，保持机体自由基的生成与清除之间的动态平衡，促进人体的新陈代谢，提高人体的抗氧化能力，增强免疫系统的机能，改善内分泌系统的功能，起到延缓衰老的作用。

二、体育锻炼促进心理健康

（一）体育锻炼有助于获得良好的情感体验

人们参加某个运动项目并坚持锻炼，其生理机能、身体素质将会得到改善，并能掌握和发展一些运动技能和技巧。由此，个体会以自我反馈的方式将成就信息传递至大脑，从而获得自我成就的认知和情感体验，产生愉快、振奋的情绪和幸福感。因此，适当的体育锻炼能使个体获得满足感，产生积极的成就感，增强自信心。

（二）体育锻炼有助于改善情绪状态

情绪状态是衡量体育锻炼对心理健康影响的主要标志。人们生活在错综复杂的社会环境中，经常会出现抑郁、焦虑、愤怒等情绪，体育锻炼可以使人排解不愉快的情绪，使人摆脱烦恼和痛苦。高校学生需要面对来自学习、考试、求职的压力，经常参加体育锻炼有助于排解不良情绪，缓解压力。

（三）体育锻炼有助于提高智力水平

经常参加体育锻炼者的注意力、记忆力、反应速度、想象力等都能得到改善。体育锻炼能使人情绪稳定、性格开朗、疲劳度降低，对人的智力发展有促进作用。

（四）体育锻炼有助于培养人际交往能力

人际交往是指在社会活动中人与人之间进行信息交流和情感沟通的过程。人际交往能力是衡量一个人心理健康水平的重要标志之一。体育锻炼增加了人与人交往的机会。很多体育项目是以集体参与的方式进行的，个体参加体育锻炼的过程就是个体与他人紧密协作和配合的过程。因此，大学生应经常参加体育锻炼以培养自己的人际交往能力。

第三节　养成健康的生活方式

生活方式是人们长期受一定社会文化、经济、家庭、风俗等影响，而形成的一系列的生活习惯、生活制度和生活意识。狭义的生活方式指个人及其家庭的日常生活的活动方式，包括衣、食、住、行及闲暇的利用等。广义的生活方式指人们一切生活活动的典型方式和特征的总和，包括劳动生活、消费生活、精神生活等活动方式。科学的生活方式有利于人体各种生理机能的发挥，有利于身体健康，也有利于提高人的学习效率和工作效率。对于大学生而言，养成健康的生活方式十分重要。

一、养成良好的饮食习惯

饮食是人最重要、最普通的一种行为，但有相当一部分大学生不了解科学的饮食方法。有的大学生对饮食不甚关注，抱着无所谓的态度；有的大学生过分节食，甚至长期不吃早餐，造成营养结构失调；有的大学生经常过度进食，造成消化系统功能紊乱，从而影响了身体的正常生长发育。大学生要保持身体健康，必须培养良好的饮食习惯。大学生应当尽量避免以下几种饮食习惯。

（一）无节制饮食方式

忍饥挨饿或暴饮暴食均对健康十分不利。若不吃早餐就去上课，随着大脑和其他器官机能活动对所需要能量的消耗，血糖就会下降。当血糖含量降低到每 100 毫升血液中不足 45 毫克时，脑组织的机能活动就会受到严重影响，导致全身乏力，注意力分散。暴饮暴食会使消化器官的功能受损，从而使机体的代谢功能紊乱。

（二）盲目节食

限制饮食虽然可以使人消瘦，但体内的营养物质也随之匮乏，势必出现种种功能障碍或疾病，轻则头昏眼花、四肢乏力，重则出现贫血、低血糖等症状。如果摄取的热量仅够维持生存，而不能满足生长发育的需要，就会使身体发育受到影响。

（三）偏食

有的大学生长期偏食，导致营养摄入不均衡。有的学生不喜欢吃肉，导致身体缺乏蛋白质，造成发育迟缓或发育不良；有的学生不喜欢吃蔬菜，引起体内多种维生素和无机盐的缺乏，给成年后患高血压、高脂血症、动脉硬化等疾病留下隐患。

二、养成良好的作息规律

大学生的生活要有一定的规律。大学生要对一天中的起床、吃饭、学习、运动、休息等活动进行合理的安排，规律作息。

充足的睡眠是保证大学生健康的重要条件之一。在睡眠过程中，内分泌系统释放的生长激素要比平时多 3 倍。这些生长激素可以作用于全身的组织细胞，促进它们生长发育，还可明显促进骨骼生长。睡眠不足会导致人体生长发育缓慢，还会使人烦躁、易怒、食欲减退、体重减轻。

三、养成良好的体育锻炼习惯

体育锻炼对大学生增进健康具有重要意义。大学生养成每天锻炼的良好习惯会使其一生受益。大学生坚持体育锻炼有利于提高学习效率。如果大学生每天从 8 小时的学习中抽出 1 小时进行体育锻炼，则其学习效率将明显高于 8 小时都在学习的效率。另外，体育锻炼对大学生的智力发展也有非常重要的作用，这主要表现为体育锻炼有助于大脑的全面发展，缓解大脑疲劳，提高大脑的工作效率、反应速度和综合分析能力，促进大脑的发育等。运动是天然的“健脑丸”，运动可提高锻炼者的专注力和记忆力，有利于延缓衰老。

四、养成良好的卫生习惯

学校是大学生生活和学习的主要场所。学校的环境卫生直接关系着大学生的身心发展。每个大学生都要养成良好的卫生习惯，保持校园、教室、宿舍的卫生环境。为此，大学生应该做到以下几点。

（1）勤洗手，尤其是饭前、便后要洗手。洗手时，要使用洗手液或肥皂，用手搓出泡沫，两手相互擦手心、手背、指甲内外和四周、虎口位置，最少揉搓 10 秒再冲水。每天用冷水洗脸，用温热水洗脚。

（2）勤洗澡，勤换衣，勤洗衣被，勤晾晒。个人着装应始终保持整洁，尤其是内衣、袜子要每天换洗。

（3）做到勤剪指甲、勤理发、勤剪鼻毛。

（4）不与他人共用、混用个人生活用品（如洗脸盆、洗脚盆、毛巾、牙刷等），避免疾病传播。

（5）每天起床后，要喝一杯温水。

（6）注意公共卫生，做到不随地吐痰，不乱扔废纸、果皮，不随地大小便，不对着人打喷嚏、咳嗽、挖鼻、掏耳等。

（7）主动学习卫生知识，不断提高自我保健能力。

（8）积极、主动、按时接种相关疫苗，以有效地预防传染病。

五、不吸烟，不饮酒

吸烟目前仍是人类面临的一大公害。吸烟能诱发和加重多种疾病，降低人体的健康水平，甚至可缩短人的寿命。

吸烟的危害在于香烟含有大量的有毒物质，如尼古丁、焦油等。尼古丁是神经系统和血液循环系统的“杀手”；焦油易导致喉癌、口腔癌、食道癌、胃癌，特别容易引发肺癌。吸烟不仅危害吸烟者自身健康，还危害他人健康。被动吸烟的危害不亚于主动吸烟的危害。

酒的主要成分是酒精（乙醇）。过量饮酒会损害人体的细胞，破坏身体机能，直接影响身体健康。酒精对心脏的危害较大。长期过量饮酒会使心脏失去正常的弹性而增大。医学上的“啤酒心”指的就是长期过量饮酒而导致的心肌病变。酒精对神经系统也有危害。有的人在饮酒后变得非常健谈，这就是中枢神经系统调节功能在酒精的作用下减弱的表现。酒精还会使血液中的脂类沉积在血管壁上，使血管变窄、血压升高。

第二章

运动、营养与健康

学习提示

本章涉及营养素与平衡膳食、运动与营养、营养与肥胖等问题。

通过对本章的学习，学生应该能够回答以下问题。

√　人体必需的营养素有哪些？

√　什么是平衡膳食？

√　运动时营养的消耗与补充应注意什么？

√　如何降低体重？

第一节　营养素与平衡膳食

营养是人体摄取和消化食物、吸收和利用营养素及排出代谢废物以维持生长发育、组织更新和身体机能处于健康状态的全过程。影响人体生长发育的因素是多方面的。其中，遗传因素决定生长发育的可能性；外界环境的诸多因素则影响生长发育的速度。在外界环境的诸多因素中，营养因素对人体生长发育的影响最为重要。合理的营养是增进健康、提高工作效率、防治疾病、延年益寿的重要保证。营养不良不仅会使人体的各项生理机能下降，降低人体对外界环境变化的适应能力和防御能力，还会成为某些疾病的致病因素。

运动与营养都是维持和促进人体健康的重要因素。营养是构成机体组织的物质基础，运动可以增强机体活动的功能。营养与运动的科学配合，可以更有效地促进身体的生长发育和提高健康水平。如果只注重营养而缺乏体育运动，会使人肌肉松弛、发胖、活动能力减弱；如果只重视单纯的体育运动而缺乏必要的营养保证，体内消耗的营养物质得不到补偿，就会影响身体健康。

一、营养素

人体所必需的营养素包括蛋白质、碳水化合物、脂类、维生素、无机盐、膳食纤维和水七类。

（一）蛋白质

1. 组成

蛋白质是一种化学结构非常复杂的化合物，主要由碳、氢、氧、氮四种元素构成（有的蛋白质还含硫、磷等元素）。蛋白质在酸碱或酶的作用下进行水解的最终产物是氨基酸。氨基酸是构成蛋白质的基本单位。

2. 生理作用

（1）构成机体组织。蛋白质是一切细胞和组织结构的重要成分，是生命的物质基础。蛋白质占人体细胞内固体成分的 80%以上，约占人体质量的 18%。

（2）构成人体各种生理活性物质。人体有许多具有重要生理作用的物质，如对人体物质代谢过程具有催化作用和调节作用的酶和激素，都以蛋白质为主要组成成分或由蛋白质提供必需的原料。

（3）供给热量。蛋白质的主要功用不是供给热量，但当碳水化合物和脂肪供给的热量不足时，蛋白质就会开始供给热量。

3. 供给量与来源

人体对蛋白质的需求量受两方面因素影响：一是人体的生理状况，如儿童、孕妇、伤病康复者、重体力劳动者等对蛋白质的需求量较大；二是蛋白质的质量，人体对生物价高的蛋白质的需求量较小，对生物价低的蛋白质的需求量较大。

成年人的蛋白质供给量为每日每千克体重 1 ～ 1.5 克。蛋白质供给的热量平均应占一日膳食总热量的 10%～ 14%。

蛋白质广泛存在于动物性食物和植物性食物中。鸡蛋是较好的食物蛋白质来源之一，其生物价高达 94%。植物性食物的蛋白质营养价值虽然低于动物性食物，但是由于植物性食物的食用量大，目前其仍然是我国居民膳食中蛋白质的主要来源。

4. 蛋白质营养失调对人体的影响

蛋白质营养失调包括蛋白质不足与蛋白质过剩。它们都对人体健康有不良影响。蛋白质摄入不足可使机体生理功能下降、抵抗力降低、消化功能出现障碍、伤口愈合缓慢、精神不振，并导致贫血、脂肪肝、组织中酶活力下降等；相反，蛋白质摄入过多也对人体有害。

5. 蛋白质与运动

运动使体内蛋白质代谢发生变化，而不同性质的运动其作用又有所差异。耐力性运动使蛋白质分解加强，合成速度减慢，机体尿氮排出量和汗氮排出量增加；力量性运动在使蛋白质分解加强的同时，活动肌群蛋白质的合成也增加，并大于分解的速度，因此，力量性运动可使肌肉体积增大。以上均反映出运动使机体对蛋白质的需求量增加。若蛋白质摄入不足，不仅影响体育锻炼的效果，还会引发运动性贫血。若蛋白质摄入过多，不仅不利于肌肉体积增大和提高肌肉功能，还会对正常的蛋白质代谢产生不良影响。

（二）碳水化合物

1. 组成与分类

碳水化合物由碳、氢、氧三种元素组成。依其分子结构的简繁，碳水化合物分为单糖（包括葡萄糖、半乳糖、果糖）、双糖（包括蔗糖、麦芽糖、乳糖）与多糖（包括淀粉、糖原、纤维素和果胶）。

2. 生理作用

（1）供给热量。碳水化合物是人体主要的能源物质，1 克碳水化合物在体内完全氧化约产生 17 千焦热量。碳水化合物在供给热量上有许多优点：比脂类和蛋白质易消化吸收、产热快、耗氧少；在无氧情况下也能分解产热，这对进行高强度运动有特殊意义。

（2）维持中枢神经机能。碳水化合物是大脑的主要能量来源。血糖水平正常才能保证大脑的功能；血糖水平降低会影响大脑的功能，引发低血糖症。

（3）维持脂肪正常代谢。

（4）降低蛋白质的分解。

（5）保护肝脏。碳水化合物可增加肝糖原的储存，保护肝脏免受某些有毒物质（如酒精、细菌毒素等）的损害。

（6）构成机体组织。

3. 供给量与来源

碳水化合物的供给量依饮食习惯、生活水平、劳动性质等因素而定。一般情况下，我国成年人碳水化合物的供给量以占总能量的 50%～70% 为宜。

碳水化合物在自然界中分布很广，主要存在于植物性食物中。粮食和根茎类植物的碳水化合物含量很丰富。动物性食物中只有肝脏含有糖原。牛奶中虽然含有乳糖，但数量不多。

4. 碳水化合物与运动

人体内碳水化合物的主要储备形式是糖原。碳水化合物是运动中的主要能量来源。运动时肌肉组织的摄糖量可为安静时的 20 倍以上。体内糖原储量与运动能力成正比。运动前和运动中合理地补充碳水化合物，可以减少糖原消耗，提高血糖水平，有利于提高运动能力；运动后补充碳水化合物可促进糖原储备的恢复。据研究，运动后即刻摄入果糖对肝糖原的储备效果较好。葡萄糖与蔗糖可使肌糖原储备在 24 小时后保持较高水平。

（三）脂类

1. 组成与分类

脂类包括脂肪和类脂。脂肪按其来源可分为动物性脂肪和植物性脂肪。 动物性脂肪是指由动物组织和动物资源分离出来的脂肪，主要含饱和脂肪酸。植物性脂肪主要含有不饱和脂肪酸。通常，把维持人体正常生长所需而体内又不能合成的脂肪酸称为必需脂肪酸。亚油酸和亚麻酸是人体所需的两种重要的必需脂肪酸。

2. 生理作用

（1）供给热量。脂肪是高热能物质。1 克脂肪在体内分解约产生 38 千焦热量。沉积在体内的脂肪是机体的“燃料库”。

（2）构成机体组织。类脂（主要是磷脂、胆固醇等）是构成脑组织和神经组织的主要成分。细胞的各种膜——细胞膜、细胞器膜等，都是由类脂与蛋白质结合而成的。

（3）供给必需脂肪酸。

（4）脂类是脂溶性维生素的携带者，并促进其吸收和利用。

3. 供给量与来源

一般，成年人每天的脂肪供给量应占其一天摄入总热量的 20% ～ 25%，青少年每天的脂肪供给量应占其一天摄入总热量的 25% ～ 30%。考虑到脂肪酸对人体健康的影响，脂肪供给不仅要考虑量，还要考虑质，即不饱和脂肪酸应多一些，饱和脂肪酸应少些。膳食中的饱和脂肪 酸、单不饱和脂肪酸与多不饱和脂肪酸供给量的比例以 1 ∶ 1 ∶ 1 为宜。

膳食中脂肪的主要来源是烹调油及各种食物中所含的脂肪。

4. 脂肪营养失调对人体的影响

人体对脂肪的实际需求量不大，因而脂肪营养失调的主要问题是脂肪摄入过多。膳食中脂肪总摄入量与动脉粥样硬化症的发病率和死亡率及乳腺癌的发病率呈正相关。脂肪摄入过多还会引起大量脂肪在肝脏存积从而形成脂肪肝。脂肪肝可引起肝细胞纤维性病变，最终造成肝硬化，损害肝脏的正常功能。此外，由于脂肪是高热量物质，摄入过多会导致体内热量过剩。过剩的热量转化为脂肪存于体内，使机体肥胖，并容易引发心脑血管疾病。

5. 脂肪与运动

在氧气充足的情况下，脂肪是长时间运动的主要能量来源。一般是在运动强度小于最大耗氧量 55%时，脂肪酸才能氧化供能。

（四）维生素

维生素是维持身体健康、促进生长发育和调节生理机能所必需的一类（低分子）有机化合物。其种类较多，化学性质不同，生理功能各异，虽不参与构成组织，也不供给热量，却对体内生物氧化等代谢过程有重要作用。维生素能促进机体吸收大量能源物质，也是构成基本物质的原料，还能调节物质代谢。通常，维生素按溶解性质分为两大类：一类是脂溶性维生素；另一类是水溶性维生素。脂溶性维生素主要包括维生素 A、维生素 D、维生素 E 和维生素 K；水溶性维生素主要包括 B 族维生素和维生素 C。

人体所需的维生素有 10 多种。维生素大多不能在体内合成，在体内的储存量一般很少，必须从食物中摄取。因此，合理地选择食物、正确地加工和烹调食物，对保证人体必需的维生素是很重要的。在食物供给充分的情况下，一般不必另外补充维生素制剂。

维生素对运动十分重要，有些维生素直接影响人体的运动能力。

维生素摄入必须适量，维生素摄入不足会影响人体正常代谢和生理机能，严重的会引起维生素缺乏症。维生素摄入过多对机体不但无益反而有害。例如，维生素 A、维生素 D 摄入过多会蓄积于体内而导致中毒；维生素 B 和维生素 C 摄入过多会引起代谢紊乱和使人体产生对其他维生素的抵抗作用，导致不良反应。

（五）无机盐

人体内含有的各种元素，除了碳、氢、氧、氮主要以有机化合物形式存在外，其余各种元素统称无机盐。人体内无机盐的种类很多，其质量约占人体质量的 5%。其中，钙、镁、钾、钠、磷、硫、氯 7 种元素含量较多，称为常量元素。其他如铁、碘、氟、硒、锌、铜、钼、锰、铬、镍、钒、锡、硅、钴等元素含量很少，称为微量元素。

无机盐对人体十分重要，各种元素都有其独特的功能。其主要功能可概括为构成机体组织、调节生理机能、维持正常代谢。

在人体物质代谢中，每天都有一定量的无机盐排出体外，因此，人体必须从食物中补充无机盐。若无机盐不能及时得到补充，人体的生理机能就会受影响，甚至引发疾病。无机盐摄入过多也对人体有害，因此无机盐摄入必须适量。人体所需的无机盐，多数可通过正常膳食获得，但有的微量元素受地质化学状况的影响会存在地区性缺乏。

（六）膳食纤维

膳食纤维是可食植物的细胞壁间质组成成分。它虽然不能被人体内消化酶分解消化，但在维护身体健康、预防某些疾病方面有一定作用，是维持人体正常生理机能不可缺少的营养素之一。

1. 生理作用

膳食纤维的生理作用：① 降低胆固醇水平；②预防糖尿病；③预防便秘，减少肠道疾病的发生；④清除肠道内“垃圾”和毒素。

2. 供给量与来源

正常成年人每日膳食纤维供给量为 10 ～ 15 克。膳食纤维来自植物性食物，包括谷类、豆类、蔬菜、水果、薯类、菌类和藻类。膳食纤维摄入过多，会影响人体对钙、镁、锌、铁等无机盐和某些维生素的吸收，还可能引起刺激性腹泻。

（七）水

水是人类赖以生存的重要物质。

1. 生理作用

（1）机体的重要成分。水是机体中含量最多的成分，约占成人体重的 60%。

（2）参与物质代谢过程。机体内的代谢过程是在体液环境中进行的，而体液由水、电解质、低分子有机化合物、蛋白质等物质组成。水是良好的溶剂，物质的消化、吸收、氧化和排泄都离不开水。

（3）调节体温。水的蒸发（排汗）可以散热，是调节体温的一种重要方式。

（4）促成体内物质的运输。水的流动性大，在体内形成体液，可以循环运输物质。

（5）保持腺体的正常分泌。各种腺体分泌的是液体，若缺乏水，其分泌就要受影响。

（6）起润滑作用。水作为关节、肌肉和脏器的润滑剂，能维护其正常功能，如泪液可防止眼球干燥，关节液可减少运动时关节之间的摩擦。

2. 供给量与来源

人体的需水量取决于排出水量。人体每日摄入的水量应与经过各种途径排出的水量保持动态平衡。1500 毫升是成年人一般情况下每天对水的最低生理需求量，每日每千克体重供水量以 40 毫升为宜；出汗多时，供水量应相应增加。

水的来源包括直接饮入的水，食物中含有的水，以及蛋白质、脂肪和碳水化合物在体内代谢产生的水分。人们在摄入水时，除考虑水量需满足机体需要外，还应注意水的卫生状况，必须饮用清洁卫生的水，以保证身体健康。

二、平衡膳食

（一）平衡膳食的概念

平衡膳食是指膳食所含的营养素数量充足、种类齐全、比例适当。平衡膳食由多种食物构成，可提供足够的热能和各种营养素，以满足人体正常的生理需求。

（二）平衡膳食的基本要求

1. 充足

为了保证营养充足，人们应当摄取足够的食物，以保证自身供给。

2. 适量

谷物是健康饮食的基础，其次是水果和蔬菜。肉类和奶制品的蛋白质含量很高，也是维生素和无机盐的重要来源，但人们要控制肉类和奶制品的食用量，因为它们也是高脂肪和高热量的食物。

3. 多样

平衡膳食的关键是食物摄取的多样性。每天的膳食应包括谷薯类、蔬菜水果类、畜禽鱼蛋奶类、大豆坚果类等食物。

（三）中国居民平衡膳食餐盘

中国居民平衡膳食餐盘（2022）按照平衡膳食原则，在不考虑烹饪用油盐的前提下，描述了一个人一餐中膳食的食物组成和大致比例。餐盘分成四部分，分别是谷薯类、鱼肉蛋豆类、蔬菜类和水果类。由图 2-1-1 可以看出，蔬菜类和谷薯类所占比例最大，是膳食中的重要部分。按照 1600 ～ 2400 千卡能量需要水平，计算食物类别和质量比例，蔬菜类质量占膳食总质量的 34% ～ 36%；谷薯类质量占膳食总质量的 26% ～ 28%；水果类质量占膳食总质量的 20% ～ 25%；鱼肉蛋豆类所占比例最小，其质量占膳食总质量的 13% ～ 17%。另外，一天一杯奶（300 克）提示了奶制品的重要性。按照中国居民平衡膳食餐盘安排膳食，人体的营养需求将很容易达到。

图2–1–1

（资料来源：中国营养学会官网）

（四）中国居民平衡膳食宝塔

中国居民平衡膳食宝塔（2022）是根据中国居民的膳食结构特点设计的。它把平衡膳食的原则转化成各类食物的组成，并以宝塔的形式直观地表现出来，便于群众理解和在日常生活中实行。（图 2–1–2）

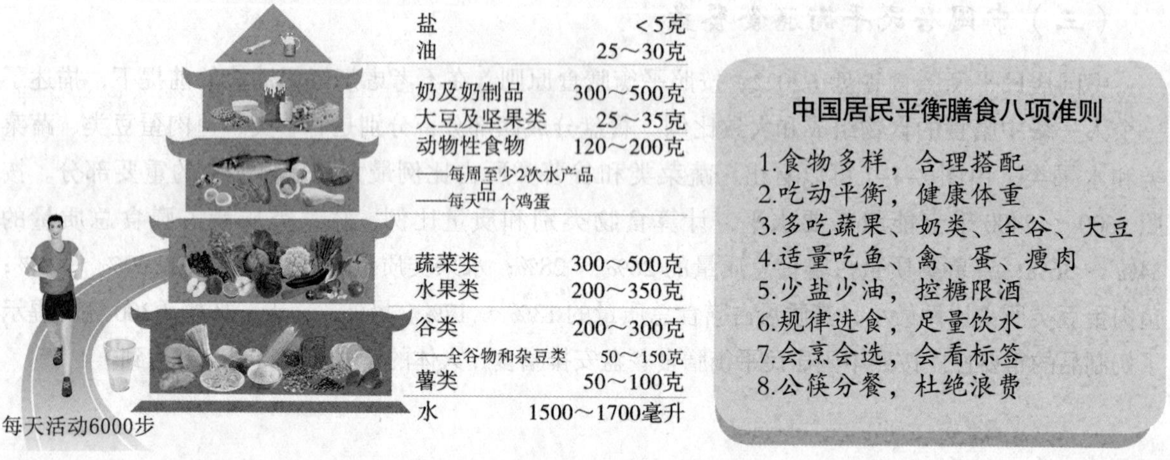

图 2–1–2

（资料来源：中国营养学会官网）

中国居民平衡膳食宝塔提出了一个比较理想的膳食模式。人们在应用中国居民平衡膳食宝塔时要注意以下几个要点：① 确定自己的食物需求；② 同类互换，调配丰富的膳食；③ 合理分配三餐食量；④ 因地制宜，充分利用当地资源；⑤ 养成习惯，长期坚持。

第二节 运动与营养

一、运动中的能量消耗与补充

人体运动时，其体内能量消耗明显增加，增加的情况取决于运动强度和运动持续的时间。人体活动的能量直接来源于三磷酸腺苷（ATP）的分解。例如，神经传导兴奋时的离子转运，腺体的分泌活动，分泌物透过细胞，消化管道的消化吸收，肾小管的重吸收活动和肌肉收缩都需要三磷酸腺苷供能。可见，三磷酸腺苷是人体活动的直接能量能源，而能量的最终来源是碳水化合物、脂类和蛋白质经过氧化分解后所释放的能量，这些能量供给三磷酸腺苷的重新合成。

近年来，随着体育科学的迅速发展，运动营养学受到了人们特别的重视，尤其是运动中能量的消耗与补充。一些体育科学发达的国家，已开始将运动营养学与训练有机地结合在一起，使运动员的运动训练效果和运动成绩迅速提高。

二、不同专项运动能量消耗与补充的特点

体育运动项目很多，由于各个项目的技术结构、运动强度不同，运动时机体的能量消耗也不一样。各运动项目对营养素的需求量存在差异，因此在能源物质的供应和能量的消耗上有各自的特点。

（一）速度性运动的营养特点

速度性运动的代谢特点是能量代谢率高，运动中高度缺氧，能量供给主要依靠磷酸原系统和碳水化合物的无氧酵解。因此，膳食中应含较多易吸收的碳水化合物、维生素B_1和维生素C，同时还应有足够的蛋白质。

（二）耐力性运动的营养特点

耐力性运动的代谢特点是运动时间长，热能与各营养素的消耗大，能量代谢以有氧氧化为主。肌糖原消耗大，蛋白质分解加强，脂类供能的比例随运动时间的延长而增大。因此，膳食中应供给充足的碳水化合物，以增加体内糖原储备；运动者还应增加富含蛋白质和铁的食物（如瘦肉、鸡蛋、绿叶蔬菜等）的摄入；膳食中可适当增加脂类、维生素C及B族维生素。

（三）力量性运动的营养特点

力量性运动要求肌肉有较大的力量和较强的爆发力，因此肌肉对蛋白质的需求量大幅度增加。特别是在训练初期，膳食中要供给充足的蛋白质和维生素B_1，也要保障碳水化合物、铁、钙和维生素C的供给。

（四）灵巧性运动的营养特点

灵巧性运动要求机体的协调性高，神经系统反应灵敏。另外，由于完成高难动作对体重的控制有较高的要求，运动者的膳食中要供给充分的蛋白质、维生素B_1、维生素C和磷。

三、运动和比赛不同时期的能量消耗与补充特点

（一）比赛前期的营养特点

赛前 10 天左右，一般属于调整期，这时的训练量较小。在此阶段，膳食中的热量应减少，以防止运动者不适宜地增加体重，对比赛不利。参加短跑和跳跃项目者的膳食应保证有较多的蛋白质和足够的碳水化合物，应减少脂类；参加投掷项目者对肌肉的最大力量及爆发力要求较高，在此阶段主要进行相当于比赛强度的完整技术练习，因此应注意摄取高蛋白质食物，保证每千克体重不少于 3 克；对于从事耐力项目而言，为了提高比赛时的运动能力，他们应特别注意增加体内糖原的储备，可选择高糖膳食和碳水化合物含量达到 60%或以上的膳食。

此外，运动者在比赛前 10 天内还应多吃蔬菜、水果，以补充充足的维生素和微量元素，尽量使它们在体内达到饱和状态。每日维生素 A 、维生素 B_1、维生素B_2、维生素 C 、维生素 E 等的摄入量可增加到平时的 1 ～ 2 倍。维生素C、维生素 E 在摄入后 40 ～ 60 分钟即可发挥作用。参加短跑、中长跑项目者可以在赛前 60 分钟服维生素 C 和维生素 E 各 100 毫克。参加长跑、马拉松项目者可在赛前 30 分钟服维生素C 、维生素 E 各 200 毫克，这对维持心脏、肌肉、红细胞的功能都有好处。

（二）比赛当日的营养特点

1. 赛前饮食

运动者不要空腹参加比赛，应在赛前 2 ～ 3 小时进食最后一餐。食物应体积小、热量高、易消化、合胃口，以碳水化合物为主。尽量不吃豆类、肥肉、韭菜、芹菜、粗杂粮等难消化、多纤维、易产气、易胀腹的食物。参加短时间项目者，不用考虑能量是否充足的问题；参加长时间耐力项目者，其饮食热量应充足，除了补充碳水化合物外，还应吃些蛋白质和脂类食物，以维持饱腹感，并且运动时可以节省碳水化合物，以免碳水化合物被过早耗尽而出现疲劳现象；另外，还要补充维生素和无机盐。非糖尿病患者在赛前 1 小时，可以服用 200 毫升的 50% 葡萄糖口服液；半小时之内不要再补充葡萄糖，原因是葡萄糖在此期间不能被完全消化，剧烈运动时还会造成胃下垂。

2. 赛中饮料

在超长距离项目的比赛中，运动者水分、盐分丢失多，能量消耗大，在途中通过饮用运动饮料补充能量、盐分和水分，对维持运动能力有良好作用。饮料摄入量视当时的环境温度而定，原则是少量多次。

运动者在运动时，饮用适量的运动饮料可增强体力，推迟运动性疲劳的出现。例如，参加耐力项目者，可饮用含糖较高的饮料，如高能运动饮料等；在短时间剧烈运动中，运动者会出现缺氧，其体内酸性物质生成较多，可选用含碱性电解质的运动饮料；当体力下降、身体机能不佳、

血色素低时，可选择滋补强身的饮料，如沙棘精、枣汁等。

（三）比赛后恢复期的营养特点

运动者参加长时间项目的竞赛，如马拉松、足球等，其恢复期补充营养的主要目的是尽快恢复体液平衡和体能平衡，消除疲劳。比赛结束后即饮用一杯含 100 ～ 150 克葡萄糖的果汁，对促进肝糖原的恢复、防止肝脂肪浸润、消除中枢神经疲劳有良好的作用。

其后，按照多次少量的补水原则补水，逐步恢复机体的水盐平衡。在休息 2 ～ 3 小时后，运动者可吃一些精细、可口、高热量的食物，以促进热量及其他营养素恢复平衡。

比赛后两三天内的膳食，仍应维持较高的热量和丰富的营养素，原因是运动者在比赛时所消耗的热量和营养素不可能在一天内就得到恢复。此外，在恢复期，由于运动者身心负担小，运动负荷和训练强度都较低，食欲会不断增加，此时运动者要注意控制体重。

第三节 营养与肥胖

一、肥胖的危害

肥胖不仅影响工作、生活、学习和形体美观，还对健康有一定的危害。世界卫生组织已将肥胖定为疾病，认定肥胖是目前继心脑血管病和癌症之后威胁人类健康的第三大敌人。肥胖者易发生高血压、冠心病、脂肪肝、糖尿病、高脂血症、痛风及胆石症等疾病。临床试验显示，绝大多数单纯性肥胖患者会出现内分泌紊乱、性激素水平紊乱、肾上腺皮质激素偏高、瘦素水平增高等；青少年肥胖还易导致肥胖性生殖无能症。肥胖的早期治疗，对预防上述疾病的发生具有重要意义。

从心理学角度讲，肥胖者容易出现性格孤僻。大学生，在成长过程中会越来越注重自己的外表，会意识到自己过胖的体形不好看，多有自卑等性格特点，不愿与人交往。

世界卫生组织于 1998 年对肥胖者发生疾病的危险性进行了报道（表 2–3–1）。

表 2–3–1 肥胖者发生疾病的危险性对照表

高度危险 (RR ≥ 3)	中度危险 (RR 2 ～ 3)	轻度危险（RR 1 ～ 2）
2 型糖尿病	冠心病	癌症（子宫内膜癌、大肠癌及停经后妇女乳腺癌）
胆囊疾病	高血压	多发性卵巢囊肿综合征
血脂异常	骨关节炎（膝关节和髋关节）	性激素分泌异常、不育症
代谢综合征	高尿酸血症和痛风	腰背痛
呼吸困难		增加麻醉危险性
睡眠呼吸暂停综合征		母亲肥胖引起胎儿缺陷

注：RR 为相对危险度。

二、减肥的方法

（一）合理的饮食

1. 合理选择食物

人们每天可以放心选择的食物：新鲜蔬菜、水果、米饭、馒头、鸡蛋、低脂奶、瘦肉和适量的植物油。这些食物中含有人体必需的营养素，可促进身体健康。

人们每天应限量食用，不可吃太多的食物：煎蛋、炒饭、炸鸡、糖醋排骨、汉堡、水果罐头等。这些食物中虽然含有人体必需的营养素，但碳水化合物、油脂、盐分的含量过高，是必须限量食用的食物。

人们平时最好少摄入的饮料和食物：汽水、可乐、炸薯条、巧克力、奶油蛋糕等。这些食物只提供热量、碳水化合物、油脂和盐分，其他必需的营养素含量则很少，是可偶尔选择的食物。

上述分法重在对食物的“定性”，同一食物属于何种食物，因人而异。以花生为例，对于需要减肥的人来说，因其油脂含量高，属于限量食用的食物，但是当食用对象换成素食者时，花生因其蛋白质含量丰富，则属于每天可以放心选择的食物。

2. 吃饭先喝汤

吃饭先喝汤。这个办法对需要减肥的人来说效果不错。喝汤后，大脑中负责管理吃饭的“饱食中枢”就会兴奋，食欲也就随之下降，吃饭就不会“狼吞虎咽”了。虽然这只是一个饮食习惯，但如果能坚持该习惯，无形之中食量就减少了。

3. 晚饭要尽量少吃

如果一天饮食的总量不变，早饭和午饭吃得少，晚饭吃得最多，人就容易发胖。相反，早饭和午饭多吃一些，晚饭少吃一些，人就不易发胖。晚饭最好以蔬菜为主，减少主食的摄入。

（二）适当的运动

肥胖的一大原因是运动量少。经常进行适量的运动，能够消耗体内积存的脂肪。实践证明，运动是消除肥胖最有效的手段。在体育锻炼过程中，机体要消耗热量。这些热量主要来源于脂肪。经常进行体育锻炼，体内聚积的脂肪会逐渐减少。更有意义的是，体育锻炼能促进新陈代谢，改善和提高各器官、系统的机能，使肌肉变得粗壮结实。

有助于减肥的运动项目有两类：一类是消耗体内多余脂肪的运动项目，如跑步、跳绳、游泳等；一类是着重锻炼脂肪过多部位的项目，如大腹便便者多做腹背运动、仰卧举腿，臂部和大腿脂肪多者多做下蹲起立、踢腿运动。肥胖者进行减肥时，务必注意锻炼的科学性，切勿操之过急。

第三章

体育锻炼的科学基础

学习提示

体育锻炼的生理学基础主要反映了在体育运动过程中人体的生命现象和生命活动规律；体育锻炼的心理学基础主要反映了在体育运动过程中参与者的个体心理。本章依据当代大学生的生理、心理特点，从生理学和心理学两方面阐述体育锻炼的科学基础。

通过对于本章的学习，学生应该能够回答以下问题。

√ 人体运动时的能量来源是什么？

√ 什么是超量恢复？

√ 什么是运动知觉？

√ 引起体育锻炼动机的条件是什么？

√ 如何培养体育兴趣？

第一节 体育锻炼的生理学基础

一、体育锻炼与能量供应

（一）人体运动时的能量供应

1. 人体运动时的供能系统

人体运动时的唯一直接能源是来自体内一种特殊的高能磷酸化合物——三磷酸腺苷（ATP）。肌肉活动时，肌肉中的三磷酸腺苷在酶的催化下，迅速分解为二磷酸腺苷（ADP）和无机磷酸，同时释放出能量。但是人体肌肉中的三磷酸腺苷含量很少，依靠肌肉中的三磷酸腺苷，肌肉只能收缩1秒左右，因此机体只有不停地合成三磷酸腺苷才能满足肌肉收缩的需要。人体内有三个系统可以合成三磷酸腺苷，分别是磷酸原系统（ATP—CP系统）、乳酸能系统和有氧氧化系统。

体内能量的利用形式

◎ 转变为机械能——肌肉收缩做功。

◎ 转移到肌酸上——储存能量。

◎ 转变为其他形式的能量——完成各种生理功能。

2. 人体运动时三个供能系统的特点

（1）磷酸原系统。

肌肉活动的直接能源是三磷酸腺苷。三磷酸腺苷水解为二磷酸腺苷，并释放出能量供肌肉做功。磷酸肌酸是储存在肌细胞内的另一种高能磷酸化物。人体在安静状态下，肌肉中磷酸肌酸的含量约为三磷酸腺苷的3倍。当肌肉活动时，机体中的三磷酸腺苷含量减少，二磷酸腺苷含量增加，三磷酸腺苷与二磷酸腺苷的比值将变小，这可促使磷酸肌酸分解释放能量，供二磷酸腺苷再合成三磷酸腺苷。在运动后的恢复期，肌肉中的三磷酸腺苷经肌酸激酶的催化作用，再合成为磷酸肌酸。研究证明，磷酸原系统的供能能力仅能持续8秒左右。磷酸原系统是短时间、大强度运动的主要供能方式。

（2）乳酸能系统。

当机体进行稍长时间（多于10秒）的大强度运动时，这时仅靠磷酸肌酸已不能满足机体的能量需求。这种情况下的三磷酸腺苷的合成主要依靠肌糖原的无氧酵解。糖酵解的产物是乳酸。依靠糖酵解合成的三磷酸腺苷，可维持30秒以上的剧烈运动。由于乳酸的生成和积累，酵解作用部分或完全被抑制，依靠糖酵解供能的运动不能持续太长时间。400米跑和800米跑是典型的乳酸能系统供能的运动项目。

（3）有氧氧化系统。

在氧气供应充足的条件下，机体利用碳水化合物和脂肪氧化分解成二氧化碳和水，同时释放出大量能量来合成三磷酸腺苷。除碳水化合物和脂肪氧化供能外，蛋白质也可参与供能，但所占比例较小。运动初期，碳水化合物是主要的供能物质，随着运动时间的延长，脂肪供能比例增加，蛋白质也将参与供能。因此，有氧氧化系统是进行长时间耐力运动的主要供能系统。

（二）人体运动时的能源物质消耗

碳水化合物、脂肪和蛋白质是机体主要的能源物质。人体生命活动所需能量的60%～70%来自碳水化合物。人体在安静状态下，碳水化合物供能占身体总耗能的25%，脂肪供能占身体总耗能的75%。碳水化合物供能比例与运动强度的增大成正比。人体长时间进行低强度运动时，最主要的能量来源是脂肪。在运动强度为25%最大摄氧量水平时，碳水化合物和脂肪供能各占身体总耗能的50%左右。运动强度达到50%最大摄氧量水平时，碳水化合物供能占身体总耗能的65.9%，成为运动时主要的供能物质。在70%～90%最大摄氧量水平范围内运动时，肌糖原是最主要的供能物质。

（三）人体运动时的血糖浓度变化

人体在安静、空腹状态下，血糖浓度的正常值为每升3.9～6.1毫摩尔。血糖是中枢神经系统的基本能源物质，也是长时间运动时骨骼肌的重要代谢产物。运动时血糖浓度的变化主要由肝脏输出葡萄糖的速率和工作肌摄取利用血糖的量来决定。中枢神经系统摄取血糖的速率基本上与休息状态时相同。

人体进行短时间大强度运动时（如 100 ～ 800 米跑），骨骼肌主要依靠肌糖原酵解供能，此时不但不摄取血糖，而且可能释放少量葡萄糖到血液中，但血糖浓度基本上没有太大变化。如果运动时间相对较长（如 1000 ～ 3000 米跑），骨骼肌仍以利用肌糖原进行有氧氧化和无氧酵解为主要的能量代谢方式。此时，肝脏输出葡萄糖的速率增加，葡萄糖进入血液的速率明显超过组织器官摄取葡萄糖的速率，血糖浓度明显升高，可达到每分升 180 ～ 200 毫克，人体出现尿糖现象。如果运动持续时间更长（如 5000 ～ 10000 米跑），因肌糖原已有一定的消耗，骨骼肌摄取利用血糖速率相对增大，血糖浓度开始有所下降，但仍显著高于休息状态，为每分升 130 ～ 140 毫克。人体进行长时间运动时，由于肌糖原大量排空，骨骼肌摄取和利用血糖速率显著增大，肝糖原储存量也大量排空，利用糖异生作用来生成和输出葡萄糖已很难完全满足机体的需要。如果没有外源性葡萄糖的补充，血糖浓度就会出现进行性降低，甚至可能出现低血糖现象，严重时还会引起低血糖休克。血糖下降首先影响神经系统的正常活动，是引起中枢疲劳的重要因素。因此，在进行长时间运动（如马拉松）时，人们应适当补充糖分，以弥补血糖的降低。

（四）超量恢复

人体进行运动时，消耗过程占优势。由于能源物质的消耗大于恢复，运动时能源物质逐渐减少，肌肉和身体各系统的工作能力逐渐下降。运动停止后，消耗过程减弱，恢复过程占优势。这时，能源物质和各器官、系统的机能逐渐恢复到原来水平。体内能源物质的再生与合成进一步加强，运动时被消耗的物质不仅恢复到原来水平，而且在一段时间内超过原来的水平。此时，机体的工作能力最强，随后又逐渐回到原来的水平。这就是超量恢复现象。（图 3–1–1）

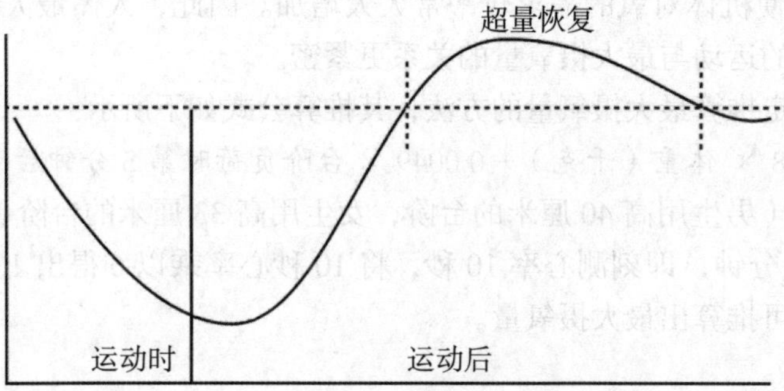

图 3–1–1

超量恢复是体育锻炼的重要理论依据。在进行高强度、超负荷的运动训练后，运动水平能否提高取决于超量恢复的水平。因为超量恢复使机体中能源物质的储存高于以往，运动能力增强。超量恢复是三磷酸腺苷、磷酸肌酸、肌糖原、蛋白质等能源物质的超量补偿和存储的过程。

超量恢复是建立在充足的营养和充分的睡眠基础之上的。机体在承担一定的负荷后要经历疲劳—恢复—超量恢复的过程，要消除疲劳症状，使机体产生超量恢复，就须让机体在承受一定的负荷后得以休息，使负荷与休息交替进行。在保证机体充分恢复的前提下，负荷越大，对机体刺激越深刻，产生的超量恢复水平也就越高。因此，人们必须对锻炼中的负荷做一个科学合理的安排。

二、体育锻炼与供氧系统

（一）氧运输系统的作用

氧运输系统由呼吸系统、心血管系统组成。呼吸系统由鼻、咽、喉、气管、支气管、肺泡等组成。呼吸系统有两个主要功能，即吸入氧气和排出二氧化碳。氧运输系统工作的第一环节是肺的呼吸运动。肺与外界环境的气体交换被称为肺通气。肺泡与肺毛细血管血液间的气体交换被称为肺换气。人体不能储存氧气，必须根据需要吸入氧气，因此人体呼吸系统的工作是不间断的。

人体通过呼吸系统把氧气从体外吸入体内，氧气进入血液与血液中的血红蛋白结合。血液在体内沿一定的路线流动：右心室的血液流向肺部，然后流回左心房，再从左心房流入左心室，进而流向全身；在营养了全身细胞和装载了代谢废物之后，血流又流回右心房。血液在全身循环一次所需的时间不到 1 分钟。在整个氧运输系统中，心血管系统功能处在重要地位。

（二）最大摄氧量与运动能力

人体氧运输能力的常用衡量指标是最大摄氧量。

最大摄氧量是人体在运动时，呼吸系统和循环系统功能达到最大能力时每分钟能够吸入并被身体利用的氧的最大量。最大摄氧量是反映心肺适应的最有效指标。它直接反映个人的最大有氧代谢能力，常被作为衡量氧运输系统整体功能的综合性指标。普通健康人最大摄氧量是每分钟 2 ～ 3 升，而经常锻炼的人可达 4 ～ 5 升，甚至可达 6 ～ 7 升。

运动时，肌肉激烈活动使机体对氧的需求较平常大大增加。因此，人体最大摄氧量直接影响运动能力。以有氧代谢为主的运动与最大摄氧量的关系更紧密。

下面介绍一种用台阶测定推算最大摄氧量的方法，其推算公式如下所示：

最大摄氧量 =1.488 + 0.038 × 体重（千克）− 0.0049 × 台阶负荷时第 5 分钟后心率（次 / 分）

具体做法：先准备台阶（男生用高 40 厘米的台阶，女生用高 33 厘米的台阶），受试者以每分钟 22.5 次的频率上下台阶 5 分钟，即刻测心率 10 秒，将 10 秒心率乘以 6 得出 1 分钟心率，然后将心率及体重代入上式，即可推算出最大摄氧量。

第二节　体育锻炼的心理学基础

心理品质是心理过程（认知、情感、意志）和个性心理特征（兴趣、能力、气质、性格）的质和量的总称。良好的心理品质为体育的发展奠定了坚实的心理基础。

一、体育锻炼中的运动知觉

运动是一切事物存在的基本形式。运动必须要在一定的空间和时间中进行，离开空间和时间，运动就无法表现。运动知觉是人脑对当前运动物体或动作在空间、时间、位置上的反映。它是一种复杂的知觉，根据所反映的对象的不同，基本可分为以下几种。

（一）本体运动知觉

本体运动知觉是锻炼者对自身各部位运动和位置变化的反应。它包括动作知觉，如躯干的弯曲和伸直、四肢的动作、头部的位置等；运动轨迹知觉，如直线运动、曲线运动、圆周运动等；运动方向知觉，如向左、向右、向上、向下、向前、向后等；运动时间和速度知觉，如时间的长短、运动的节奏、运动的速度及其变化等；运动用力知觉，如用力的大小，受到的阻力、重力等。

本体运动知觉在体育锻炼中具有十分重要的意义，它是个体能够完成身体运动的前提和基础。例如，做前滚翻需要低头团身，初学者若抬头展体，则无法完成此动作。

（二）客体运动知觉

客体运动知觉即锻炼者对外界物体的运动知觉，是由他人或外界物体的形状、大小、运动方向、运动距离、运动速度等因素组成的。客体运动知觉包括锻炼者对他人的感觉和对外界物体的感觉，他人指对手、伙伴等，外界物体指球、铁饼、标枪等可移动的物体。对外界物体的运动知觉能力是锻炼者发展相关技术不可缺少的素质。

（三）专门化运动知觉

专门化运动知觉也称专项运动知觉，是锻炼者通过运动训练形成的高度分化的运动知觉。根据锻炼者所从事运动项目的不同，专门化运动知觉有不同的表现形式，如篮球运动中的“球感”、游泳中的“水感”、器械体操运动中的“器械感”等。个体在形成和发展专门化运动知觉中所花费的时间有长有短，最终的发展水平也有较大差异。

运动知觉的形成和发展是分阶段的，在体育教学中，了解各阶段的特点，有利于学生掌握技术动作。

在第一阶段，个体可以直接感知的技术动作是直观的具体动作，始发信息是视觉信息，而不是语言文字信息。在这一阶段，学生的学习任务主要是观察教师的示范动作，尽可能看得仔细、完整。

在第二阶段，学生主要进行深度模仿和练习。学生进行直接模仿和练习所接受的信息主要来自本体运动知觉。本体运动知觉不像视觉那样明确，主体无法一次性地对客体有明确清晰的感知，必须重复多次观察或体会才能逐渐明确。此阶段是学习技术动作的关键阶段。

在第三阶段，随着时间的推移，本体运动知觉逐渐明确，学生的技术动作变得更加准确。这一阶段是本体运动知觉从模糊状态逐渐变得明确的过程，也是学生逐步掌握运动技术的过程。在这一过程中，教师的讲解、示范和辅导帮助是使学生的本体运动知觉清晰的重要条件，学生自身的反复练习是必要条件。

二、体育锻炼动机

体育锻炼动机是推动一个人参与体育活动的心理动因，它能引起并维持人的体育活动，并将其导向一定的目标。体育锻炼动机的产生和培养是个体的内在过程。体育锻炼的作用有以下 3 个方面：一是引起和发动个体活动；二是指引个体选择活动的方向；三是具有调节功能，即可维持、加强或制止、减弱某一活动。

（一）体育锻炼动机的产生

引起体育锻炼动机的条件有以下两个。

1. 内在需要

对人们进行体育锻炼的内在需要的调查分析显示，内在需要主要包括生理需要、心理需要和社会需要 3 个方面。进行体育锻炼的生理需要即保持身体健康，增强体质的需要；进行体育锻炼的心理需要即调节和控制情绪，保持良好的精神状态的需要；进行体育锻炼的社会需要即扩大社交范围，结交更多的朋友，增强集体凝聚力，提高自己的竞争能力和社会适应能力的需要。

2. 外部诱因

外部诱因包括物质因素和精神因素，二者统称为环境因素。引起体育锻炼动机的环境因素有很多，如使用优良的体育设施和器材、希望受到表扬、受到同伴之间的情绪感染、希望获得较高的考试分数、获得体育竞赛的奖励（包括物质的、精神的）等。

（二）体育锻炼动机的培养

1. 树立正确的体育价值观

树立正确的体育价值观是提高参加体育锻炼自觉性的思想基础。

2. 设置目标

锻炼指导者给锻炼者设定一个目标，如对锻炼者要完成的长跑、游泳的距离或体操动作的次数和质量等做出规定。当这种目标转化为锻炼者的内心需要时，锻炼者就会经常处于自己的意识控制之下，提高努力程度和动机水平，调动积极性。

3. 积极反馈

在体育锻炼过程中，无论是反馈正确的动作信息，还是反馈错误的动作信息，都有利于锻炼者坚持目标和修正目标，并使已有的动机得到强化。锻炼指导者在进行反馈时，应注意做到以下几点：① 及时反馈，即在动作练习当中或完成之后立即给予反馈；② 积极反馈，即反馈的内容应以积极性内容为主；③ 反馈得法，即体育锻炼指导者应视不同的锻炼者的能力给出适量的反馈。过量或不合适的反馈信息会使锻炼者的信心受挫，动机下降。

4. 创设情境

情境具有诱发动机的功能。在有限的时间内，锻炼者在锻炼指导者设计的情境中进行学习或锻炼，由于情境不同，效果会有很大的差异。例如，体育锻炼使人际交往频繁。锻炼者在体育锻炼过程中若能感受到锻炼指导者的认同及同伴的关心和鼓励，很可能产生继续运动的意向，其体育锻炼动机水平将有所提高。若锻炼者在体育锻炼过程中得到较多的负面反馈，其体育锻炼动机水平就可能较低。

三、体育锻炼与体育兴趣

（一）体育兴趣的概念

体育兴趣是人们力求认识和进行体育活动的心理倾向，具有积极的情绪色彩，是人们参与体育锻炼的基本动力。

（二）体育兴趣的培养

体育兴趣是在人们对体育活动的需求基础上，在各种各样的体育活动中形成的。它对体育活动的实践起着主导作用。

1.体验成功

教育家苏姆霍林斯基认为，只有在学习获得成功而产生鼓舞的地方，才会出现学习兴趣。在体育锻炼的过程中，每一次成功和胜利都会使锻炼者受到鼓舞，产生积极的情绪体验，从而使其更关心体育活动，对获取更大的成功和胜利产生信心和期待。因此，产生体育兴趣的前提条件是锻炼者曾感受过成功的喜悦。

2.寓教于乐

人都有趋乐避苦的倾向。教师在教学中优美的示范动作、生动的语言、和蔼的态度会使学生感到亲切、可敬，有利于消除学生练习时的惧怕心理。教师的“乐教”将转化为学生的“乐学”。

3.激发兴趣

学生体育兴趣的培养离不开教师的引导。教师在教学训练中用各种方法持续“引趣”是学生形成体育兴趣的重要条件。例如，教师采用新颖教法，以形象生动的语言进行讲解，以准确优美的动作进行示范，以及向学生传达最新体育信息等，都有利于激发学生的体育兴趣。

第四章

体育锻炼的原则与运动处方

学习提示

体育锻炼的目的是增进健康，但不科学的锻炼反而会损害健康。要想获得良好的体育锻炼效果，就必须自觉遵循体育锻炼的基本原则。本章介绍体育锻炼的基本原则、体育锻炼的程序和运动处方。

通过对本章的学习，学生应该能够回答以下问题。

√ 体育锻炼有哪些基本原则？

√ 如何运用超量恢复百分之十原则来调整锻炼计划？

√ 测量心率有哪些作用？

√ 何为靶心率？

√ 运动处方由哪几个要素构成？

√ 制订运动处方的基本原则是什么？

第一节　体育锻炼的基本原则

一、超负荷原则

超负荷原则是指在体育锻炼时，身体或特定的肌肉受到的刺激程度强于不锻炼时身体或特定的肌肉受刺激的程度或其已适应的刺激程度。在体育锻炼中遵循超负荷原则，锻炼者的身体素质将逐渐得到提高。

要想提高有氧耐力水平，可以通过增加每周的练习次数、延长每次练习的持续时间和加大每次练习的强度来达到目的。

发展肌肉力量的超负荷练习，可通过逐渐增加器械的重量、增加练习的次数或组数，以及缩短每组练习的间歇时间来实现。

超负荷原则同样适用于发展关节的灵活性和肌肉的柔韧性的练习。锻炼者可通过逐渐增加肌肉的拉伸长度、延长拉伸持续的时间和加大关节活动的幅度达到锻炼目的。

百分之十原则

百分之十原则是指导锻炼者既运用超负荷原则，又避免因过度运动而损伤的一种监控方法。其含义为每周的运动强度或持续运动时间的增加不得超过前一周的10%。例如，每天坚持跑步20分钟，下一周要进行超负荷练习，跑步的持续时间不应超过22分钟。

进行其他的运动或增加运动强度都应遵循百分之十原则。

二、循序渐进原则

循序渐进原则是超负荷原则的延伸，是指在进行体育锻炼或发展某项身体素质时应逐渐增加运动负荷。要想获得理想的锻炼效果，增加运动负荷不宜太慢或太快。运动负荷增加太慢会限制身体素质的进一步提高，而增加太快则可能造成过度疲劳或引发运动损伤，进而影响正常的学习和生活。

循序渐进原则是预防运动损伤应遵守的原则。需要牢记的是，提高身体素质是一个需要终身追求的漫长历程。

三、安全性原则

安全性原则要求锻炼者在体育锻炼的过程中要始终注意保护自己，做到安全第一。安全性原则的主要内容包括以下几点。

（1）锻炼者在制订或实施锻炼计划前，一定要进行体检，得到医生的许可。如果患有某种疾病或有家族遗传病史，就需要向医生咨询，在有医务监督的情况下按照医生的建议进行锻炼。

（2）在有条件的情况下，锻炼者可以请运动医学专家根据自己的体质健康状况制订运动处方，按照运动处方有目的、有计划地进行安全、科学的锻炼。

（3）每次锻炼前必须做好充分的准备活动，克服内脏器官的生理惰性，防止出现运动损伤。

（4）饭后、饥饿或疲劳时应暂缓锻炼；疾病初愈时不宜进行较高强度的锻炼。

（5）每次锻炼后，要注意做好整理活动。这有利于促进身体的恢复，以便更好地投入学习或工作中。

（6）在锻炼过程中不要大量饮水，以免加重心脏的负担或引起肠胃的不适。运动后不宜立刻洗澡。

四、适时监控原则

测量心率有助于了解和控制体育锻炼过程中的运动强度。手指触压桡动脉和颈动脉即可测量心率。

为了准确地测量运动时的心率，锻炼者必须在停止运动的5秒内开始测量。测量10秒的心率再乘以 6，算出 1 分钟的心率。

最大心率指人体进行极限运动时的心搏频率。一般运动强度采用最大心率的百分数来表示，但要直接测出每一个人的最大心率不仅是困难的，还具有一定的危险性。现在已有了测量最大心率的简单、方便的办法。不同年龄、不同性别的人都可以用下列公式：最大心率 = 220 - 年龄，来估算出自己的最大心率。

靶心率指通过有氧运动提高人体心血管系统耐力的有效且安全的运动心率范围。为了提高心血管系统的有氧耐力水平，运动时心率必须保持在靶心率的范围内。下列公式：靶心率 = 最大心率 ×（60%～85%），可以帮助计算或监测运动时自己适宜的心率范围。

【例】计算一名 20 岁大学生的靶心率。
最大心率 = 220 - 20 = 200 次 / 分
靶心率 = 200 次 / 分 ×60% = 120 次 / 分；200 次 / 分 ×85% = 170 次 / 分
这名 20 岁大学生的靶心率范围在 120 ～ 170 次 / 分。

靶心率为人们确定了以健康为目的的运动必须保持的每分钟心率的上限和下限。为了达到理想的锻炼效果，如果运动时的心率超过了靶心率的上限，锻炼者应该降低运动强度；如果运动时的心率低于靶心率的下限，锻炼者应该增加运动强度。

测量心率的作用

◎ 判断体温是否升高

体温每升高 1℃，少年儿童脉搏增加 15 ～ 20 次 / 分，成年人脉搏增加 10 ～ 15 次 / 分。因此，在人感到不适时，可通过测量安静时心率来判断身体是否发热。

◎ 评定心脏功能

做同样的活动（如爬楼梯、做广播体操等）时，心脏功能好的人心率变化较小，恢复到安静时的心率用时较短；反之，心率变化较大，恢复到安静时的心率用时较长。

◎ 判断运动疲劳

运动后第二天的晨脉没有恢复到前一天的晨脉，则表示出现了运动疲劳，应减少运动量。

◎ 确定运动强度

测量心率有助于掌握和控制体育锻炼过程中的运动强度，使人明确运动强度是需要增大还是需要减小。

五、环境监控原则

（一）太阳射线对人体的影响

在体育锻炼时，强烈的阳光会对暴露在外的皮肤造成很大的伤害。紫外线可使局部皮肤毛细血管扩张充血，使表皮细胞遭到破坏，导致皮肤发红、水肿，出现红斑；过量紫外线照射还可引起日光性皮炎、眼炎、白内障、头痛、头晕、体温升高及精神异常等症状。

红外线的穿透力较强，常用于消炎，镇痛，改善局部营养，治疗运动创伤、神经痛和某些皮肤病。过强的红外线照射对机体有害。它会使局部组织温度过高，甚至造成灼伤。当头部受强烈阳光照射时，红外线可使脑组织的温度上升而引起全身机能失调。因此，要尽量避免在强烈的阳光下进行体育锻炼，同时还应选择在反射率低的场地进行锻炼。

（二）热环境中的体育锻炼

人体运动时，不管外界的温度如何，体内产热量都会大幅度增加。剧烈运动时的产热量比平时增加 100 倍以上。体内产生的热量，在高温的环境下很难短时间由内向外散发，于是便会蓄积在体内，使体温升高，引起一系列的机能失调，甚至死亡。因此，锻炼者在热环境中进行体育锻炼，必须采取防暑措施，否则就会有患热辐射疾病的危险。锻炼者首先应尽量避免在酷暑下锻炼，如在热环境下锻炼时一定要及时补充水分，通过增加排汗量来促进体内热量的散发；其次，锻炼者要控制运动强度和运动时间，同时，所穿服装既要保护皮肤不被红外线灼伤，又要通风透气，以保证体内热量的散发，防止热疾病的发生。

（三）冷环境中的体育锻炼

在寒冷的环境条件下进行锻炼，可以提高人体对外界环境变化的适应能力和对疾病的抵抗能力。冷环境可使肌肉的黏滞性增强，伸展性和弹性降低，工作能力下降，容易引起运动损伤。

为了避免冷环境给锻炼带来不利影响，首先，锻炼者在锻炼前一定要做好准备活动并延长其时间，保证体温进一步升高；其次，不要张大嘴呼吸，避免冷空气直接刺激喉咙而引起呼吸道感染；最后，注意耳、手、足的保温，防止这些部位被冻伤。另外，不要穿太厚的服装，以免在锻炼中出汗较多，导致锻炼后感冒；锻炼后要及时穿好衣服以保持体温。

（四）湿度对体育锻炼的影响

在气温适中时，空气的湿度对人体的影响不大，而在温度较高或温度较低时，较大的空气湿度对人体十分不利。湿度越大，人体通过蒸发散热的途径就越容易受到阻碍，人体产热和散热的平衡就会被打破，机体的正常功能将受到不良的影响。

在一般情况下，适宜的湿度为 40%～60%。在气温过高或过低的情况下，空气湿度越低越好；当气温高于 25℃时，空气湿度以 30% 为宜。

（五）避免在空气污染的环境中进行锻炼

大气污染物的种类很多。其中，对人类有较大威胁的污染物是烟粉尘、硫化物、氧化物、氮化物、卤化物等。大气中的污染物一般通过呼吸系统进入人体，也可以通过接触（皮肤、黏膜、结膜等）危害人体。

大气中的二氧化硫和一氧化碳是影响体育锻炼效果的两种重要的污染物。它们可导致胸腔发闷、咳嗽、头痛、眩晕及视力下降等，严重的还会导致支气管哮喘。一氧化碳可减少血液中氧合血红蛋白的数量，降低血液运输氧的能力，从而直接影响体育锻炼的效果。汽车排放的尾气含有大量一氧化碳，因此，人们应避免到车流量大的马路边散步或跑步。

出现沙尘暴、严重雾霾或大雾天气时，人们应停止户外锻炼。

第二节 体育锻炼的程序

一次完整的体育锻炼至少应包括准备活动、基本活动和放松活动三部分内容（表 4–2–1）。

表 4–2–1 一次完整的体育锻炼的内容及安排

活动构成	主要活动内容	活动时间 / 分钟
准备活动	慢跑、全身关节活动、牵拉练习	5 ～ 10
基本活动	有氧运动、力量练习、球类运动、中国传统健身方式	30 ～ 60
放松活动	行走、慢跑、牵拉练习	5 ～ 10

一、准备活动

准备活动是指基本活动开始前的各种身体练习。准备活动的主要作用是预先动员身体各器官、系统的机能潜力，使其尽快适应即将开始的各种体育锻炼，以获得最佳的体育锻炼效果。

准备活动的时间一般为 5 ～ 10 分钟，主要包括两方面内容：一是进行适量的有氧运动，如快走、慢跑等，以提高肌肉温度，降低肌肉和韧带的黏滞性，提高工作效率；二是进行各种牵拉练习，以增加关节活动的幅度，提高肌肉、韧带等软组织的弹性，预防肌肉损伤。

在准备活动阶段进行的牵拉练习应以动力牵拉为主。牵拉部位要与进行锻炼的肌肉、关节部位相一致。开始牵拉时，动作要缓慢，幅度要小，以后可逐渐增加牵拉幅度。

在进行中等以上强度的体育锻炼前，锻炼者要进行充分的准备活动，而在进行小强度的体育锻炼时，如步行等，则锻炼者没有必要进行固定模式的准备活动。在进行力量练习前，锻炼者可进行小强度的有氧运动和牵拉练习，作为专项准备活动的内容。

二、基本活动

基本活动是体育锻炼的基本内容之一，包括有氧运动、力量练习、球类运动、中国传统健身方式等。基本活动的时间一般为 30 ～ 60 分钟。在一次体育锻炼中，锻炼者需要选择合适的运动方式、确定适宜的运动强度和控制合适的运动时间。

不同体育锻炼项目的运动强度、持续时间和运动频率如下。（表 4–2–2）

表 4–2–2 不同体育锻炼项目的运动强度、持续时间和运动频率

体育锻炼项目	运动强度	持续时间	运动频率 /（天 / 周）
散步	小	30 分钟或以上	7
游戏			

续表

<table>
<tr><th>体育锻炼项目</th><th>运动强度</th><th>持续时间</th><th>运动频率 /（天 / 周）</th></tr>
<tr><td>快走</td><td rowspan="5">中</td><td rowspan="5">30 分钟或以上</td><td rowspan="5">5 ～ 7</td></tr>
<tr><td>慢跑</td></tr>
<tr><td>游泳</td></tr>
<tr><td>骑自行车</td></tr>
<tr><td>扭秧歌</td></tr>
<tr><td>快跑</td><td rowspan="2">大</td><td rowspan="2">20 分钟或以上</td><td rowspan="2">2 或 3</td></tr>
<tr><td>快节奏健美操</td></tr>
<tr><td>太极拳</td><td rowspan="3">中</td><td rowspan="3">30 分钟或以上</td><td rowspan="3">3 ～ 7</td></tr>
<tr><td>健身气功</td></tr>
<tr><td>瑜伽</td></tr>
<tr><td>篮球</td><td rowspan="5">中、大</td><td rowspan="5">40 分钟或以上</td><td rowspan="5">3</td></tr>
<tr><td>足球</td></tr>
<tr><td>网球</td></tr>
<tr><td>羽毛球</td></tr>
<tr><td>乒乓球</td></tr>
<tr><td>力量练习</td><td rowspan="2">中</td><td>10 分钟或以上</td><td>2 或 3</td></tr>
<tr><td>牵拉练习</td><td>5 ～ 10 分钟</td><td>3 ～ 7</td></tr>
</table>

三、放松活动

放松活动是指体育锻炼后进行的各种身体活动，主要包括行走（或慢跑）等小强度活动和各种牵拉练习。放松活动的时间一般为 5 分钟左右。其主要目的是使身体各器官、系统的机能逐渐从运动状态恢复到安静状态。

人体在进行体育锻炼的过程中，血液循环加强，血液主要流向参与工作的骨骼肌组织。骨骼肌有节律的收缩，加速血液流回心脏，以确保氧气运输、营养物质供应和代谢产物排出。锻炼者如果在体育锻炼后，立即停止运动，会使下肢血管失去骨骼肌节律性收缩对其的“挤压”作用，导致大量血液滞留在下肢血管，造成流向脑组织的血流量减少，从而出现头晕、恶心等症状。同时，血液滞留在下肢血管中，不利于乳酸等运动代谢产物的排出，造成体育锻炼恢复时间延长。因此，锻炼者在进行中等强度体育锻炼后，做一些适度活动，有助于消除疲劳，减轻或避免身体出现不适症状。

体育锻炼后做一些牵拉练习，可以改善局部组织血液循环，加速代谢产物排出。在放松活动阶段进行的牵拉练习应以静力牵拉为主，牵拉幅度可以大一些。

第三节　运动处方

一、运动处方的概念

运动处方的五个构成要素

◎ 合理的运动目的：为什么运动？
◎ 合理的运动项目：选择什么运动项目最适合？
◎ 合理的运动强度：运动的剧烈程度应有多大？
◎ 合理的运动时间：每次运动应持续多长时间？
◎ 合理的运动频率：一周应锻炼几次？

运动处方是由运动处方师、运动健身指导人员、康复治疗师、社会体育指导员、医生等专业人员，根据参加活动者的年龄、性别、个人健康信息、医学检查结果、体育活动经历、体质测试结果等，用处方的形式制订的系统化、个性化的体育健身活动指导方案。其特点是因人而异，对症下“药”。运动处方是运动促进健康的理想方式，也是运动促进健康科学性的集中体现。

二、制订运动处方的基本原则

（一）个体化

每个人的身体条件千差万别，因此，通用的运动处方是不存在的。运动指导者必须根据锻炼者的具体情况，做到因人而异、区别对待。

（二）运动处方要不断调整

每个人的身体状况或客观条件经常变化。严格地说，上周的运动处方就不一定适合本周的运动。因此，运动指导者要依据锻炼者的具体情况对所制订的运动处方不断调整，使之符合锻炼者的实际情况。

（三）要以耐力练习、力量练习和柔韧性练习为基础

在制订运动处方时，体力因素比性别因素和年龄因素更为重要。以耐力练习、力量练习和柔韧性练习为基础制订的运动处方对于初学者来说比较适宜。

（四）保持安全界限和有效界限

为了提高全身耐力水平，运动必须达到改善心血管功能和呼吸功能的有效强度，即使运动时的心率达到靶心率范围（通过有氧运动提高人体心血管系统耐力的有效而安全的运动心率范围）。如果运动强度超过靶心率范围的上限，锻炼者就可能有危险，此运动强度或运动量界限称为安全界限；如果运动强度达到靶心率范围的下限，此运动强度或运动量界限称为有效界限。安全界限与有效界限之间就是运动处方安全而有效的范围。

三、运动处方的制订和实施

（一）健康检查

运动指导者应了解锻炼者的身体发育情况、伤病情况、健康状况、禁忌证等，以确定其是否是健身运动的适应者。

（二）运动负荷测定

运动指导者应检测和评定锻炼者对运动负荷的承受能力。以心肺功能为主，对锻炼者进行安静状态和运动状态下的生理功能检测，主要指标有心率、血压、肺活量等。

（三）体能测定

运动指导者应对锻炼者的力量素质、耐力素质、速度素质、灵敏素质等身体素质进行检测，进而判定锻炼者的运动能力和生理机能的状况。

（四）具体内容的确定

1. 运动目的

由于各个锻炼者的情况千差万别，运动目的也多种多样，如健身、娱乐、减肥、治疗等。

2. 运动项目

在运动处方中，是否为锻炼者指出了其最合适的运动项目关系到锻炼的有效性和持久性。选择运动项目，运动指导者要考虑锻炼者运动的目的，如是健身还是治疗等；要考虑锻炼者运动的条件，如场地、器材、运动时间、气候等；还要结合锻炼者的体育兴趣、爱好等。

3. 运动强度

运动强度是指单位时间内的运动量。其反映运动时的剧烈程度，可用运动时的心率表示。一般认为，大学生运动时心率在 120 次 / 分以下，运动强度低；运动时心率为 120 ～ 150 次 / 分，运动强度中等；运动时心率在 150 次 / 分以上，运动强度高。测量运动时心率的简单办法：测量运动结束后 10 秒内的脉搏数，将其乘以 6，就是运动时心率。

适宜运动强度范围可用靶心率来控制，即以本人最大心率（最大心率=220– 年龄）的 60%～ 85%的强度作为标准。靶心率的计算公式为靶心率＝（220 – 年龄）×（60%～ 85%）。例如，20 岁锻炼者的靶心率是 120 ～ 170 次/分。[（220–20）×60%=120，（220–20）×85%=170]。

最适宜的运动心率为心率储备 ×75% + 安静时心率。其中，心率储备 = 最大心率 – 安静时心率。

4. 运动时间

运动时间指一次锻炼的持续时间。它与运动强度紧密相关：运动强度大，运动时间应稍短；运动强度小，运动时间应稍长。有氧锻炼持续进行 30 分钟就可以达到较好的运动效果。

5. 运动频率

关于必要的运动频率，有研究结果表明，1 周锻炼 3 次以上，运动效果才明显。另外，有研究还发现，当每周锻炼次数多于 3 次时，人体最大摄氧量的增加趋势逐渐趋于平缓；当每周锻炼次数增加到 5 次以上时，人体最大摄氧量的增加幅度就很小；而当每周锻炼次数少于 2 次时，通常人体最大摄氧量不发生改变。

由此可见，每周锻炼 3 或 4 次是较适宜的频率。由于运动效应和运动效果的积累作用，运动间隔不宜超过 3 天。对于一般的健身保健，锻炼者如果能坚持每天锻炼 1 次当然更好。

6. 运动量

运动量是由运动频率、运动强度和运动时间（持续时间）共同决定的。运动量对促进健康体适能的重要作用已被证实。它对身体成分和体重管理的作用尤为突出。每周的运动量可以用来评价个体是否达到了促进健康体适能的推荐量。

7. 运动进度

运动计划的进度取决于锻炼者的健康状况、健康体适能、训练反应和运动计划的目的。专业人员在实施运动计划时，可以通过增加运动频率、运动时间和运动强度中的任何一项或几项来达到目的。在运动计划的开始阶段，建议逐渐增加运动时间（即每次训练课的时间）。推荐一般成年人较合理的进度是在计划开始的前 4 ～ 6 周中，每 1 ～ 2 周将每次训练课的时间延长 5 ～ 10 分钟。当锻炼者规律锻炼至少 1 个月之后，在接下来的 4 ～ 8 个月里，逐渐增加运动频率、运动时间或运动强度，直到达到推荐的运动量。训练时，锻炼者应该遵照循序渐进的原则，避免大幅度地增加运动频率、运动时间、运动强度等。这样可以将肌肉酸痛、运动损伤、过度疲劳的发生，以及过度训练的长期风险降到最低。若锻炼者无法承受调整后的运动计划应降低运动量。

（五）运动处方的实施

确定了运动处方的构成要素后，运动指导者就要对以下三个运动阶段进行设计了。

第一阶段，准备活动阶段。在每次运动前，锻炼者都应进行准备活动，时间一般为 5 ～ 10 分钟。准备活动可使人体内温度升高，血流量和肺通气量增加，全身肌肉充分伸展，以使身体适应即将开始的主要运动，防止运动损伤和肌肉酸痛现象的发生。

第二阶段，主要运动阶段。确定运动强度和运动时间是本阶段的关键。

第三阶段，整理活动阶段。本阶段与第二阶段实际上是连贯的，即锻炼者应在剧烈运动后以强度较低的方式继续活动一段时间，如跑步后转入步行，做一些伸展练习等。整理活动的时间主要取决于运动强度。例如，快走、慢跑后的整理活动时间可以短一些，一般为 5 ～ 10 分钟；运动强度高的体育运动后的整理活动时间需要延长。整理活动可使锻炼者或患者有大于安静状态时的摄氧量，以补充运动时体内消耗的氧，使呼吸和心跳逐渐恢复正常，使积累在四肢的血液加快回流到心脏，以免人体因大脑缺血而出现头昏、晕厥现象。

（六）效果检查

由于锻炼者的情况千差万别，在运动处方的实施过程中，锻炼者可能会有不适的情况，运动指导者应根据锻炼者的具体情况及时检查和修正运动处方，以保证体育锻炼效果。

五、运动处方示例

运动处方示例如下。

姓名：×××	性别：女	年龄：20岁
职业：学生	体育爱好：乒乓球运动	病史：无

健康检查：良好，身高1.53米，体重60千克，体脂中度超标。

运动负荷测定：台阶试验，安静时心率80次/分，血压75/115毫米汞柱，肺活量2800毫升。

体能测定：力量素质测定，仰卧起坐25个/分；耐力素质测定，800米跑4分钟。

体质评定：健康状况一般，体重超标，心肺功能差。

运动目的：减肥（体重减少3～5千克）和健身。

运动项目：乒乓球运动、健身跑、健美操等。

运动强度：由低逐渐增高，心率在靶心率范围，即140～170次/分。

运动时间：12周，每次运动30～60分钟。

运动频率：4次/周或5次/周。

注意事项：适当控制饮食，减少米、面、糖和油脂的摄入，可多吃新鲜的蔬菜和水果；改五餐制，三顿正餐，上午和下午可加少量简餐，如一杯酸奶、一把果仁或一个苹果。

第五章

体育锻炼与卫生保健

学习提示

体育锻炼必须遵循人体的生理活动规律和一定的运动卫生要求，才能达到提高健康水平、增强体质的目的。因此，体育锻炼的卫生保健具有重要的意义。本章涉及体育锻炼的卫生常识、运动损伤的处理，以及运动中常见的生理反应及其处理和预防。

通过对本章的学习，学生应该能够回答以下问题。

√ 如何做好准备活动和整理活动？

√ 讲究运动饮食卫生有何意义？

√ 如何进行运动性疲劳的判定？

√ 如何消除运动性疲劳？

√ 运动损伤有哪些处理方法？

√ 什么是挫伤处置的RICE步骤？

第一节　体育锻炼的卫生常识

一、做好准备活动和整理活动

体育运动过程是人体由静态到动态再到静态的变化过程。准备活动和整理活动是实现这种变化的过渡手段。

（一）准备活动

体育锻炼前进行充分的准备活动对于体育锻炼者来说是非常重要的。准备活动时间一般为5～10分钟。有些锻炼者不重视锻炼前的准备活动，导致在运动过程中造成各种运动损伤，这样不仅影响锻炼效果，还影响锻炼兴趣，甚至会令锻炼者对体育锻炼产生畏惧感。做好准备活动能起到以下作用：克服机体的生理惰性；加速肌肉组织的新陈代谢，提高氧的利用率；提高神经系统的兴奋性；预防运动损伤。

（二）整理活动

整理活动是人体由运动状态（无序状态）过渡到相对安静状态（有序状态）的活动过程，它是促进体力恢复的一种有效手段。整理活动的作用：一是有助于人体机能尽快恢复常态；二是有助于补偿运动时缺少的氧气。整理活动时间一般为5～10分钟。整理活动应侧重于全身性放松。特别是在剧烈的运动之后，一定要进行全身放松活动，以免身体受到损伤。整理活动之后，还要注意保暖，防止着凉。

二、讲究运动饮食卫生

经常进行体育锻炼，可促进胃肠道的蠕动和消化液的分泌，对消化吸收机能可产生良好影响。在体育锻炼中不注意养成良好的饮食习惯，会严重影响锻炼者的身体健康。

（一）运动后不宜立即进餐

运动时，人体消化系统的功能处于相对的抑制状态，运动后立即进餐，必然影响食物的消化和吸收，长此以往，会造成消化不良或其他消化道疾病。因此，体育锻炼后不要急于进食，应待心肺功能稳定下来，消化机能逐渐恢复后再用餐。锻炼后，一般半小时以后再进餐。如果在下午进行较剧烈的体育锻炼，间隔的时间应更长。应注意的是，由于运动后易产生饥饿感，用餐时不要狼吞虎咽，更不能暴饮暴食。

（二）饭后不宜立即进行剧烈运动

饭后立即进行剧烈运动，不仅容易造成消化不良，还会引起腹痛、恶心等症状，甚至引发胃下垂等疾病。因此，吃饭与运动之间要有一定的时间间隔，一般在饭后半小时后方可进行运动。剧烈运动或比赛最好安排在饭后1.5小时后。对于缺乏体育锻炼或体质较弱的人，进餐与运动之间的时间间隔应更长些。

（三）空腹不宜进行长时间的剧烈运动

长时间的剧烈运动要消耗大量能量，而能量主要来自体内血糖的氧化。空腹进行长时间剧烈运动，因无充足的血糖补充，易引发低血糖症状。另外，空腹进行长时间剧烈运动会使胃发生痉挛性收缩，出现胃痛，久而久之会导致胃炎等疾病。因此，空腹锻炼的时间一般不宜超过1小时，且运动强度以中等强度为宜。若运动强度较大，运动前应吃一些食物。

（四）体育锻炼中或锻炼后正确补充水分

体育锻炼中或锻炼后首先要确认体内是否真的缺水。在短时间的体育锻炼中感到口渴，主要由口腔和咽部黏膜水分蒸发、唾液分泌减少引起，或者由心理紧张造成，这时候不必补充水分，只需用水漱口，增加口腔湿润感即可。对体育锻炼中失去水分的补充，要采取少量多次的饮水方法。预防运动失水的最好方法是每 15 ～ 20 分钟饮水 150 毫升左右，这样既随时补充了水分，又可避免大量饮水对身体的损害；在锻炼前 10 ～ 15 分钟，可饮水 300 ～ 500 毫升，以保证体内水分充足，预防失水过多。单次补水量最大不能超过 800 毫升。

三、消除运动性疲劳

（一）运动性疲劳的概念

疲劳是一种暂时的生理现象，对人体是一种保护性抑制。运动性疲劳出现后，只要不使疲劳积累而产生过度疲劳，就不会损害人的身体健康；相反，经过疲劳的“产生—消除”过程，借助不断强化的体育锻炼，人体机能和运动能力可以实现超量恢复，从而提高锻炼者的健康水平。

（二）运动性疲劳的判定

判断运动性疲劳的出现及其程度，对科学地锻炼身体、增强体质、合理地安排运动强度及提高运动成绩都有着重要的意义。在学校体育运动和自我锻炼中，锻炼者可采用比较简易的方法来判断运动性疲劳及其程度。运动性疲劳的判定见表 5–1–1。

表 5–1–1　运动性疲劳的判定

项目	轻度疲劳	中度疲劳	重度疲劳
自我感觉	无任何不适	疲乏、腿痛、心悸	除疲乏、腿痛、心悸外，还有头痛、胸痛、恶心、呕吐等症状，有些症状存在的时间较长
面色	稍红	相当红	十分红或苍白，有时呈紫色
排汗量	不多	稍多，特别是肩带部位	非常多，尤其是整个躯干部分，在汗衫和衬衣上可出现白色盐迹
呼吸	中度加快	显著加快	显著加快，并且表浅（其中有少数深呼吸出现），有时呼吸节奏紊乱
动作	步法轻稳	步法摇摆不稳	摇摆现象显著，在行进时掉队，出现不协调动作
注意力	比较好，能正确执行指令	执行口令不准确，改变方向时有错误发生	执行口令缓慢，只能执行大声的口令

（三）消除运动性疲劳的常用方法

为了使运动中消耗的物质和各器官、系统的机能得到尽快恢复，避免疲劳累积而造成过度疲劳，锻炼者一般可采用下述消除运动性疲劳的方法。

1. 放松活动

运动后进行放松活动可消除肌肉痉挛，改善肌肉血液循环，缓解肌肉酸胀和僵硬。

2. 按摩和物理方法

按摩可改善局部或全身血液循环状况，促进新陈代谢，减轻肌肉的酸痛和僵硬，增强肌肉的收缩力，改善关节的灵活性。

消除运动性疲劳的物理疗法种类较多。训练和比赛后的局部热敷和温水浴都是简单易行的手段。

3. 补充营养物质

运动时消耗的物质要靠饮食中的营养物质来补充。在参加体育锻炼和比赛后，合理补充营养有助于锻炼者恢复体力和消除运动性疲劳。因此，运动后应根据运动项目的特点补充足够的碳水化合物、蛋白质、维生素（维生素 B_1、维生素 B_6、维生素 C、维生素 E）、无机盐（钠、磷、铁）、脂肪、水等。

4. 充足的睡眠

充足的睡眠是消除疲劳、恢复体力的方法之一。睡眠时，大脑皮质的兴奋度降低，体内分解代谢处于最低水平，而合成代谢则相对较高，有利于体内能量的蓄积。因此，锻炼者每天应保证充足的睡眠时间，一般每天不少于 8 小时。在大运动量训练和比赛期间，睡眠时间应适当延长。

第二节 常见的运动损伤及其处理方法

一、常见的运动损伤

（一）挫伤

1. 征象

挫伤多发生在头部、胸部、四肢。这些部位经常暴露在外，常会遇到碰、跌、撞、打、摔等。受伤部位会出现局部红肿、疼痛，皮肤破裂时会出血，没有破裂时会出现淤血。

2. 原因

一方面，运动前准备活动做得不够，肌肉和关节没有得到充分活动；另一方面，活动时用力过猛，超过了肌肉、关节和韧带的负荷限度。

3. 处理

发生挫伤后，伤者应根据情况及时进行处理。如果皮肤出血，则伤者应立即停止运动，先用碘伏将伤口进行消毒，再用净布包扎受伤部位。如果受伤部位红肿、疼痛，则可先用冷水或冰块进行局部冷敷，抬高受伤部位，必要时加压包扎，防止继续出血。24 小时以后改用热敷、按摩来活血、消肿、止痛。伤势减轻后，伤者再做针对性的活动，使关节、肌肉恢复功能，如做下蹲、弯腰、举腿等，以避免伤后关节不灵活或发生肌肉萎缩。

挫伤处置的 RICE 步骤

◎ rest（休息）——立即停止挫伤肢体的运动。

◎ ice（冷敷）——即刻用凉水、冰块等对挫伤部位进行 10 分钟的冷敷。如果挫伤比较严重，可以在 2 ～ 3 小时后再冷敷一次。

◎ compression（加压包扎）——如果挫伤部位发生肿胀，应用海绵或棉花垫在挫伤部位周围，再用弹力绷带或普通绷带加压包扎 24 ～ 48 小时。

◎ elevation（抬高肢体）——将挫伤的肢体抬高，以超过心脏的位置为宜。

（二）肌肉损伤

1. 征象

如果是细微的肌肉损伤，则症状较轻；如果是肌纤维完全断裂，则症状较重。肌肉损伤一般表现为伤处疼痛，局部肿胀、压痛，肌肉紧张或痉挛，伤后肌肉功能减弱或丧失。

2. 原因

准备活动不充分，肌肉的生理机能尚未达到剧烈运动所需的状态就参加剧烈运动；运动者的体质较弱，运动水平不高，肌肉的弹性、伸展性和力量较差；疲劳过度也可能导致肌肉损伤。

3. 处理

肌肉损伤治疗要根据具体情况而定。对于少量肌纤维断裂者，应立即采取冷敷、加压包扎等措施，并抬高伤肢。对于肌纤维大部分或完全断裂者，应在加压包扎后立即送医院做进一步治疗。

（三）关节、韧带损伤

1. 征象

关节、韧带损伤后，一般表现为压痛、自感疼痛。轻者韧带部分纤维断裂，重者韧带纤维完全断裂，造成关节半脱位或完全脱位，从而出现关节功能障碍。

2. 原因

上肢关节以肩关节、肘关节、腕关节损伤最为常见。例如，掷标枪引枪后的翻肩动作错误造成肩关节、肘关节扭伤。下肢关节以膝关节、踝关节损伤较多。例如，从高处跳下，平衡缓冲不够，使膝关节、踝关节受伤。

3. 处理

发生关节、韧带损伤时，应当在 24 小时内冷敷受伤部位，必要时加压包扎；在 24 小时后进行热敷、按摩、针灸治疗等；待疼痛减轻后可在医生的指导下增加功能性练习。对于急性腰部损伤，如果腰部出现剧烈疼痛，切不可轻易处理，可让伤者仰卧，并尽快将其送至医院就诊。

（四）骨折

1. 征象

骨折分为完全性骨折（骨完全断裂）和不完全性骨折（骨未完全断裂，如裂缝骨折），是一种比较严重的运动损伤。其主要症状为肿胀和皮下淤血，功能障碍，出现畸形和假关节，伤处有压痛和震痛感。

2. 原因

骨折一般是身体某部位受到直接或间接暴力作用，或肌肉强烈收缩所致。常见的骨折部位有肱骨、尺骨、桡骨、指骨、胫骨、腓骨、肋骨等。

3. 处理

一旦出现骨折，暂勿随意移动伤肢，应先用夹板或其他代用品固定伤肢，动作要轻柔、缓慢，不要乱拉乱拽，以免造成错位，影响整复。如果上肢发生骨折，可用木板托住伤肢，用绷带扎紧骨折处的上下两端；如果下肢发生骨折，先将伤肢轻轻放好，然后用宽布条或褥单将两条腿缠在一起，再将伤者抬到硬板担架上，送往医院救治；如果头部、颈部或脊椎骨发生骨折，运送伤者时就更要小心，以免损伤伤者神经和脊椎而造成瘫痪。搬运伤者时，应用枕头或衣服固定伤者的头部，防止头部移动，并告知伤者不要扭动伤肢。将伤者送往医院的路上，要注意保持平稳。

（五）关节脱位

1. 征象

因受外力作用，构成关节的上下两个骨端失去正常的位置关系，出现错位现象，称为关节脱位，又称脱臼。关节脱位可分为完全脱位和半脱位（或称错位）两种。关节脱位后常出现畸形，与健肢相比不对称，表现为局部疼痛、压痛和关节肿胀，并失去正常的活动功能，甚至发生肌肉痉挛等现象。

2. 原因

运动中发生的关节脱位大多由间接外力撞击所致。如摔倒时用手撑地，造成肘关节或肩关节脱位。

3. 处理

用长度和宽度相称的夹板固定伤肢。如果没有夹板，可将伤肢固定在伤者自己的躯干或健肢上，以防止伤肢震动，随后及时将伤者送医院治疗。

（六）脑震荡

1. 征象

受伤时，伤者神志不清、脉搏徐缓、肌肉松弛、瞳孔稍大但能对称，神经反射减弱或消失；清醒后，伤者常有头痛、头晕、恶心、呕吐、烦躁、注意力不易集中、耳鸣、心悸、多汗、失眠、记忆力减退等症状。

2. 原因

脑震荡是指头部受到外力撞击后，大脑管理平衡的感应器官功能失调，造成意识和机能的暂时性障碍。在进行体育锻炼时，锻炼者头部与他人头部相撞或撞击硬物，或者锻炼者从高处跌下时，头部撞地，都可能造成脑震荡。

3. 处理

立即让伤者仰卧，对其头部进行冷敷；若伤者昏迷，则立即用拇指按压其人中穴；若伤者发生呼吸障碍，立即对其进行人工呼吸。若伤者出现反复昏迷或耳、鼻、口出血，两瞳孔放大且不对称的现象，则表明病情严重，应立即将伤者送至医院救治。在运送途中，要让伤者仰卧，固定其头部，避免颠簸。

二、运动损伤的处理方法

运动损伤分为开放性软组织损伤和闭合性软组织损伤。运动损伤的处理原则一般分为前期、中期、后期的处理原则。急性损伤前期（24 小时以内）的处理方法是制动、止血、防肿、镇痛（即减轻炎症）。我们可根据具体情况选用一种处理方法或综合应用几种处理方法。

（一）运动损伤的一般处理方法

（1）一般先冷敷伤部，然后加压包扎并抬高伤肢。这种方法应在伤后立即使用，有制动、止血、止痛及防止或减轻肿胀的作用。冷敷时一般使用冰袋。冷敷后，将适当厚度的棉花或海绵置于伤部，并立即用绷带稍加压力包扎伤部。

（2）伤后 24 小时解开包扎，可进行热敷、按摩、外敷药物等。

（3）待损伤组织已基本恢复正常，肿胀和压痛消失后，就要进行功能性的恢复治疗，这时仍以理疗及增强肌肉、关节功能的锻炼为主。

（二）开放性软组织损伤的处理方法

常见的开放性软组织损伤有擦伤、切伤、刺伤和撕裂伤。此类损伤表现为局部皮肤或黏膜破裂、伤口与外界接触，常见组织液渗出或血液自伤口流出。紧急处理的方法是及时止血和处理伤口，预防感染。

1. 擦伤

擦伤多发生在摔倒时。对于伤口较脏的擦伤，可先用生理盐水洗净伤口，再用酒精棉球或碘伏对伤口进行消毒，消毒后进行包扎。伤口较浅、面积较小的擦伤无须包扎。

2. 切伤及刺伤

切伤及刺伤的伤口往往较深、较小。如果伤口较脏，除了要对伤口进行止血、消炎、包扎外，还要遵医嘱注射药物，以防伤口感染。

3. 撕裂伤

撕裂伤多见于头面部的皮肤伤。例如，在拳击运动中，运动员的眉弓被对方肘部碰撞而造成的眉际皮肤撕裂。若撕裂的伤口较小，则经消毒处理后，贴上创可贴即可；若撕裂伤口较大，则须在采取紧急止血措施后，尽快就医缝合伤口；若伤口伤情和污染较重，则应遵医嘱注射药物，以防伤口感染。

（三）闭合性软组织损伤的处理方法

闭合性软组织损伤是运动损伤中较常见的一类损伤。肌肉拉伤、挫伤、韧带拉伤等都属于这类损伤。

闭合性软组织损伤的特点：皮肤黏膜完整，局部组织撕裂、血管损伤等引起出血、组织液渗出、肿胀等。在闭合性软组织损伤发生后，首先要检查有无合并伤，如腹部挫伤后是否合并有内脏破裂，肌肉挫伤后有无骨头断裂、有无明显血肿；头部挫伤后有无脑震荡等。若有合并伤，则应先处理合并伤，再处理软组织损伤。在确定没有严重的合并伤后，应进行冷敷、加压包扎、制动和抬高伤肢，24 小时后解除包扎，并进行局部热敷、按摩等，以改善血液循环，促进局部代谢，加速损伤的修复。 当损伤基本恢复后，可以在专业人员的指导下开始进行肌肉、韧带的伸展性练习及加强局部力量的练习，以恢复受伤部位的肌肉力量及肌肉、韧带的柔韧性。

第三节 运动中常见的生理反应及其处理和预防

一、延迟性肌肉酸痛

（一）产生原因和临床表现

延迟性肌肉酸痛是运动时肌肉活动量过大，局部肌纤维及结缔组织出现细微损伤，以及部分肌纤维的痉挛所致。这种酸痛不是发生在运动结束后的即刻，而是发生在运动结束后的 1 ～ 2 天，因此被称为延迟性肌肉酸痛。这种酸痛现象只是局部肌纤维的细微损伤和痉挛所致，不影响整块肌肉的运动功能。经过肌肉内部对细微损伤的修复，肌肉组织会变得更加强壮，以后进行同样负荷的运动将不易再发生酸痛。

延迟性肌肉酸痛一般表现为在运动后的 24 小时之内出现肌肉僵硬、酸痛和自觉酸痛部位肿胀，伤处有压痛，多发于双下肢的主要伸、屈肌群，肌肉远端和肌肉肌腱移行处症状一般较重，严重者肌肉会发生疼痛，且以肌腹处痛感最为明显。在 24 ～ 48 小时之内，酸痛达到顶峰，之后可自行缓解，5 ～ 7 天酸痛消失。

（二）处理和预防

1. 处理

对酸痛部位进行热敷或按摩，还可配合做一些伸展练习。

2. 预防

锻炼时，锻炼者要充分做好准备活动；遵循运动强度和运动负荷的递增性原则，根据自身的身体状况安排锻炼负荷，尽量避免局部肌肉负担过重；锻炼后，要对主要的工作肌肉进行按摩。

二、运动中腹痛

（一）产生原因和临床表现

运动中腹痛多在中长跑时发生。运动中腹痛的主要原因是准备活动不充分，开始时运动过于剧烈，而内脏器官的功能尚未达到运动状态，致使脏腑功能失调，引起腹痛；也可能因运动前吃得过饱，饮水过多，或腹部受凉，引起胃肠痉挛而出现腹痛；少数因运动时间过长或运动过于剧烈，使下腔静脉压力上升，肝静脉血液回流受阻，造成肝脾淤血，致使肝脾区出现疼痛。

（二）处理和预防

1. 处理

如果没有器质性病变迹象，一般可采用减慢跑速、加深呼吸、按摩疼痛部位、弯腰跑等方法，疼痛常可减轻或消失。如疼痛仍不减轻，甚至加重，应停止运动，并到医院做进一步检查。

2. 预防

饭后1小时可进行运动，但要做好准备活动，运动负荷要循序渐进，并注意呼吸节奏；夏季运动时要适当补充盐分；对于由各种慢性疾病引起的腹痛，应就医检查。病愈之后，应在医生和体育教师的指导下进行锻炼。

三、运动性贫血

（一）产生原因和临床表现

血液中红细胞与血红蛋白量低于正常值，称为贫血。因运动引起的血红蛋白量的减少，称为运动性贫血。运动性贫血的主要原因有以下两点。

（1）运动时，肌肉对蛋白质和铁的需求量增加，一旦需求量得不到满足，就有可能引起运动性贫血。

（2）剧烈运动时，人体内血流加速，易引起红细胞破裂，致使红细胞的新生与衰亡之间的平衡遭到破坏，从而导致运动性贫血。

运动性贫血发病缓慢，其临床表现有头晕、恶心、呕吐、气喘、体力下降，运动后心悸、心率加快、脸色苍白等。

（二）处理和预防

1. 处理

在运动中（后）出现头晕、无力、恶心等现象时，应适当减小运动负荷，必要时暂停运动，并补充富含蛋白质和铁的食物。

2. 预防

遵循循序渐进和区别对待原则，合理调整膳食。若运动时经常头晕，则应及时诊断医治。

四、运动性昏厥

（一）产生原因和临床表现

在运动中，因脑部血液突然供给不足而发生的暂时性知觉丧失现象，称为运动性昏厥。运动性昏厥产生的原因是剧烈运动或长时间运动使大量血液积聚在下肢，回心血量减少；或是剧烈运动后引起低血糖。

运动性昏厥表现为全身无力、头昏耳鸣、眼前发黑、面色苍白、失去知觉、突然昏倒、手足发凉、脉搏慢且弱、血压降低、呼吸缓慢等。

（二）处理和预防

1. 处理

应立即使患者仰卧，使其脚略高于头部，并对其进行由小腿向大腿和心脏方向按摩或拍击；同时用手指按压人中穴。如患者呕吐，则应将其头偏向一侧，以防呕吐物堵塞呼吸道；如患者停止呼吸，则应立即对其实施人工呼吸。

2. 预防

平时要坚持体育锻炼，以增强体质；久蹲后不要突然起立；不要带病参加剧烈运动；疾跑后不要立即停下来；不要在饥饿的情况下参加剧烈运动。

五、肌肉痉挛

（一）产生原因和临床表现

在进行体育锻炼时，肌肉受到强烈的寒冷刺激，可能发生肌肉痉挛，常在游泳或冬季户外锻炼时发生。准备活动不充分、肌肉猛力收缩、肌肉收缩与放松不协调等，均可造成肌肉痉挛；情绪过分紧张也可能导致肌肉痉挛。

发生肌肉痉挛时，肌肉会突然变得坚硬，另人疼痛难忍，而且一时不易缓解。

（二）处理和预防

1. 处理

对痉挛部位的肌肉做牵引。例如，腓肠肌痉挛时，可伸直膝关节，并配合按摩、揉捏、叩打，以促使痉挛缓解和消失。

2. 预防

运动前做好准备活动，对容易发生痉挛的部位，事先应做适当按摩。夏季进行长时间运动时要注意补充水分；冬季锻炼时要注意保暖；下水游泳前应先淋浴；游泳时不要在水中停留过长时间；疲劳和饥饿时，不要进行剧烈运动。

六、运动中暑

（一）产生原因和临床表现

在高温环境中，长时间进行体育锻炼易发生中暑，尤其在气温高、通风不良、头部缺乏保护和被烈日直接照射的情况下，更容易发生中暑。

中暑早期表现为头晕、头痛、呕吐，随后逐步发展为体温升高、皮肤灼热干燥，严重者可出现精神失常、虚脱、抽搐、心律失常、血压下降，甚至出现昏迷而危及生命。

（二）处理和预防

1. 处理

将患者扶送到阴凉通风处休息，同时采取降温消暑手段，如解开衣领、冷敷额部，喝些清凉饮料等。对于中暑严重的患者，经临时处理后，应迅速将其送医院做进一步治疗。

2. 预防

在炎热季节锻炼时，应适当减小运动负荷，缩短锻炼时间；避免在烈日下长时间锻炼；夏天在室外锻炼时，应戴白色遮阳帽，穿宽松薄衣；在室内锻炼时，应保持通风，并备有低糖含盐的饮料。

七、低血糖

血糖正常值是指人空腹的时候血糖浓度在 3.9 ～ 6.1 毫摩尔/升。低血糖是指成年人空腹血糖浓度低于 2.8 毫摩尔/升。

运动时肌肉收缩要消耗能量，而能量主要来源于体内碳水化合物的氧化，因而运动过程伴随着体内碳水化合物的消耗。长时间剧烈运动时，葡萄糖大量消耗可导致低血糖症。此病多发生于长跑，超长跑，长距离滑冰、滑雪等运动比赛过程中或结束后。

（一）产生原因和临床表现

运动中发生低血糖症，主要是由于长时间剧烈运动时体内血糖大量消耗和减少，调节糖代谢的机制紊乱。赛前饥饿、情绪过分紧张或身体有病，都是引起低血糖的重要原因。

患者会感到非常饥饿，极度疲乏，并伴有头晕、心跳、面色苍白、出冷汗等症状。较重者可出现神志模糊、语言不清、四肢发抖、心律失常或精神错乱（如赛跑者返身向相反方向跑），甚至出现惊厥、昏迷等症状。检查时，脉搏快而弱，血压或无明显变化，或昏倒前升高而昏倒后降低，呼吸短促，瞳孔扩大。若验血，则血糖浓度明显降低。

（二）处理和预防

1. 处理

使患者仰卧，注意保暖。神志清醒者可喝浓糖水或姜糖水，并吃少量食品，一般短时间后即可恢复。若患者昏迷，则救护者可用拇指掐点其人中穴，并迅速请医生处理。若患者的血糖浓度能提高，则其病情会迅速好转。

2. 预防

平时没有锻炼基础，或患病未愈、空腹时，不要参加长时间的剧烈运动（如万米跑、马拉松赛跑、长距离滑冰等）。参加马拉松赛跑时，应准备一些含糖的饮料，供途中饮用。

第六章

学生体质健康测试

学习提示

2002 年 7 月 4 日，教育部、国家体育总局为贯彻落实“健康第一”的指导思想，切实加强学校体育工作，鼓励学生积极参加体育锻炼，使其养成良好的锻炼习惯，提高其体质健康水平，印发了《学生体质健康标准（试行方案）》及《〈学生体质健康标准（试行方案）〉实施办法》。随后，教育部在此基础上进行了修订，并于 2014 年 7 月 7 日印发了《国家学生体质健康标准（2014 年修订）》。

通过对本章的学习，学生们应该能够回答以下问题。

√ 体质测试的指标有哪些？

√ 体质测试成绩如何评定？

第一节 《国家学生体质健康标准（2014 年修订）》实施说明 *

一、说明

《国家学生体质健康标准》（以下简称《标准》）是国家学校教育工作的基础性指导文件和教育质量基本标准，是评价学生综合素质、评估学校工作和衡量各地教育发展的重要依据，是《国家体育锻炼标准》在学校的具体实施，适用于全日制普通小学、初中、普通高中、中等职业学校、普通高等学校的学生。

* 节选自教育部印发的《国家学生体质健康标准（2014 年修订）》。

本标准的修订坚持健康第一，落实《国家中长期教育改革和发展规划纲要（2010—2020 年）》《国务院办公厅转发教育部等部门关于进一步加强学校体育工作若干意见的通知》（国办发〔2012〕53 号）和《教育部关于印发〈学生体质健康监测评价办法〉等三个文件的通知》（教体艺〔2014〕3 号）有关要求，着重提高《标准》应用的信度、效度和区分度，着重强化其教育激励、反馈调整和引导锻炼的功能，着重提高其教育监测和绩效评价的支撑能力。

本标准从身体形态、身体机能和身体素质等方面综合评定学生的体质健康水平，是促进学生体质健康发展、激励学生积极进行身体锻炼的教育手段，是国家学生发展核心素养体系和学业质量标准的重要组成部分，是学生体质健康的个体评价标准。

本标准将适用对象中高校部分划分为以下组别：大学一、二年级为一组，三、四年级为一组。

大学各组别的测试指标均为必测指标。其中，身体形态类中的身高、体重，身体机能类中的肺活量，以及身体素质类中的 50 米跑、坐位体前屈为各年级学生共性指标。

本标准的学年总分由标准分与附加分之和构成，满分为 120 分。标准分由各单项指标得分与权重乘积之和组成，满分为 100 分。附加分根据实测成绩确定，即对成绩超过 100 分的加分指标进行加分，满分为 20 分；大学的加分指标为男生引体向上和 1000 米跑，女生 1 分钟仰卧起坐和 800 米跑，各指标加分幅度均为 10 分。

根据学生学年总分评定等级：90.0 分及以上为优秀，80.0 ～ 89.9 分为良好，60.0 ～ 79.9 分为及格，59.9 分及以下为不及格。

学生测试成绩评定达到良好及以上者，方可参加评优与评奖；成绩达到优秀者，方可获体育奖学分。测试成绩评定不及格者，在本学年度准予补测一次，补测仍不及格，则学年成绩评定为不及格。普通高中、中等职业学校和普通高等学校学生毕业时，《标准》测试的成绩达不到 50 分者按结业或肄业处理。

二、单项指标与权重

测试的单项指标与权重见表 6–1–1。

表 6–1–1　单项指标与权重

测试对象	单项指标	权重
大学各年级	体重指数（BMI）	15%
	肺活量	15%
	50 米跑	20%
	坐位体前屈	10%
	立定跳远	10%
	引体向上（男）/1 分钟仰卧起坐（女）	10%
	1000 米跑（男）/800 米跑（女）	20%

注：体重指数（BMI）= 体重（千克）/ 身高 ^{2}（米 ^{2}）。

第二节 学生体质健康测试方法

一、身高

（一）测试目的

测试学生的身高，与体重测试相配合，评定学生的身体匀称度，评价学生生长发育的水平及营养状况。

（二）测试方法

受试者赤足，以立正姿势站在身高计的底板上（上肢自然下垂，脚跟并拢，脚尖约分开成60°）。脚跟、骶骨部及两肩胛区与立柱相接触，躯干自然挺直，头部正直，耳屏上缘与眼眶下缘成水平位（图6–2–1）。测试人员站在受试者右侧，将水平压板轻轻沿立柱下滑，轻压于受试者头顶。测试人员读数时，两眼应与压板水平面等高。测试结果以厘米为单位记录，精确到小数点后一位。测试误差不得超过0.5厘米。

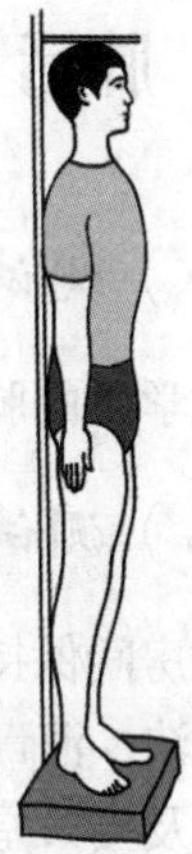

图6–2–1

（三）注意事项

（1）身高计应选择在平坦靠墙的地方放置，立柱的刻度尺应面向光源。

（2）受试者应严格掌握“三点靠立柱”“两点成水平”的测量姿势要求，测试人员读数时，两眼一定与压板水平面等高，两眼高于压板水平面时要下蹲，两眼低于压板水平面时应垫高。

（3）水平压板与头部接触时，松紧要适度，头发蓬松者要压实，头顶的发辫、发结要解开，饰物要取下。

（4）读数完毕，测试人员立即将水平压板轻轻推向安全高度，以防碰坏。

（5）测量身高前，受试者应避免进行剧烈体育活动和体力劳动。

二、体重

（一）测试目的

测试学生的体重，与身高测试相配合，评定学生的身体匀称度，评价学生生长发育的水平及营养状况。

（二）测试方法

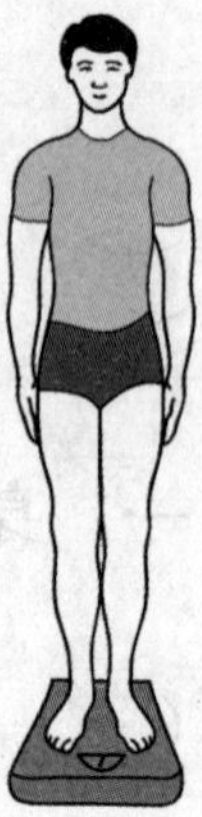
图 6-2-2

测试时，体重秤应放在平坦地面上。受试者赤足，男性受试者身着短裤（图 6-2-2）；女性受试者身着短裤、短袖衫，站在秤台中央。测试结果以千克为单位记录，精确到小数点后一位。测试误差不超过 0.1 千克。

（三）注意事项

（1）测量体重前，受试者不得进行剧烈的体育活动和体力劳动。

（2）受试者站在秤台中央，上下体重秤动作要轻。

三、肺活量

（一）测试目的

测试学生的肺通气功能。

（二）测试方法

测试房间保持通风良好；使用干燥的一次性口嘴（若使用非一次性口嘴，则每测一人后，对口嘴进行清洁、消毒，并注意消毒后必须使其干燥）。测试人员将肺活量计主机放置在平稳桌面上，检查电源线及接口是否牢固。按工作键，液晶屏显示“0”即表示机器进入工作状态，预热 5 分钟后测试为佳。

测试时，测试人员告知受试者不必紧张，并且要尽全力，以中等速度和力度吹气效果最好。受试者面对肺活量计站立，手持吹气口嘴。在测试过程中，口嘴或鼻处不能漏气，如漏气受试者应调整口嘴和用鼻夹（或自已捏鼻孔）；学会深吸气，避免耸肩提气，应该像闻花香似的慢吸气。受试者进行一两次较平日深一些的呼吸动作后，更深地吸一口气，屏住气向口嘴处慢慢呼气至不能再呼为止，防止此时从口嘴处吸气。测试中受试者不得中途二次吸气。吹气完毕后，液晶屏上最终显示的数字即为肺活量值。测试成绩以毫升为单位记录，不保留小数。

（三）注意事项

（1）电子肺活量计的计量部位的通畅和干燥是仪器准确的关键，吹气筒的导管必须在上方，以免口水或杂物堵住气道。

（2）严禁用水、酒精等液体冲洗气筒内部。

（3）导气管存放时不能弯折。

（4）定期校对仪器。

四、50 米跑

（一）测试目的

测试学生的速度素质、灵敏素质及神经系统灵活性的发展水平。

（二）测试方法

受试者至少两人一组，采用站立式起跑，听到“跑”的口令后起跑。发令员在发出口令的同时要摆动发令旗。计时员视旗动开表计时，受试者的躯干到达终点线的垂直面停表。测试成绩以秒为单位记录，精确到小数点后一位，小数点后第二位数按非 0 进 1 原则进位，如 10.11 秒读成 10.2 秒。

（三）注意事项

（1）受试者测试时，最好穿运动鞋。
（2）发现有抢跑者，要当即召回重跑。
（3）遇风时，受试者一律顺风跑。

五、坐位体前屈

（一）测试目的

测量学生在静止状态时的躯干、腰、髋等关节可能达到的活动幅度，主要测试这些部位的关节、韧带和肌肉的伸展性、弹性及学生身体柔韧素质的发展水平。

（二）测试方法

受试者两腿伸直，坐在平地上，两脚分开 10 ～ 15 厘米，两脚平蹬测试纵板，上体前屈，两臂伸直，用两手中指指尖逐渐向前推动游标，直到不能前推为止（图 6–2–3）。测试计的脚蹬纵板内沿平面为 0 点，靠近身体方向为负值，远离身体方向为正值。测试成绩以厘米为单位记录，保留一位小数。测试两次，取受试者的最好成绩。

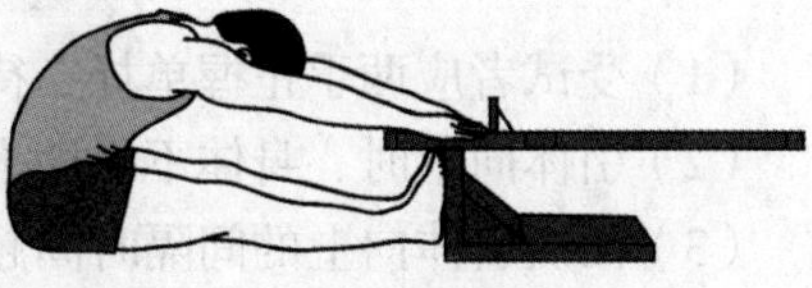

图 6–2–3

（三）注意事项

（1）上体前屈，两臂向前推游标时，两腿不能弯曲。
（2）受试者应匀速向前推动游标，不得突然发力。

六、立定跳远

（一）测试目的

测试学生下肢爆发力及身体协调能力的发展水平。

（二）测试方法

受试者两脚自然分开站立，站在起跳线后，脚尖不得踩线（最好用线绳做起跳线）。两脚原地同时起跳，不得有垫步或连跳动作。测试人员丈量起跳线后缘至最近着地点后缘的垂直距离。测试成绩以厘米为单位记录，不计小数。

（三）注意事项

（1）发现犯规时，受试者此次成绩无效。

（2）受试者可以赤足，但不得穿钉鞋、皮鞋、塑料凉鞋参加测试。

七、引体向上（男）

（一）测试目的

测试学生上肢肌肉力量的发展水平。

（二）测试方法

受试者跳起，两手正握杠，两手间距与肩同宽，成直臂悬垂。静止后，两臂同时用力向上引体（身体不能有附加动作），上拉到下颌超过横杠上缘为完成一次。测试人员记录引体次数。

（三）注意事项

（1）受试者应两手正握单杠，待身体静止后开始测试。

（2）引体向上时，身体不得做大的摆动，也不得借助其他附加动作引体。

（3）两次引体向上的间隔时间超过 10 秒则停止测试。

八、1 分钟仰卧起坐（女）

（一）测试目的

测试学生的腹肌耐力。

（二）测试方法

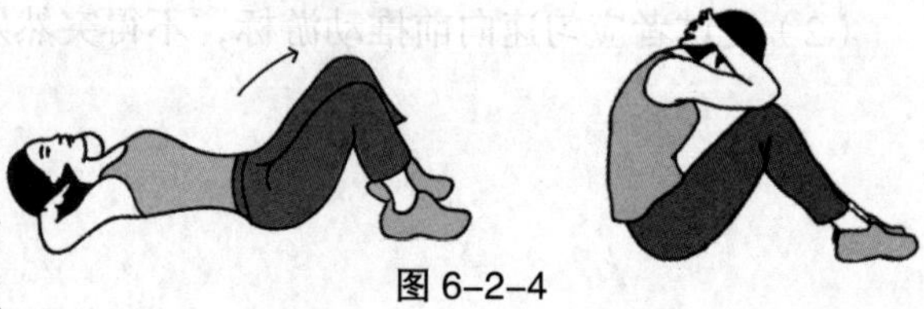

图 6-2-4

受试者仰卧，两腿屈膝，小腿后侧与地面约成 45°，两手手指交叉抱于头后轻轻地扶在两耳

侧。两脚掌紧贴地面。受试者坐起时，两肘触及或超过两膝为完成一次。仰卧时，两肩胛必须触地。（图 6–2–4）

（三）注意事项

（1）如发现受试者借用肘部撑地或臀部起落的力量起坐时，该次不计数。
（2）测试过程中，测试人员应向受试者报数。
（3）受试者两脚掌必须紧贴于地面。

九、1000 米跑（男）/800 米跑（女）

（一）测试目的

测试学生耐力素质的发展水平，特别是心血管系统和呼吸系统的机能及肌肉耐力。

（二）测试方法

受试者至少两人一组进行测试，采用站立式起跑。当听到“跑”的口令后，受试者开始起跑。计时员看到旗动即开表计时，当受试者的躯干到达终点线垂直面时停表。测试成绩以分、秒为单位记录，不计小数。

（三）注意事项

（1）如果在非 400 米标准场地上进行测试，测试人员应向受试者报告剩余圈数，以免受试者跑错距离。
（2）测试人员应提醒受试者在跑完后要继续缓慢走动，不要立刻停下，以免发生意外。
（3）受试者不得穿皮鞋、塑料凉鞋、钉鞋参加测试。
（4）测试人员对分、秒进行换算时要细心，防止出错。

第三节 《国家学生体质健康标准（2014 年修订）》测试评分表

《国家学生体质健康标准（2014 年修订）》测试评分表见表 6–3–1 至表 6–3–7。

表 6–3–1 体重指数（BMI）单项评分表 （单位：千克 / 米 ^{2}）

等级	单项得分	大学男生	大学女生
正常	100	17.9 ～ 23.9	17.2 ～ 23.9
低体重	80	≤ 17.8	≤ 17.1
超重		24.0 ～ 27.9	24.0 ～ 27.9
肥胖	60	≥ 28.0	≥ 28.0

表 6-3-2　大学男生各测试项目评分表　　（大一、大二适用）

等级	单项得分	肺活量 / 毫升	50 米跑 / 秒	坐位体前屈 / 厘米	立定跳远 / 厘米	引体向上 / 次	耐力跑 1000 米 /（分：秒）
优秀	100	5040	6.7	24.9	273	19	3:17
	95	4920	6.8	23.1	268	18	3:22
	90	4800	6.9	21.3	263	17	3:27
良好	85	4550	7.0	19.5	256	16	3:34
	80	4300	7.1	17.7	248	15	3:42
及格	78	4180	7.3	16.3	244		3:47
	76	4060	7.5	14.9	240	14	3:52
	74	3940	7.7	13.5	236		3:57
	72	3820	7.9	12.1	232	13	4:02
	70	3700	8.1	10.7	228		4:07
	68	3580	8.3	9.3	224	12	4:12
	66	3460	8.5	7.9	220		4:17
	64	3340	8.7	6.5	216	11	4:22
	62	3220	8.9	5.1	212		4:27
	60	3100	9.1	3.7	208	10	4:32
不及格	50	2940	9.3	2.7	203	9	4:52
	40	2780	9.5	1.7	198	8	5:12
	30	2620	9.7	0.7	193	7	5:32
	20	2460	9.9	−0.3	188	6	5:52
	10	2300	10.1	−1.3	183	5	6:12

表 6-3-3　大学男生各测试项目评分表　　（大三、大四适用）

等级	单项得分	肺活量 / 毫升	50 米跑 / 秒	坐位体前屈 / 厘米	立定跳远 / 厘米	引体向上 / 次	耐力跑 1000 米 /（分：秒）
优秀	100	5140	6.6	25.1	275	20	3:15
	95	5020	6.7	23.3	270	19	3:20
	90	4900	6.8	21.5	265	18	3:25
良好	85	4650	6.9	19.9	258	17	3:32
	80	4400	7.0	18.2	250	16	3:40
及格	78	4280	7.2	16.8	246		3:45
	76	4160	7.4	15.4	242	15	3:50
	74	4040	7.6	14.0	238		3:55

续表

等级	单项得分	肺活量/毫升	50米跑/秒	坐位体前屈/厘米	立定跳远/厘米	引体向上/次	耐力跑1000米/（分：秒）
及格	72	3920	7.8	12.6	234	14	4:00
	70	3800	8.0	11.2	230		4:05
	68	3680	8.2	9.8	226	13	4:10
	66	3560	8.4	8.4	222		4:15
	64	3440	8.6	7.0	218	12	4:20
	62	3320	8.8	5.6	214		4:25
	60	3200	9.0	4.2	210	11	4:30
不及格	50	3030	9.2	3.2	205	10	4:50
	40	2860	9.4	2.2	200	9	5:10
	30	2690	9.6	1.2	195	8	5:30
	20	2520	9.8	0.2	190	7	5:50
	10	2350	10.0	–0.8	185	6	6:10

表6–3–4 大学女生各测试项目评分表 （大一、大二适用）

等级	单项得分	肺活量/毫升	50米跑/秒	坐位体前屈/厘米	立定跳远/厘米	1分钟仰卧起坐/次	耐力跑800米/（分：秒）
优秀	100	3400	7.5	25.8	207	56	3:18
	95	3350	7.6	24.0	201	54	3:24
	90	3300	7.7	22.2	195	52	3:30
良好	85	3150	8.0	20.6	188	49	3:37
	80	3000	8.3	19.0	181	46	3:44
及格	78	2900	8.5	17.7	178	44	3:49
	76	2800	8.7	16.4	175	42	3:54
	74	2700	8.9	15.1	172	40	3:59
	72	2600	9.1	13.8	169	38	4:04
	70	2500	9.3	12.5	166	36	4:09
	68	2400	9.5	11.2	163	34	4:14
	66	2300	9.7	9.9	160	32	4:19
	64	2200	9.9	8.6	157	30	4:24
	62	2100	10.1	7.3	154	28	4:29
	60	2000	10.3	6.0	151	26	4:34

续表

等级	单项得分	肺活量 / 毫升	50 米跑 / 秒	坐位体前屈 / 厘米	立定跳远 / 厘米	1 分钟仰卧起坐 / 次	耐力跑 800 米 /（分：秒）
不及格	50	1960	10.5	5.2	146	24	4:44
	40	1920	10.7	4.4	141	22	4:54
	30	1880	10.9	3.6	136	20	5:04
	20	1840	11.1	2.8	131	18	5:14
	10	1800	11.3	2.0	126	16	5:24

表 6-3-5 大学女生各测试项目评分表（大三、大四适用）

等级	单项得分	肺活量 / 毫升	50 米跑 / 秒	坐位体前屈 / 厘米	立定跳远 / 厘米	1 分钟仰卧起坐 / 次	耐力跑 800 米 /（分：秒）
优秀	100	3450	7.4	26.3	208	57	3:16
	95	3400	7.5	24.4	202	55	3:22
	90	3350	7.6	22.4	196	53	3:28
良好	85	3200	7.9	21.0	189	50	3:35
	80	3050	8.2	19.5	182	47	3:42
及格	78	2950	8.4	18.2	179	45	3:47
	76	2850	8.6	16.9	176	43	3:52
	74	2750	8.8	15.6	173	41	3:57
	72	2650	9.0	14.3	170	39	4:02
	70	2550	9.2	13.0	167	37	4:07
	68	2450	9.4	11.7	164	35	4:12
	66	2350	9.6	10.4	161	33	4:17
	64	2250	9.8	9.1	158	31	4:22
	62	2150	10.0	7.8	155	29	4:27
	60	2050	10.2	6.5	152	27	4:32
不及格	50	2010	10.4	5.7	147	25	4:42
	40	1970	10.6	4.9	142	23	4:52
	30	1930	10.8	4.1	137	21	5:02
	20	1890	11.0	3.3	132	19	5:12
	10	1850	11.2	2.5	127	17	5:22

表 6-3-6　大学生加分指标测试项目评分表一　（单位：次）

加分	引体向上（男）		1 分钟仰卧起坐（女）	
	大一、大二	大三、大四	大一、大二	大三、大四
10	10	10	13	13
9	9	9	12	12
8	8	8	11	11
7	7	7	10	10
6	6	6	9	9
5	5	5	8	8
4	4	4	7	7
3	3	3	6	6
2	2	2	4	4
1	1	1	2	2

注：引体向上（男）、1 分钟仰卧起坐（女）均为高优指标，学生成绩超过单项评分 100 分后，以超过的次数所对应的分数进行加分。

表 6-3-7　大学生加分指标测试项目评分表二　（单位：秒）

加分	1000 米跑（男）		800 米跑（女）	
	大一、大二	大三、大四	大一、大二	大三、大四
10	-35	-35	-50	-50
9	-32	-32	-45	-45
8	-29	-29	-40	-40
7	-26	-26	-35	-35
6	-23	-23	-30	-30
5	-20	-20	-25	-25
4	-16	-16	-20	-20
3	-12	-12	-15	-15
2	-8	-8	-10	-10
1	-4	-4	-5	-5

注：1000 米跑（男）、800 米跑（女）均为低优指标，学生成绩低于单项评分 100 分后，以减少的秒数所对应的分数进行加分。

第七章

奥林匹克运动

学习提示

奥林匹克运动是人类文明的产物，是推动现代社会发展的重要因素之一，它通过没有任何歧视、具有奥林匹克精神——以友谊、团结和公平精神、互相了解的体育活动来教育和引导人们，从而为建立一个和平的、更美好的世界做出贡献。它倡导身心均衡地发展，将体育运动与文化、教育融为一体。奥林匹克运动所倡导和鼓励人们建立的生活方式，是以在奋斗中体验到的乐趣、优秀榜样的教育价值和对一般伦理基本原则的推崇为基础的。

通过对本章的学习，学生应该能够回答以下问题。

√ 古代奥林匹克运动会对现代奥林匹克运动会有何积极影响？

√ 2008 年北京奥运会的三大理念是什么？

第一节　古代奥林匹克运动会

一、古代奥林匹克运动会的起源

古代奥林匹克运动会的起源与古希腊社会的政治、军事、经济、文化等有密切关系。公元前 9 世纪至公元前 8 世纪，古希腊氏族社会逐步瓦解，城邦制的奴隶社会逐渐形成，先后有两百多个城邦建立。为了应对战争，各城邦都积极训练士兵。体育成为培养能征善战的士兵的有力手段。

后来，斯巴达王和伊利斯王签订了《神圣休战条约》，并达成了定期在奥林匹亚举行集会的协议。该集会就是古代奥林匹克运动会。

《神圣休战条约》

在每届奥林匹克运动会之前，奥林匹亚所在的伊利斯城邦会选派三位特使分赴各地，宣告奥林匹克运动会即将举行。《神圣休战条约》规定，希腊各城邦不管任何时候进行战争，都不允许侵入奥林匹亚。如果战争发生在奥林匹克运动会举行期间，则交战双方必须宣布停战，准备参加奥林匹克运动会。所有通往奥林匹亚的道路任由参加奥林匹克运动会的人自由来往，任何人都不得阻拦。凡是违背约定的人和城邦都会受到制裁。最初，停战时间为期一个月，后延长到两三个月。

二、古代奥林匹克运动会的兴衰

从公元前 776 年到公元 394 年，古代奥林匹克运动会共举办了 293 届，其规模和比赛项目也不断变化。

公元 394 年，罗马皇帝狄奥多西一世宣布废止古代奥林匹克运动会。自此，历时 1169 年的古代奥林匹克运动会不复存在。古代奥林匹克运动会创造的竞技运动方式和奥林匹克精神，对现代社会和体育的发展产生了深远的影响，为人类文明留下了宝贵的精神财富。

第二节　现代奥林匹克运动会

现代奥林匹克运动会每 4 年举行一届。人们通过电视转播可以看到世界各国的优秀运动员同场竞技，向着人类体能的极限发起挑战。在激烈的对抗中，运动员表现出精湛的技艺，展现出健康优美、拼搏向上的形象。

一、现代奥林匹克运动会的兴起和发展

随着资本主义的萌芽，出现了文艺复兴、启蒙运动等思想文化运动，这对促进资本主义的发展产生了巨大影响，成为现代奥林匹克运动兴起的重要背景。

1875—1881 年，德国人库齐乌斯在奥林匹亚发掘出古代奥运会遗址及文物，激发了人们对奥林匹克运动的憧憬。在同一时期，英国、法国、荷兰等国都举办了类似奥运会的竞赛活动。这些都有力地推动了现代奥林匹克运动的兴起。而法国教育家顾拜旦更是为此做出了杰出的贡献。在他和许多人的努力下，1894 年，国际体育代表大会在巴黎召开，会上成立了国际奥林匹克运动委员会，并通过了恢复奥林匹克运动会的决议，决定每 4 年举行一次奥林匹克运动会。从此，每年

的6月23日被称为“奥林匹克日”。1896年4月6日，奥林匹克圣火在熄灭了近1500年后又重新在希腊燃起，来自13个国家的311名运动员参加了第一届现代奥林匹克运动会。

顾拜旦对现代奥林匹克运动的贡献

皮埃尔·德·顾拜旦（1863—1937）出生于巴黎。大学毕业后，他投身于教育和体育改革，并遍访欧洲，宣传奥林匹克思想，于1892年在演讲中首次提出“复兴奥林匹克运动”。在其不懈努力下，他终于促成了现代奥林匹克运动的兴起。他曾任国际奥委会秘书长和主席。1912年，他因发表了《体育颂》获奥运会金质奖章。他终生倡导奥林匹克精神，被誉为“现代奥林匹克之父”。

从此，现代奥林匹克运动不断发展壮大。虽然经历了两次世界大战，出现过危机，但自从1980年以来，奥林匹克运动不断走向开放，与大众体育、体育科学、文化艺术更加密切地结合，并不断蓬勃发展。现在，每届奥运会召开之前都会举办奥林匹克科学大会，以增进科学与奥运会、残疾人奥运会的联系。

现在，参与奥运会的国家和地区越来越多，运动员数量和奥运会所包括的项目也不断增加。体育成为文化交流最便利的工具之一。4年一届的奥运会既是体育盛会，也为各国运动员友好交流搭建了一个平台，并成为各国青年欢聚的节日，更是全球瞩目的焦点。在奥运五环标志下，世界各国人民和平相聚，推动着人类文明的不断进步。

在2008年，重燃奥运圣火后的112年，具有悠久历史文化的古都北京以其开放和充满活力的姿态作为主办城市举办了第29届奥运会，创造了奥运会新的辉煌，使奥运会再一次成为全世界瞩目的中心。2016年，第31届奥运会在巴西的里约热内卢开幕，给人们留下了深刻的印象。

二、奥林匹克运动的思想体系

奥林匹克运动能够不断冲破逆境，发展壮大，依靠的不仅是竞技比赛，更重要的是人类对于和平、友谊和进步的追求和实践。这充分体现在奥林匹克运动的思想体系中。

（一）奥林匹克主义

奥林匹克主义是将身心和精神方面的各种品质均衡地结合起来，并使之得到提高的一种人生哲学，它将体育运动与文化、教育融为一体。奥林匹克主义所建立的生活方式，是以奋斗中体验到的乐趣、优秀榜样的教育价值和对一般伦理基本原则的推崇为基础的。

（二）奥林匹克宗旨

《奥林匹克宪章》以明确的语言表述了奥林匹克的宗旨：“通过没有任何歧视、具有奥林匹克精神——以友谊、团结和公平精神、互相了解的体育活动来教育青年，从而为建立一个和平的、更美好的世界做出贡献。”

（三）奥林匹克精神

《奥林匹克宪章》指出：奥林匹克精神就是互相了解、友谊、团结和公平竞争的精神。奥林匹克精神对奥林匹克运动具有十分重要的指导作用。

（四）奥林匹克格言

奥林匹克格言是"更快、更高、更强——更团结"。

（五）奥林匹克标志

奥林匹克标志是由《奥林匹克宪章》确定的，也被称为奥运五环标志。它象征五大洲的运动员在奥运会上相聚一堂。五环的蓝色、黄色、黑色、绿色和红色分别代表欧洲、亚洲、非洲、澳洲和美洲。

第三节　奥林匹克运动与中国

一、中国早期的奥林匹克竞赛活动

1890 年，上海圣约翰书院举行的以田径为主项的运动会，是我国最早以田径为主项的正式运动会，随后，各地学校纷纷效仿，各种学校运动会和校际运动会大量出现。

1910 年 10 月 18 日至 22 日，在南京举行的"全国学校区分队第一次体育同盟会"，是中国首次举办的具有全国性质的运动会。

1922 年，王正廷担任国际奥委会委员，中国与国际奥委会建立了直接联系。

1928 年，中国获准可派团参加在荷兰阿姆斯特丹举行的第 9 届奥运会，但由于准备不足，只派了宋如海一人作为观察员出席而未参赛。

1932 年，第 10 届奥运会在美国洛杉矶举行。在国内有识之士的资助下，中国终于派出了一个代表团：代表沈嗣良，教练宋君复，选手刘长春。这是中国运动员第一次正式进入奥运会赛场，向全世界宣告了中国奥林匹克运动的存在。

1936 年，第 11 届奥运会在德国柏林举行。中国代表团共有运动员 69 人参加。除符保卢撑杆跳高进入复赛外，其余各项目的选手均在初赛被淘汰。

1948 年，第 14 届奥运会在英国伦敦举行。中国派出 33 名运动员参赛。

二、中华人民共和国成立后的奥林匹克运动

中华人民共和国成立后，中国各个方面发生了翻天覆地的变化，体育事业也在迅速发展，这为奥林匹克运动的开展提供了良好的机遇，使它在中国蓬勃地发展起来。

1949 年 10 月，全国体育工作者代表大会在北京召开，会议决定将原中华全国体育协进会改组为中华全国体育总会。中华全国体育总会对外代表中国的国家奥委会，并行使中国奥委会的权利。

1952 年 2 月，在中国和其他友好国家的多方努力下，中国获得继续参加第 15 届奥运会的资格。但最后中国代表团抵达芬兰赫尔辛基时，奥运会的赛程已过大半，只有游泳选手吴传玉参加了 100 米仰泳比赛。

1958 年 8 月，中华人民共和国宣布中断与国际奥委会和有关国际单项体育联合会的联系，并退出国际奥委会。

1979 年 11 月，国际奥委会通过决议，承认中国奥林匹克委员会是中华人民共和国唯一合法国家代表，恢复了我国的合法席位。中国与国际奥委会的正常联系得到恢复。

1984 年 7 月 29 日，在美国洛杉矶举行的第 23 届奥运会上，射击运动员许海峰夺得自选手枪慢射金牌，这不仅是本届奥运会的首枚金牌，也是世界体育史上第一枚属于中国的奥运金牌。此次奥运会揭开了我国奥运史上新的一页。

2004 年雅典奥运会、2008 年北京奥运会、2012 年伦敦奥运会、2016 年里约热内卢奥运会、2020 年东京奥运会，中国均居金牌榜前列。

三、2008 年北京奥运会

经过百年期待，中国人终于盼来了奥运圣火。经过 7 年的筹办，来自全世界的 10000 多名奥运健儿齐聚北京，在赛场上奋力拼搏以实现共同的奥运梦想。精彩的比赛、良好的组织、周到的服务、一流的设施，还有志愿者的无私奉献，让中国人民和世界各国人民共同享受了一届精彩的奥运会。

（一）北京申办奥运会

1908 年，《天津青年》上的一篇文章向国人提出了三个问题：中国何时才能派一位选手参加奥运会？中国何时才能派一支队伍参加奥运会？中国何时才能举办奥运会？在 100 年后的 2008 年，在中国人早已实现了前两个愿望之后，象征奥林匹克精神的奥运圣火终于在拥有五千年文明历史的神州大地上熊熊燃起了。回首中国申办和筹备奥运会的历程，可以看出中国通过改革开放所取得的巨大成就及中国的国际地位的提高和国际形象的改善。

1991 年，北京市人民政府正式提出申办 2000 年第 27 届奥运会。1993 年，北京仅以两票之差未能获得 2000 年奥运会的举办权。

1998 年 11 月 25 日，北京递交申请举办 2008 年奥运会的申请书。经过无数的艰辛努力，在 2001 年 7 月 13 日晚 10 时，时任国际奥委会主席萨马兰奇宣布北京获得了 2008 年第 29 届奥运会的举办权！

（二）北京举办奥运会

1.2008 年北京奥运会理念

申奥成功之后，北京市政府和北京奥组委于 2002 年制定并公布了《北京奥运行动规划》，提出了“绿色奥运、科技奥运、人文奥运”的三大理念；于 2003 年 8 月正式发布了第 29 届奥运会会徽“中国印·舞动的北京”；2003 年 12 月，第 29 届奥运会主体育场——国家体育场（“鸟巢”）开工奠基，其余奥运场馆建设也相继开工。

（1）绿色奥运：绿色奥运强调的是用保护环境、保护资源、保护生态平衡的可持续发展思想筹办奥运会，广泛开展环境保护的宣传教育活动，促进北京乃至中国环保基础设施的建设和生态环境的改善，倡导绿色健康的生活方式和消费方式。

（2）科技奥运：科技奥运是紧密结合国内外科技的最新进展，集成全国科技创新成果，举办一届富有高科技含量的体育盛会；提高北京科技创新能力，推进高新技术成果的产业化和在人民生活中的广泛应用，使北京奥运会成为展示新技术成果和创新实力的窗口。

（3）人文奥运：人文奥运突出“以人为本”的理念，倡导体育与文化、教育的有机结合。人文精神强调人的尊严和人的价值。2008 年北京奥运会成为歌颂人、尊重人的展示窗口，一切以人为中心，构建和谐、文明的人文舞台。人文奥运是人文精神与社会环境的结合。

2008 年 3 月 24 日，第 29 届奥运会圣火在奥林匹克运动的故乡希腊古奥林匹亚遗址正式点燃；奥运火炬的传递穿越了五大洲。在这一过程中，火炬手克服重重困难并于 2008 年 5 月 8 日使火炬登顶珠穆朗玛峰。

2. 2008 年北京奥运会的开幕式

2008 年 8 月 8 日晚 8 时，举世瞩目的第 29 届奥运会终于开幕了。这是中国期盼百年、全球瞩目的时刻。这一刻，现代奥林匹克运动揭开了新的一页；这一刻，中华民族的伟大复兴写下了新的篇章；这一刻，全人类的荣耀和梦想尽情绽放！中国人民百年不懈追求、7 年精心筹备的北京奥运会，在这一刻由梦想变成了绚烂夺目、震人心魄的现实。

在“有朋自远方来，不亦乐乎”的吟诵声中，204 个国家和地区的代表团齐聚北京奥运会主体育场，与现场的 9 万多名来自世界各地的观众及全球数十亿电视观众共同见证了第 29 届奥运会的开幕，分享奥运带来的快乐。开幕式的文艺演出用现代化的手段，向全世界展示了古老的中华古国。首先是日晷、缶声、竹简将人们带入古老而悠久的中华古国，文字、戏曲、丝路、礼乐分别展示了丰富多彩的中华文明；然后伴随着悠扬的古琴声，巨幅画卷徐徐展开，又将人们带入一个星光璀璨的浪漫世界；最后用以人与自然和谐相处为理念的太极拳、《我和你》的奥运主题歌，展示了中国文化和谐文明、和平发展的主题，表达了中国和世界各族人民共享奥运激情和梦想的美好愿望。在奥运会的主火炬被点燃之后，烟花漫天，欢声鼎沸。在这个不眠之夜，中国面向世界完成了五千年来一次自信的展示！

3. 2008 年北京奥运会赛事

在开幕式之后的 16 天里，各项精彩的体育赛事在北京奥运会的赛场上展开竞技，各国运动员奋勇争先，勇创佳绩。运动员们所创造的 38 项世界纪录里，有 19 项在国家游泳中心——“水立方”产生。

中国共有 639 名运动员参加了 28 个大项、38 个分项、262 个小项的比赛。这其中既有老当益壮的老将们勇挑重担，在奥运赛场上再展风采，也有少年英才勇于进取，奋力拼搏，书写了他们在奥运赛场上的传奇。

“有特色、高水平”的 2008 年北京奥运会成了奥运会举办水准的新“标杆”。2008 年北京奥运会是目前奥林匹克运动史上参赛代表团最多、运动项目最多的一届。北京奥运会使中国的形象得到了广泛的宣传。北京奥运会的巨大成功使其被时任国际奥林匹克运动委员会主席罗格称为“无与伦比的奥运会”。

4. 2008 年北京奥运会的志愿者

“志愿者的微笑是北京最好的名片。”在 2008 年北京奥运会期间，这些流动的“北京名片”向世人展现了北京的热忱与友善、古老与时尚。透过他们，中外宾客都对北京留下了美好的第一印象。7 万多名奥运会赛会志愿者和 4.4 万多名残奥会赛会志愿者在奥运会岗位和残奥会岗位上提供了赛会服务；还有 40 余万城市志愿者提供城市服务；超过 100 万的社会志愿者服务于交通、邮政、安保等领域。所有的志愿者共同提供了优质服务，做出了重要贡献，赢得了普遍赞誉。为此，国际奥委会决定在 2008 年北京奥运会闭幕式上，由 3 位新当选的国际奥委会运动员委员会委员，代表国际奥委会，向 12 名志愿者代表献花。这一新增的仪式表达了全世界运动员对中国广大志愿者的诚挚谢意。

5. 2008 年北京残奥会与 2008 年北京奥运会同样精彩

国际残奥会的发展历史与现代奥运会相比，要较为短暂。1960—2020 年，共举行了 15 届夏季残奥会和 12 届冬季残奥会。1988 年，国际奥委会决定，夏季奥运会和残奥会必须在同一城市举行。2000 年，国际奥委会和国际残奥委会签署协议规定，申办奥运会的城市，必须同时申办残奥会；奥运会后一个月内，在奥运会举办城市的奥运场地举行残奥会。

“两个奥运，同样精彩”是中国政府和人民的庄严承诺。经过不懈的努力，中国政府和人民赢得了全世界的赞誉，而这一口号也成为各国运动员、官员和民众对 2008 年北京残奥会的评价和赞赏之词。国际残奥会主席克雷文称赞其为有史以来最伟大的一届残奥会。

精彩奥运的呈现，不仅依赖于赛场的服务，还依赖于赛场上奋力拼搏的运动员。从奥运赛场到残奥赛场，全世界的运动员，共同书写了精彩绝伦的奥林匹克“北京篇章”，他们在同一赛场上，共同追求着奥运梦想。2008 年北京残奥会上，世界纪录成了“易碎品”，有超过 100 项世界纪录被改写。残疾运动员们的拼搏更让人感动，更让人们真切地体会到生命的蓬勃热烈。

四、2022 年北京冬奥会成功

2015 年 7 月 31 日，北京携手张家口获得了 2022 年第 24 届冬奥会的举办权。北京成为奥运历史上第一个既举办过夏季奥运会又举办冬奥会的城市。第 24 届冬奥会设 15 个大项，102 个小项。

第八章 大球运动

第一节 篮球运动

篮球运动

学习提示

篮球运动是人们最喜爱的运动项目之一。篮球运动具有对抗激烈的特点，是中国大学生参与率较高的体育项目之一。篮球的技战术变化多端，在篮球比赛中，个人与集体两方面的作用都很明显。

一、篮球运动概述

（一）篮球运动的起源与发展

篮球运动是 1891 年由美国的体育教师詹姆斯·奈史密斯发明的。詹姆斯·奈史密斯受到儿童游戏的启示，并借鉴足球、长柄曲棍球等运动创造了篮球运动。

1936 年，男子篮球被列为第 11 届奥运会正式比赛项目；1976 年，女子篮球被列为第 21 届奥运会正式比赛项目。

篮球运动在传入中国的 100 多年来，已经发展成为我国人日常生活中喜闻乐见的运动项目之一。中国国家男子篮球队曾多次获得亚洲男子篮球锦标赛（现为国际篮联亚洲杯）的冠军，并分别于 1996 年、2004 年、2008 年获得奥运会男子篮球比赛第八名。中国国家女子篮球队曾在 1992 年巴塞罗那奥运会上获得女子篮球比赛亚军。2019 年 6 月 24 日，在国际篮联三人篮球世界杯女子篮球决赛中，中国国家女子篮球队击败匈牙利女子篮球队，以 7 战全胜的成绩首次获得世界冠军。

（二）篮球运动的锻炼价值

1. 强身健体

篮球运动可以促进力量素质、速度素质、耐力素质、弹跳素质、灵敏素质等运动素质的发展，能增强呼吸系统、消化系统的功能，提高机体内部系统的工作能力。篮球比赛错综复杂，要求运动员要有高度精细的本体感觉能力。运动员在篮球比赛中经常变换动作，这对提高神经中枢的灵活性和协调支配各器官的能力都有良好的作用。

2. 启发智力

篮球运动是一项把变换、结合、转移等融为一体的集体攻守对抗项目，要求参与者反应快速、判断正确、随机应变、有勇有谋、机智善断，从而促进其大脑功能水平的提高和智力的发展。

3. 促进自我发展

通过参与篮球运动，人的个性、自信心、情绪控制、意志力、进取心、自我约束等能力都可以得到良好的发展，人的拼搏精神和文明自律、尊重裁判、尊重对手、尊重观众等高尚的体育运动精神也可以得到培养。

篮球运动使参与者和欣赏者都能从心理上得到享受和满足，促进其人格的培养和个性的完善。篮球运动使参与者自我意识增强，有助于其自我改进和自我发展，从而激励其不断战胜自我，接受新的挑战，攀上新的高峰。

二、篮球入门与基础

（一）移动

1. 跑

篮球运动中的跑有侧身跑、变向跑、变速跑、后退跑等。

2. 急停

根据步法，急停可分为跨步急停和跳步急停。在跑动的过程中，最后两步采用跨步或跳步，身体稍后仰，屈膝，两脚用力蹬地，达到制动的目的。

3. 转身

身体重心移至中枢脚，以其为轴向前或向后转身。

4. 滑步

前脚向滑动方向跨出、后脚蹬地跟上的移动步法是滑步。根据滑动方向滑步可分为侧滑步、前滑步、后滑步等。

（二）传接球

1. 双手胸前传球、双手接球

（1）双手胸前传球：双手用力快速前伸，手腕外翻，手指拨抖，将球传出。（图 8–1–1）

（2）双手接球：双手伸出迎接来球，拇指相对成八字形，接球后收臂缓冲来球。

2. 单手肩上传球、单手接球

（1）单手肩上传球：侧身，肩部对着接球者，单手肩上持球，蹬地挥臂传球，手腕前屈，用手指拨球，将球传出。（图 8–1–2）

（2）单手接球：伸臂放松迎球，五指自然张开，掌心正对来球，手腕、手指放松，接到球时顺势引球缓冲。

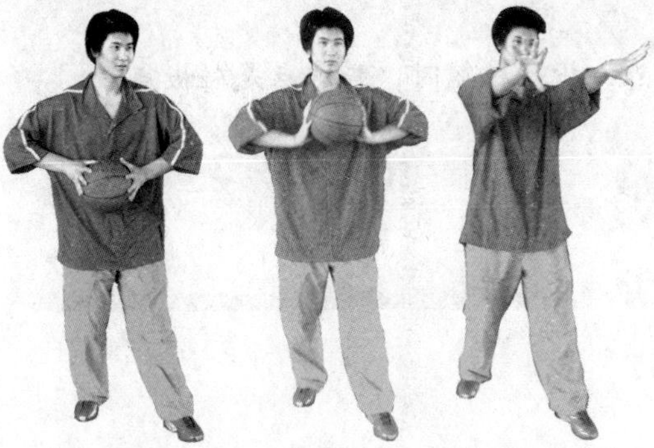

图 8–1–1

图 8–1–2

（三）投篮

1. 原地单手肩上投篮

以右手为例，右手五指自然张开持球的后下部，左手扶球左侧，右臂上臂与前臂约成 90°，右手手腕后伸与前臂约成 90°。两脚蹬地，伸右臂，右掌向上方拨球，由拇指和小指控制方向，球到最高点时用手指将球拨出。原地单手肩上投篮会使球产生后旋，碰到篮板或篮筐不会产生很大的反弹。

2. 行进间单手肩上投篮

第一步，跨步接球；第二步，持球踏跳；第三步，空中进行单手肩上投篮。由于惯性大，投篮时力量要轻。（图 8–1–3）

图 8–1–3

怎样才能提高投篮命中率？

◎ 选择适当的投篮时机，果断出手。
◎ 投空心篮时，瞄准点是篮圈的中心点；投碰板篮时，瞄准点是碰板点。
◎ 选择合适的投篮出手角度。
◎ 要有强烈的投篮欲望和信心。
◎ 规范投篮动作，加强投篮练习。

（四）运球

以肩关节为轴，手腕随球上下起伏，五指自然张开柔和触球，利用反弹和缓冲控制运球方向。运球时，手腕要放松，用向下按压动作拍球，而不是抽打动作。运球时，抬头，时刻观察场上情况。若运动员运球时只顾低头看球，则很容易被对手断球。

（五）抢篮板球

抢篮板球的关键是抢占有利位置，挡住对手，使其远离篮板，同时抢到球后要护住球。

抢篮板球技巧

进攻方要有强烈的冲抢篮板球意识，掌握绕过、闪躲对手冲抢篮板球的移动步法。防守方须养成“挡人抢球”的习惯，做到“一挡二抢”“挡抢结合”。

三、篮球基本技术

（一）传球

1. 反弹传球

传出球的击地落点应远离防守者。这种传球的距离不宜过长。

2. 行进间传球

侧身面对来球，第一步接稳球，第二步传出球。落点要有提前量，做到人球相遇，使同伴容易接到球。

传球技巧

◎ 隐蔽传球意图，出球突然，减少横传球和跳起传球。
◎ 将球传到远离防守者的一侧；传给移动的接球人时，要传出提前量。
◎ 传给内线插上的队员时，传球高度和速度要适中，便于其接球后马上投篮。
◎ 传给近距离迎面跑来接球的人时，传球力量要小而柔和。

（二）投篮

1. 行进间单手低手上篮

以右手投篮为例。接球时右脚跨出一大步，左脚跟上快速踏地起跳，腾空后由下向上“伸（臂）”“屈（腕）”“拨（指）”将球投出。（图 8-1-4）

图 8-1-4

2. 跳起单手肩上投篮

用力屈膝蹬地，跳起腾空后进行单手肩上投篮。跳到最高点时出手，并防止身体前冲。

投篮的最佳时机

◎ 当移动到容易投篮得分的空位和自己习惯的投篮位置上接到球时。

◎ 当彻底摆脱对方防守时，或者防守者注意力分散时。

◎ 当利用同伴掩护、策应出现了良好的机会时。

◎ 当同伴占有抢篮板球的有利位置或有抢篮板球的准备时。

◎ 当完成教练员布置的特定战术要求时，要当机立断，信心百倍地投篮。

（三）运球

1. 体前变向运球

拍球的外侧改变方向，转体倒肩，脚步迅速跟上，然后换手运球。（图 8-1-5）

图 8-1-5

2. 运球转身

一脚作为中枢脚，运球手拉球转向另一脚方向，迅速转身，然后换手拍球。运球转身时，步法要稳，身体重心要低，切忌拉球动作过大，以免形成明显的翻腕和长时间携带球动作，造成运

球违例。（图 8-1-6）

图 8-1-6

（四）持球突破

持球突破是持球队员运用移动和运球技术快速超越对手的方法。

持球突破技术动作的组成环节

◎ 蹬跨：跨出的第一步要大，争取接近或超越对手。
◎ 转体探肩：在跨出第一步的同时，向前转体探肩，降低身体重心。
◎ 放球：以球领人，发挥速度。
◎ 加速：二次加速，彻底甩开对手。

1. 交叉步突破

以中枢脚为轴，利用交叉步突然变向，突破对手。（图 8-1-7）

2. 同侧步突破

利用球和身体向异侧做假动作，然后从同侧突破。（图 8-1-8）

注意：持球突破时，要把真、假动作结合起来，真真假假，让对手摸不清自己的意图。

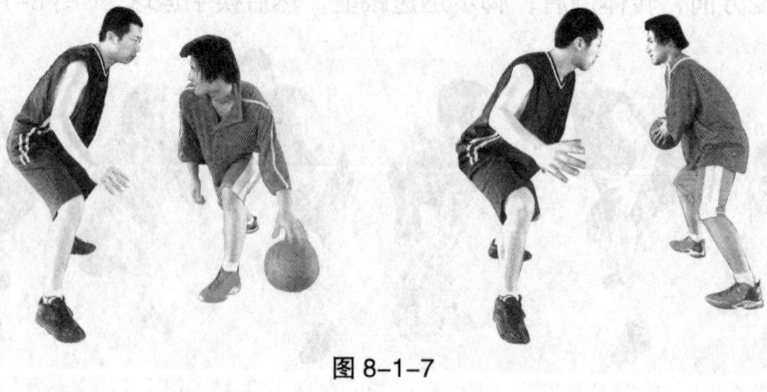

图 8-1-7

图 8-1-8

持球突破的最佳时机

◎ 在防守队员失去身体重心时。
◎ 在防守队员注意力分散或防守能力差时。
◎ 在对方犯规较多，为了消除对方的有生力量或获得罚球得分时。
◎ 为了吸引防守队员，给同伴创造良好的进攻机会时。

（五）防守技术

1. 防守无球队员

防守无球队员时，防守队员选位最重要，应时刻注意人、球、篮筐的位置，根据球的转移随时调整防守位置，集中注意力，张开手臂，随时断球。距离球近时，防守队员要面向对手；距离球远时，防守队员要侧对对手。

2. 防守有球队员

防守有球队员时，防守队员要随时调整好防守位置和防守距离，对手接到球时，迅速到位防守，手脚紧密配合防守。防善于突破的对手时，平步站立、张开两臂扩大防守面积；防善于投球的对手时，两脚前后站立，一手上举另一手侧举。

防守无球队员与防守有球队员的区别

防守无球队员时，防守队员主要集中精力控制对手活动，不让其接球；对威胁较大的投篮队员或进攻区域内能接到球的队员，要选择合理的位置紧逼防守。防守持球队员时，对手有可能投篮、突破或传球，防守队员要善于发现对方的动向，正确判断持球进攻者的意图，及时占据有利位置，积极主动地防守。

3. 抢断球

抢断球的关键是判断准确和动作快捷，把握好时机，避免扑空或失误。例如，在防守持球者时，防守队员要紧逼对方最习惯的运球手一侧，迫使对方背对自己和篮筐。一旦对方转身背对防守队员，防守队员就应紧紧贴住他，同时，张开两臂、手掌，一旦有机会便可以出手断球。需要注意的是，抢断球很容易犯规。

四、篮球基本战术

篮球比赛的战术变化多端，运动员只有熟练地掌握与运用战术基础配合，才能更加灵活、有效地发挥战术效果。

（一）进攻战术基础配合

1. 传切配合

传切配合是进攻队员之间利用传球和切入技术组成的简单配合，传切配合包括一传一切和空切配合两种。

当防守队员只注意球时或在其因封断传球而失去防守位置的瞬间，进攻队员乘机切入。当对方防守较紧时，进攻队员利用假动作或通过改变动作方向和速度来摆脱对手，快速切入篮下。持球队员则要做瞄篮、突破、运球或其他进攻假动作，以牵制对手，但当进攻队员摆脱对手并能接到球时，要及时地将球传出。

2. 突分配合

突分配合是持球队员突破后，利用传球与同伴配合的一种方法。持球队员要结合真假动作进行突破，在突破过程中，既要做好传球准备，又要做好投篮准备，传球要及时，而其他进攻队员要掌握时机，及时跑到有利的进攻位置上去接球。

组织战术的主要因素

◎ 位置：每个队员按一定阵型站位。

◎ 路线：队员或球都按一定的计划有目的地移动，从而形成一定的路线。

◎ 任务：在完成战术配合中，每个队员必须完成不同的职责。

◎ 技术：队员以娴熟的技术来保证配合完成。

◎ 时间：队员必须根据战术要求，严格地按一定时间程序去完成。

3. 掩护配合

掩护者用身体挡住同伴的防守队员必经的移动路线，使其移动受阻，让同伴借以摆脱防守的配合方法。依据掩护的位置和方向，掩护配合可分为前掩护、侧掩护和后掩护三种。比赛时，根据场上情况的变化，队员之间也可进行反掩护、假掩护、定位掩护、行进间掩护、连续掩护、双掩护等。掩护可以在无球同伴之间进行，也可在无球和有球同伴之间进行。

掩护队员给同伴做掩护时，面向或侧向同伴的防守队员，两脚开立，站在同伴的防守队员的必经路上，距离约为半步。掩护动作完成后，掩护队员应根据场上的情况，及时转身切向篮下或摆脱防守队员去接球。同伴在队友掩护之前，要以进攻的动作吸引住自己的对手，并借助同伴的掩护突然摆脱防守。

4. 策应配合

策应配合为内线的队员背对或侧对篮筐接球，由其作为枢纽，与外线队员的空切相配合而形成的一种里应外合的进攻方法。

策应队员策应前要注意及时抢占有利位置，接球后两脚开立，用手臂和身体保护好球，并在策应过程中利用转身、跨步等动作及时调整策应的方向和位置，增加策应的变化和威胁，在同伴摆脱防守后，及时将球传给同伴。

（二）防守战术基础配合

1. 挤过配合和穿过配合

挤过配合和穿过配合都是破坏掩护配合的积极有效的方法，是破坏对方掩护配合并及时防住自己对手的配合方法。

（1）挤过配合：发现掩护时，防守队员为了盯住进攻队员，挤过掩护队员后，仍然盯住对手，挤过时要贴近进攻队员。

（2）穿过配合：防守掩护的队员要及时提醒同伴，并主动让路，让同伴从自己的位置上穿过，自己仍然盯住原对手。

2. 绕过配合和交换配合

（1）绕过配合：当防守移动路线被堵死和穿过、挤过无济于事时，同伴主动贴前站，自己从后面绕过去防住原对手。

（2）交换配合：防守队员及时交换自己所防守的对手。

3. 夹击配合

两个队员夹击防守持球队员。两人站位距离小到使持球队员不能通过，手臂要随着球的移动而移动，以破坏对方的传球。

4.“关门”配合

两人协同，在进攻队员可能突破和超越同伴时，防守队员及时向同伴靠拢“关门”，造成进攻队员“带球走”和撞人犯规。

5. 补防配合

当临近的同伴被对手突破时，防守队员主动放弃自己的对手，果断补防威胁最大的进攻队员，被突破的防守队员则应快速回防或防守篮下。

（三）集体防守和集体进攻战术

1. 人盯人防守战术与进攻人盯人防守战术

人盯人防守战术是每个防守队员盯住一个进攻队员，并协同完成集体防守任务的全队防守战术。进攻人盯人防守战术是针对对方人盯人防守情况，运用掩护配合、策应配合、传切配合、突破配合等组织全队进攻的战术。

> **全场紧逼人盯人防守战术的运用时机**
>
> ◎ 主动变化战术时。
>
> ◎ 有意识消耗对方体力扩大战果或挽回败局时。
>
> ◎ 对付切入少而中投很准的球队时。
>
> ◎ 对付经验不足的球队时。

（1）人盯人防守战术：人盯人防守战术分为两种，一种是半场人盯人战术。由攻转守时，全队迅速退回后场，每个队员盯住自己的对手。此防守具有较强的针对性。另一种是全场紧逼人盯人防守。由攻转守时，防守队员在全场范围内各自紧逼自己的对手。此防守具有较强的攻击性。进行人盯人防守时要快速找人、抢位，掌握“人球兼顾，不让接球，前紧后松，放边堵中”的原则，并利用夹击、换防、补防等集体配合来破坏对方的进攻。

（2）进攻人盯人防守战术：进攻人盯人防守战术是一个篮球队必须掌握的基本进攻战术。队员首先要沉着，然后运用运球突破、快速传球、摆脱空切、拉开掩护、策应配合等基础配合来破坏对方的人盯人防守。注意，队员不要在边角停球，避免遭夹击，也不要挤成一团。

2. 区域联防战术与进攻区域联防战术

（1）区域联防战术：区域联防战术是指防守队员防守进入指定区域的进攻队员，并与同伴协同防守，用一定的阵型，把每个防守区域有机地联系起来而组成区域联防。它要求5个队员必须协同一致，明确自己负责的防守区域，积极地随球移动，集中加强对有球一侧的防守，兼顾远侧，以防球为主，人球兼顾，并要协助同伴进行“关门”、夹击、补防等防守配合。区域联防战术的主要防守阵型有“2–1–2”“2–3”“3–2”“1–3–1”。

（2）进攻区域联防：进攻队员要想攻破区域联防，最有效的办法是在对方防守立足未稳、防守阵型还未形成时，发动快速反击。若对手区域联防阵型已经形成，则进攻队员采取迅速落位、快传球调动对方，再利用空切、穿插、遛底线等制造以多打少的区域优势，攻破区域联防。

区域联防的运用时机

◎ 对方外围中远距离投篮不准，而内线威胁较大时。

◎ 对方频繁地采用穿插移动和运球突破，本队个人防守技术差或犯规较多时。

◎ 有策略地改变防守战术时。

◎ 为了加强组织抢篮板球时。

五、篮球的评价与欣赏

（一）篮球的评价

评价个人的篮球运动水平主要从其对篮球基本技战术的掌握程度和对篮球竞赛规则的理解程度两方面来衡量。为达到大众健身的目的，一般情况下，若个人达到下列基本要求（表8–1–1），则代表其拥有相应的能力，并能够参加篮球比赛。

表 8–1–1　篮球技战术自我评价表

序号	位置和技战术	基本要求	易犯错误
1	后卫	掌握控球、远距离投篮技术，跑动速度快	控球不稳
		作为枢纽，具备指挥、联络和组织能力	缺乏联络
2	前锋	掌握各种投篮、突破技术	投篮时机掌握不好、不准，突破不力
		熟悉基本战术的跑动路线和时机	缺乏联络，路线和时机不对
3	中锋	具有近距离作战的技术和对抗能力	持球不稳，对抗能力差
		具有顽强的作风、不畏强手，有强烈的攻击欲望	畏惧，精神不佳
		掌握争抢前后场篮板球的技术	抢不到位置
		熟悉围绕中锋的基本战术	不清楚分工和配合

续表

序号	位置和技战术	基本要求	易犯错误
4	运球技术	各种转身、变向等方式的运球	低头运球，不熟悉球性
		保护好球	控球不好，被断球
5	投篮技术	掌握跳投技术、原地投篮技术、行进间投篮技术	投篮不准、前冲太大，球飞行轨迹太平
		善于抓住投篮时机	投篮时机掌握不好
6	传接球技术	手触球就能拿到球，传球隐蔽	接球不稳，传球时眼睛、动作暴露意图
7	防守技术	移动快、防守面积大	移动太慢，站位不对
8	战术配合	明确分工	分工不明确
		熟悉基本战术跑动路线和时机	跑动相互影响
		密切联络	信息不畅，各自为战

（二）篮球的欣赏

篮球是一项具有较高观赏性的比赛项目。观看篮球比赛时，不难发现，其最鲜明的特点就是比赛中的高强度对抗。这主要体现在整体对抗和运动员的个体对抗两方面。运动员技术动作的技巧性是力量、速度、弹跳等的完美统一，使观众为之感叹、为之兴奋，更为运动员掌握这样高度技巧性的技术动作所付出的艰苦训练而感动。这些都是欣赏篮球比赛的重要看点。运动员在比赛中的突破防守、飞身上篮、急停跳投、大力灌篮、火爆盖帽、奋勇抢断等精彩动作层出不穷，让人应接不暇，尤其是在最后几秒内决定胜负的一投和防守，更是让观众随之感到紧张、兴奋与刺激，仿佛自己已经成为比赛中的一员，也在比赛、也在拼搏。

欣赏篮球比赛还要从整体性上观察球队在比赛中各个环节的配合是否默契。例如，进攻中通过后卫的组织和主攻手的跑动完成进攻，以及全队队员通过巧妙的配合和隐蔽的组织，使对手疲于奔命，顾此失彼，形成无人防守下的投篮和扣篮局面。这囊括了由守转攻的推进、后卫组织指挥、战术布置、各个球员跑动（路线和时机）、接应等环节。因此，一支球队要想取得好成绩，必须拥有较高的整体性水平。

六、篮球竞赛规则简介

（一）比赛定义

篮球比赛由 2 队参加，每队出场 5 名队员。每队的目标是进攻对方球篮得分，并阻止对方队得分。被某队进攻的球篮是对方的球篮，由某队防守的球篮是该队的本方球篮。比赛时间结束时比赛得分较多的队，是比赛的胜者。

（二）比赛场地

比赛场地应是一块平坦、无障碍物的硬质地面。其尺寸是长 28 米、宽 15 米，从界线的内沿丈量。

（三）器材

下列器材是必需的：挡件（包括篮板、含有抗压篮圈和篮网的球篮、篮板支 撑构架），篮球，比赛计时钟，记录屏，进攻计时钟，供暂停计时用的计秒表或适宜的（可见的）装置（不是比赛计时钟），2 个独立的、显然不同的、非常响亮的声响信号（分别提供给进攻计时员、计时员），记录表，队员犯规标志牌，全队犯规标志牌，交替拥有指示器，比赛地板，比赛场地，足够的照明。

（四）球队

（1）当一名球队成员按照竞赛组织部门的规程（包括年龄限制）已被批准为某队参赛时，他是合格参赛的球队成员。当一名球队成员的姓名在比赛开始前已被登记在记录表上，并且他既没有被取消比赛资格，又没有发生 5 次犯规，是有资格参赛的球队成员。

（2）在比赛时间内，一名球队成员：①当他在比赛场地上，并且有资格参赛时，是一名队员；②当他未在比赛场地上，但他有资格参赛时，是一名替补队员；③当他已发生 5 次犯规，并且不再有资格参赛时，是一名出局的队员。

（3）在比赛时间内，每队应有 5 名队员在场上并可被替换。

（五）主要竞赛规则

1. 违例

违例是违犯规则。

【罚则】将球判给对方队员从最靠近发生违例的地点掷球入界，但正好在篮板后面的地点除外，除非本规则另有规定。

（1）队员出界和球出界。

当队员身体的任何部分接触界线上方、界线上或界线外的除队员以外的地面或任何物体时，即是队员出界。

当球触及了：在界外的队员或任何其他人员时，界线上方、界线上或界线外的地面或任何物体时，篮板支撑架、篮板背面或比赛场地上方的任何物体时，是球出界。

（2）带球走。

当队员在场上持着一个活球，其一脚或双脚超出本条款所述的限制，向任一方向非法的运动是带球走。

在场上正持着一个活球的队员用一脚（称为“中枢脚”）始终接触着该脚与地面接触的那个点，而另一只脚向任一方向踏出一次或多次的合法运动是旋转。

一名队员接住球时，双脚站在地面上：一只脚抬起的瞬间，另一只脚成为中枢脚。开始运球时，在球离手前中枢脚不得离开地面。队员可以跳起中枢脚传球或投篮，但在球离手前，任意一只脚不得落回地面。

（3）3 秒钟。

某队在前场控制活球并且比赛计时钟正在运行时，该队的队员不得在对方队的限制区内停留超过持续的 3 秒。

（4）8 秒钟。

每当一名在后场的队员获得控制活球时，或在掷球入界中，球触及后场的任何队员或者被后场的任何队员合法触及，掷球入界队员所在队仍拥有在后场的球权时，该队必须在 8 秒内使球进入该队的前场。

2.犯规

犯规是对规则的违犯，含有与对方队员的非法身体接触和 / 或违反体育运动精神的举止。

（1）侵人犯规。

侵人犯规是无论在活球或死球的情况下，攻守双方队员发生的非法身体接触的犯规。队员不应通过伸展手、臂、肘、肩、髋、腿、膝、脚或将身体弯曲成“不正常的姿势”（超出他的圆柱体）去拉、阻挡、推、撞、绊对方队员，或阻止对方队员行进；也不得放纵任何粗野或猛烈的动作去这样做。

【罚则】应登记犯规队员一次侵人犯规。如果对没有做投篮动作的队员发生犯规：由非犯规的队在最靠近违犯的地点掷球入界重新开始比赛；如果犯规的队处于全队犯规处罚状态，则应运用“全队犯规：处罚”的规定。如果对正在做投篮动作的队员发生犯规，应按下列所述判给投篮队员若干罚球：如果出手投篮成功，应计得分并追加一次罚球；如果从 2 分投篮区域的出手投篮不成功，2 次罚球；如果从 3 分投篮区域的出手投篮不成功，3 次罚球。

（2）技术犯规。

技术犯规是没有身体接触的犯规，行为种类包括但不限于：无视裁判员的警告；与裁判员、技术代表、记录台人员、对方队或允许坐在球队席的人员讨论和/或交流中没有礼貌；使用很可能冒犯或煽动观众的粗话或手势；戏弄或嘲讽对方队员；在对方队员眼睛附近挥手或手保持不动妨碍其视觉；过分挥肘；在球穿过球篮之后故意地触及球，阻碍迅速地掷球入界或罚球以延误比赛；伪造被犯规；悬吊在篮圈上，致使队员的重量由篮圈支撑，除非扣篮后，队员瞬间抓住篮圈，或者根据裁判员的判断，他正试图防止自己受伤或另一名队员受伤；在最后一次的罚球中防守队员干涉得分，应判给进攻队得 1 分，随后执行登记在该防守队员名下的技术犯规罚则。

【罚则】如果：判罚队员技术犯规，应作为队员的犯规登记在该队员名下，并计入全队犯规中；判罚球队席人员，应登记在主教练名下，并不计入全队犯规次数中。

（3）违反体育运动精神的犯规。

违反体育运动精神的犯规是一起队员身体接触的犯规，并且根据裁判员判定，包含：

①与对方发生身体接触并且不在本规则的精神和意图的范畴内努力比赛；

②在尽力抢球或在与对方队员尽力争抢中，造成与对方队员过分的严重身体接触；

③一起攻防转换中，防守队员为了中断进攻队的进攻，与进攻队员造成不必要的身体接触。该原则在进攻队员开始他的投篮动作之前均适用；④一起对方队员从正朝着对方球篮行进的队员身后或侧面与其造成的非法接触，并且在该行进队员、球和对方球篮之间没有其他队员，该原则在进攻队员开始他的投篮动作之前均适用；⑤在第 4 节和每一决胜期比赛计时钟显示 2:00 分钟或更少，当掷球入界的球在界外并且仍在裁判员手中，或掷球入界队员可处理时，防守队员在比赛场内对进攻队员造成身体接触。

【罚则】应给犯规队员登记一次违反体育运动精神的犯规。应判给被犯规的队员执行罚球，以及随后：在该队前场的掷球入界线处掷球入界；在中圈跳球开始第 1 节。应按下述原则判给若干罚球：如果对没有做投篮动作的队员发生犯规，2 次罚球；如果对正在做投篮动作的队员发生犯规，如果中篮应计得分并追加一次罚球；如果对正在做投篮动作的队员发生犯规，并且球未中篮，2 次或 3 次罚球。当登记了一名队员 2 次违反体育运动精神的犯规或 2 次技术犯规，或一次技术犯规和一次违反体育运动精神的犯规时，应该取消他本场剩余比赛的资格。

第二节　排球运动

排球运动

学习提示

排球运动是人们十分喜爱的体育运动，其高度的技巧和团队的密切配合使人们乐于参与和欣赏，是大学生课内外体育锻炼的主要内容。

一、排球运动概述

（一）排球运动的起源与发展

1895 年，美国马萨诸塞州的一名体育工作人员——威廉·摩根发明了排球。该运动最初是一种游戏，双方队员将篮球胆在室内隔着网球网击来拍去且使球不落地。排球运动很快被传到世界各地。1947 年，国际排球联合会（简称“国际排联”）成立。从此排球运动就成了一项世界性的竞技体育项目。

排球运动的重大国际性赛事主要有奥运会排球赛、世界排球锦标赛、世界杯排球赛、世界沙滩排球锦标赛等。排球运动在我国不断发展，运动技术水平不断提高。中国女排在获得“五连冠”后又在 2003 年世界杯排球赛、2004 年雅典奥运会排球比赛、2015 年世界杯排球赛、2016 年里约热内卢奥运会排球比赛、2019 年世界杯排球赛上五度夺冠，极大地振奋了中国人的精神。中国女排所体现出来的顽强奋斗、勇敢拼搏的精神激励着一代代中国人不断前行。

（二）现代排球运动的特点

1. 形式多样性和群众性

排球运动不拘泥于形式，可支网相斗，亦可围圈嬉戏。排球运动场地比较简单，室内外均可进行，只要有一块空间、沙滩或草地，人们便可尽情享受击球的乐趣。排球运动形式多种多样，参加人数可多可少，运动负荷可大可小，适合不同年龄、性别、体质和不同训练程度的人在不同的环境下进行锻炼。

2. 技术的全面性

参加排球比赛的每个队员必须全面掌握各项技术，使球不落地，也不能一人连击、持球或全队四次击球。

3. 对抗性和观赏性

排球各个比赛环节都是在比赛双方激烈的对抗中进行的，对抗的焦点尤其集中在扣球和拦网上，对抗极具观赏性。

4. 安全性和休闲性

排球比赛是隔网进行的，双方斗技时没有身体接触，比较安全，是人们放松、休闲的理想方式。

（三）排球运动的锻炼价值

人们经常参加排球运动，能提高自身的身体素质和运动能力，改善身体机能状况，培养团结协作的精神。

二、排球入门与基础

（一）准备姿势

上体自然前倾，可稍蹲、半蹲和低蹲，两臂自然放松置于腹前，身体重心稍靠前；全身肌肉适当放松。

（二）移动

常用的移动步法有并步、跨步、交叉步、滑步、跑步等。

要求：做好准备姿势，及时判断来球方向，快速移动。移动中，身体重心起伏不能太大，以免影响移动速度。

（三）正面双手传球

传球手型：两手自然张开，成半球形。（图 8–2–1）

击球点：在额前上方约一球距离处。

用力：主要利用蹬地、伸臂、压腕和拨指的弹力把球传出去。（图 8–2–2）

图 8–2–1

图 8–2–2

传球错误动作

◎ 拇指朝前。

◎ 伸臂过早或过晚，时机判断不准。

◎ 击球点离身体太远。

（四）正面双手垫球

垫球手型：抱拳式、叠掌式和互靠式。

击球部位：利用腕关节以上 10 厘米左右处，桡骨内侧所构成的平面击球的后下部。（图 8–2–3）

用力：两前臂夹紧、前伸，插到球下，蹬地，压腕，抬臂击球。（图 8–2–4）

垫球错误动作

◎ 两臂弯曲。

◎ 手臂突然用力。

◎ 只有伸臂动作，身体重心不前移。

图 8–2–3

图 8–2–4

（五）正面发球

1. 正面下手发球

抛球：平稳、垂直抛球。

击球部位：直臂掌根或全掌击球的后中下部。

用力：蹬地，身体重心前移，以肩为轴挥臂击球。（图 8–2–5）

发球技巧

◎ 抛球要稳。

◎ 击准球的后中下部。

◎ 全身协调用力。

图 8–2–5

2. 正面上手发球

抛球：垂直抛于右肩前上方。

击球部位：全掌或掌根击球的后中下部。

用力：身体稍右转，在右肩前上方手臂伸直的最高点处快速挥臂击球。（图 8–2–6）

图 8-2-6

（六）正面扣球

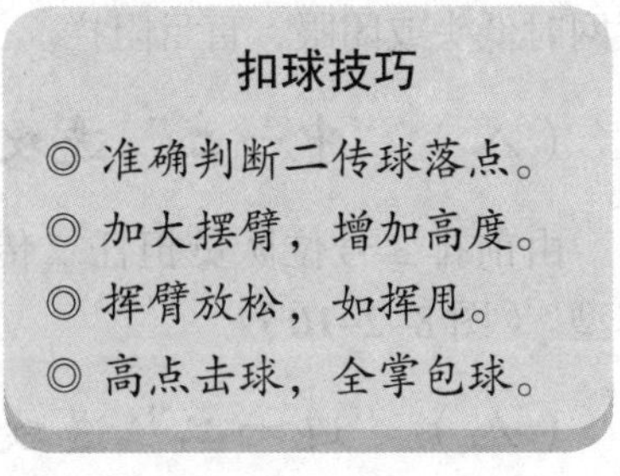

正面扣球包括助跑起跳和空中击球两个环节。（图 8-2-7）

1. 助跑起跳

步法：采用一步、两步、多步或原地垫步等，助跑前注意观察二传队员传出球的方向，寻找起跳时机和击球点。

节奏：步幅由小到大，速度先慢后快；最后一步时，左脚及时跟上，踏在右脚侧前方，使身体制动，增加弹跳高度，同时避免前冲力过大而触网。

起跳：左脚跟上后，两脚用力蹬地、起跳，配合摆臂，增加弹跳高度。

2. 空中击球

手型：五指张开成勺形。

击球：在最高点击球，以全掌击球后中下部，全掌包球，用推压动作击出上旋球。（图 8-2-8）

用力：挥臂，腰腹发力，依次带动上臂、前臂、手腕，做出挥甩动作。

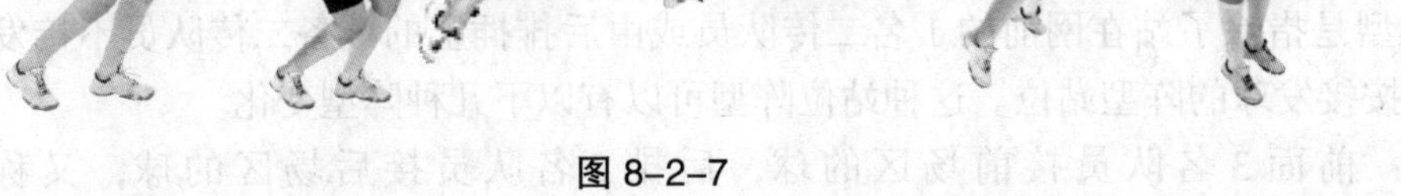

图 8-2-7

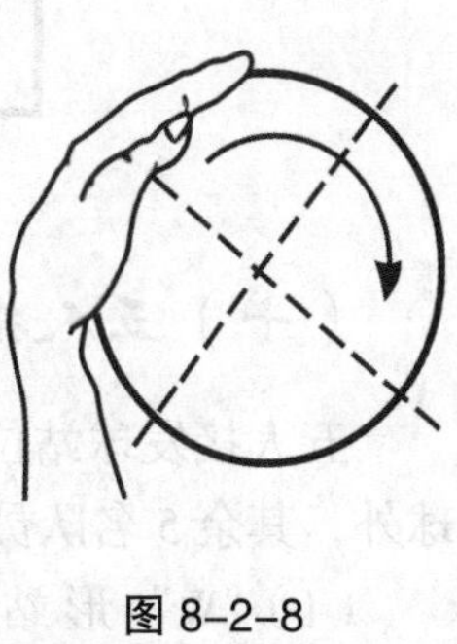

图 8-2-8

（七）单人拦网技术

准备姿势：站在距球网 30 ～ 40 厘米处，两臂置于胸前并屈肘，五指张开。

移动起跳：采用移动步法，选好起跳点，身体重心降低，两膝弯曲，两脚用力蹬地，垂直起跳。

空中击球：两臂尽力过网，两手自然张开；当手触球时，两手突然紧张，手腕用力下压盖住

球的前上部。（图 8–2–9）

图 8–2–9

注意：避免触网、脚过中线的犯规；避免起跳过早，否则对方扣球时本方身体已下降；避免拦网时低头或闭眼，盲目阻拦。

（八）“中一二”进攻阵型

由前排 3 号位队员担任二传，2 号位和 4 号位队员扣球的战术形式，称为“中一二”进攻阵型。（图 8–2–10）

（九）“边一二”进攻阵型

由前排 2 号位队员担任二传，3 号位和 4 号位队员扣球的战术形式，称作“边一二”进攻阵型。其战术变化多于“中一二”进攻阵型。（图 8–2–11）

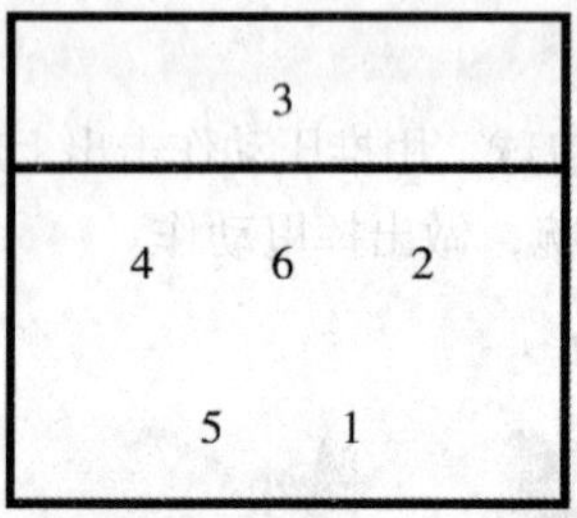

图 8–2–10

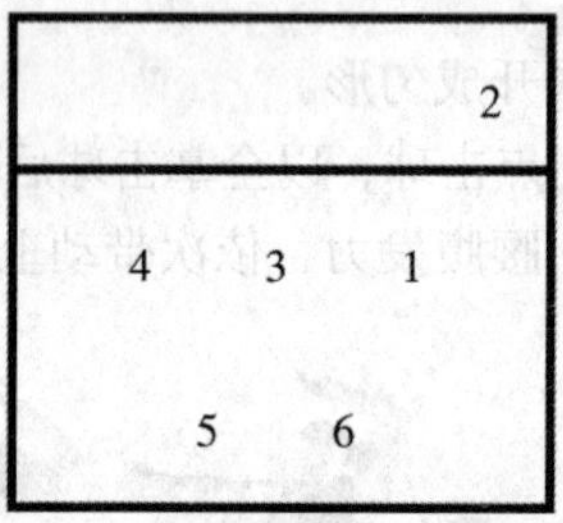

图 8–2–11

（十）五人接发球站位阵型

五人接发球站位阵型是指除了站在网前的 1 名二传队员或由后排插上的准备二传队员不接发球外，其余 5 名队员都按接发球的阵型站位。这种站位阵型可以有以下几种阵型变化。

（1）“W”形站位：前面 3 名队员接前场区的球，后排 2 名队员接后场区的球，又称“一三二”站位。（图 8–2–12）

（2）“M”形站位：前面 2 名队员负责接前区球，中间队员负责接中区球，后面 2 名队员负责接后区球，又称“一二一二”站位。（图 8–2–13）

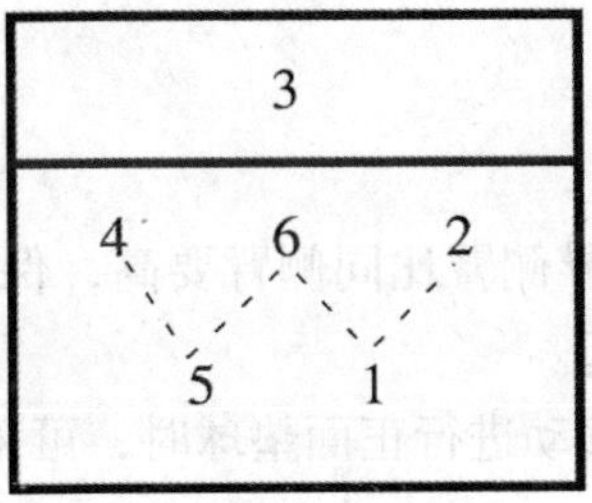

图 8-2-12

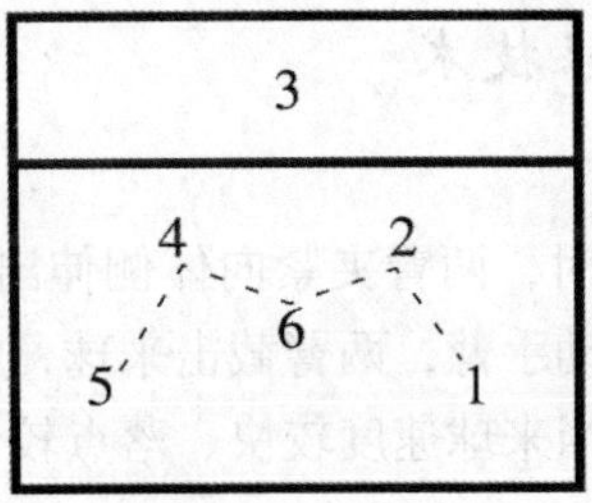

图 8-2-13

(3)“边一二”站位换位成“中一二”阵型：球发出后，二传队员在4号位或2号位时，可以换位成“中一二”进攻阵型。

(4)“中一二”站位换位成“边一二”阵型：球发出后，二传队员换到2号位，形成“边一二”进攻阵型。

接发球技巧与配合

◎ 注意力高度集中，迅速对来球做出正确的判断，及时移动取位以正对来球。

◎ 接起来的球尽量送到二传队员的位置上。

◎ 站位时，要以前排同伴为基准适当取位，不要前后重叠站位，遵循“远飘、轻飘分散站，平快、大力一条线”的规律取位。

◎ 接发球配合：接发球技术较好的队员接球范围可大一些，反之则接球范围小一些；后排队员接球范围可大一些，前排队员接球范围可小一些。

三、排球基本技术

（一）传球技术

1. 背传

上体比正面传球时稍直立，击球点保持在额前上方，手腕适当后仰，掌心向上，击球的下部。依靠蹬腿、展腹、抬臂、伸肘、向后翻腕的动作，以及手指、手腕的弹力将球传向后上方。

2. 顺网二传

当一传方向来球时，二传队员身体不宜正对来球方向，要适当转向传球方向，尽量保持正面传球姿势，使球顺网飞行。

3. 调整二传

调整二传以传高远球为主，应充分利用蹬地、伸膝、伸臂、屈指、压腕，全身协调用力将球平稳传出。

（二）垫球技术

1. 体侧垫球

在体侧垫球时，两臂夹紧向体侧伸出，来球方向异侧臂比同侧臂要高，保持好反弹角度。用力时，以腰部带动手臂，两臂截击来球，将球平稳垫起。

应用时机：当来球速度较快、落点较低，来不及移动进行正面垫球时，可采用体侧垫球。

2. 背垫球

快速移动到落点，背对垫球方向，蹬地，抬头挺胸，展腹，使身体成反弓，两臂夹紧向后上方摆臂，垫击球的后下部。

应用时机：当来球飞行较远、较高且无法运用一般垫球技术时，可采用背垫球。

击球新技术——脚踢排球

在 1995 年国际排联代表大会上通过的排球规则中，允许身体任何部位均可触球，这样就出现了一种新的垫击技术——脚踢排球。脚踢排球的技术动作可以充分利用腿和脚离地面近的优势，减少了运动员起动和完成动作的时间，经常能收到意想不到的效果。

（三）正面上手发飘球技术

正面上手发飘球与正面上手发球动作相似，不同的是其击球是用掌根击球的后中下部，同时击球时的挥臂伴有突停动作，使传球产生飘晃效果（图 8-2-14）。如果球没有产生飘晃效果，则原因就是击球的作用力没有通过球的中心。

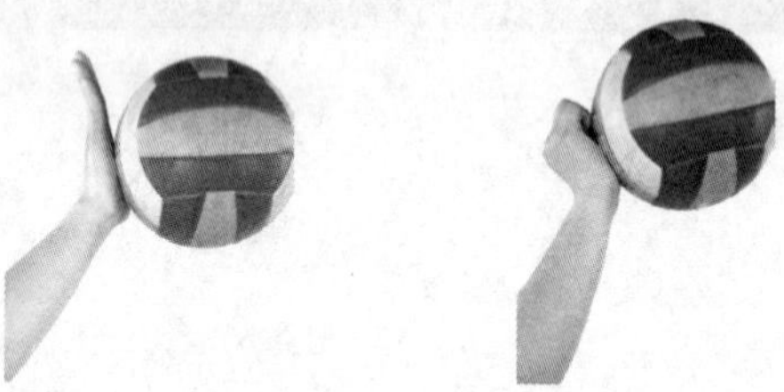

图 8-2-14

（四）接发球技术

接发球技术主要采用正面双手垫球技术。在接大力发球时，手臂不要抬起用力，而是要稍后撤以缓冲来球。接发球时要有必能接好球的信心，注意队员间的配合，避免互相抢球或让球。

（五）接扣球技术

接扣球时要早判断、快取位，降低身体重心，按照“高球挡、低球垫”的原则，争取多起球。要接好扣球，要有争抢险球的勇气，不怕重球，要注意防止身体重心后坐。根据对方扣球动作、特点和同伴拦网情况及早做出判断，快速移动。

中国排球的技术、战术创新

◎ 男子排球：创造并掌握了“盖帽”拦网技术。
创新了“平拉开快球”扣球技术，此技术成为我国常用的快攻技术。
创造了“前飞”“背飞”等进攻战术。

◎ 女子排球：创新了“快速反击”战术，使中国排球在技术、战术上走在世界前列。
创造了“全攻全守”“高快结合”的新型技术。
创新了“单脚起跳背飞扣球”“前快错位背飞”等快攻战术。

（六）扣近体快球和半高球技术

扣近体快球的队员应在二传队员传球前或传球时起跳，扣半高球的队员起跳时间则比扣近体快球要晚，原因是半高球的高度一般在 1 ～ 1.5 米。

注意：重点掌握好助跑、起跳的时机，处理好人与球的关系，与二传队员熟练配合。

（七）集体拦网技术

集体拦网是 2 ～ 3 名队员的协调配合，1 名队员拦住直线球，其他队员移动，拦住斜线球。配合拦网时应注意避免身体在空中相互冲撞，形成的拦网面不能留有大于球直径的缝隙。

注意：后排队员不能参加集体拦网。

四、排球基本战术

（一）个人战术

1. 发球个人战术的运用

变换发球方法，变化发球力量、落点和飞行路线；当对方正处于进攻较弱的场次时，本方应注意发球的稳定性；“找人”发球——发给对方连续失误、信心不足、情绪急躁或刚上场的队员；本方在得分困难或比分落后较多的情况下，采取攻击性强的发球战术；等等。

2. 扣球个人战术的运用

避强打弱、避重就轻，从对方身材矮、弹跳力差或拦网能力差的队员的拦网区域进行突破；扣球落点尽量找人、找点，向防守技术差的队员或向对方空当处扣球。

3. 防守个人战术的运用

集中注意力观察对方进攻的意图和本方拦网的情况，在接球前做出正确的判断，选择有利位置；当判断出对方要进行大力扣球而本方已布置好拦网时，重点防守本方未拦到的线路或防守打手出界的球；当对方由扣球变吊球时，本方则要快速前压防守。

（二）“插上”进攻战术

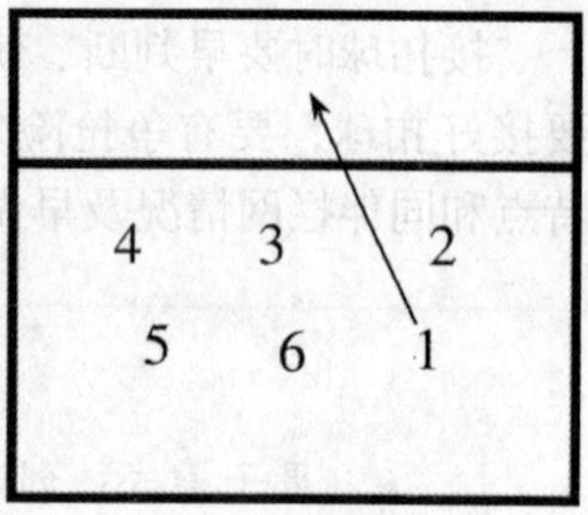

图 8–2–15

后排队员插到前排做二传，把球传给前排 3 个进攻队员以突破对方的防线。一般从 1 号位插上为多。这种由后排的队员插到前排担任二传传球以保持前排三点进攻的战术为“插上”进攻战术。（图 8–2–15）

注意：发球时，二传必须在发球队员后方，可移动“插上”，否则会被判为位置错误；同时不要影响其他队员接球，二传队员传球后，应立即对进攻队员进行保护，防拦回球或后撤防守。

（三）进攻战术的各种打法

1. 平快掩护

平快掩护是指 2 号位、4 号位队员平拉开进攻作为掩护、3 号位队员在中间短平快进攻的战术形式。（图 8–2–16）

2. 交叉进攻

交叉进攻是指两名队员用交叉跑动路线换位进攻，目的在于扰乱对方盯人拦网的布置。（图 8–2–17）

3. 重叠进攻

重叠进攻是指两名队员几乎在同一点上进行不同时间的进攻，形成重叠之势，使对方拦网人难以判断真假。（图 8–2–18）

4.“夹塞”进攻与“串平”进攻

一名队员以短平快进攻作为掩护，另一进攻队员跑动，“夹”在传球手与快攻手之间的进攻，称为“夹塞”进攻。扣球队员在短平快掩护队员的背后扣平拉开快球的进攻，称为“串平”进攻。（图 8–2–19）

5. 双快–跑动进攻

双快–跑动进攻是指两名队员进行快球进攻，第三名队员进行大范围的跑动进攻。（图 8–2–20）

6. 前后排互相掩护的进攻

前后排互相掩护的进攻又称立体进攻，是近年来世界排球比赛中十分流行的战术（图 8–2–21）。这种战术的优点是形成了进攻队员人数上的优势，进攻点多，扩大了进攻的纵深范围。

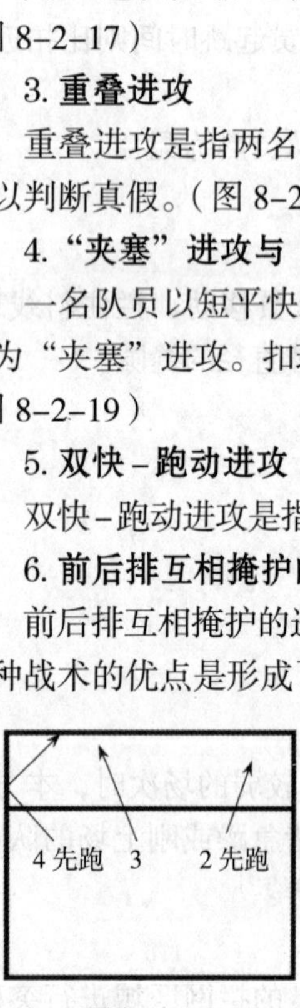

图 8–2–16

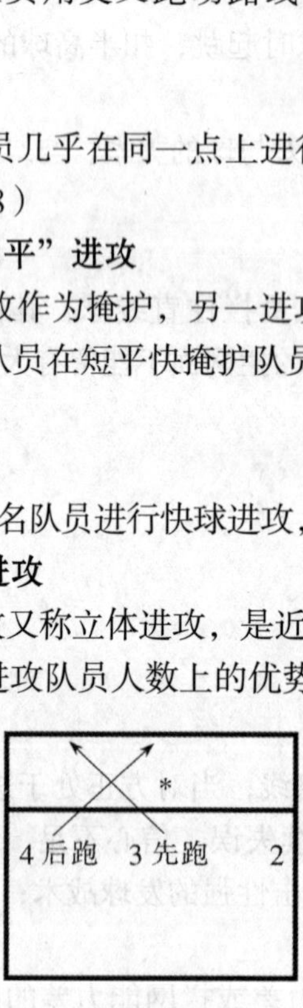

图 8–2–17

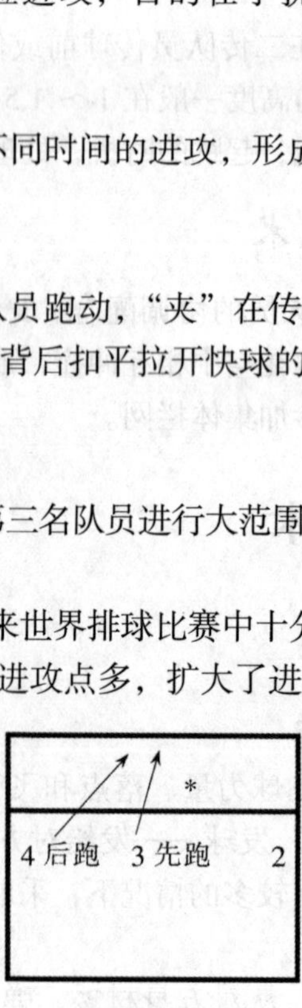

图 8–2–18

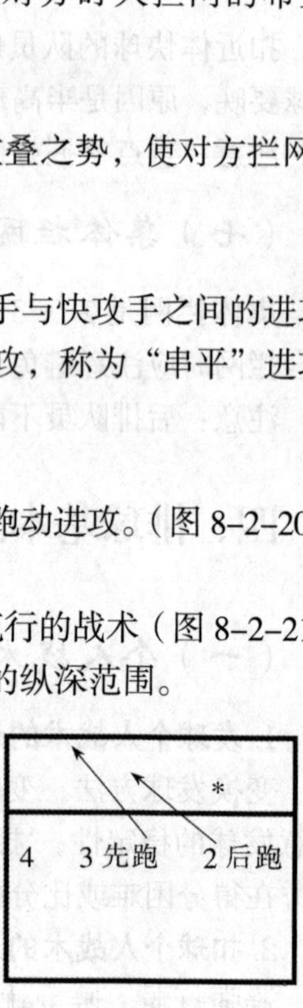

图 8–2–19

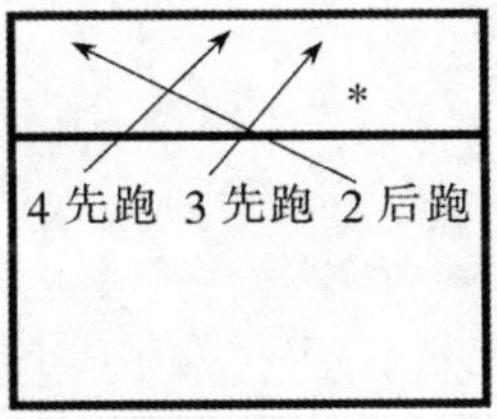

图 8-2-20

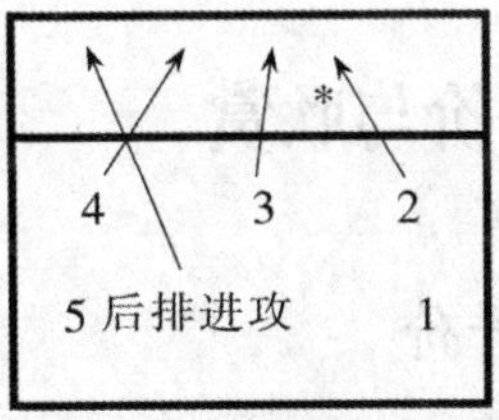

图 8-2-21

（四）防守战术

1. 单人拦网防守战术

单人拦网防守战术是最基础的防守战术形式，在高水平的比赛中也时常被采用。一般情况下，这种防守战术多采用拦对方相应位置的攻手且邻近的队员后撤保护的形式，也可以由本队一名拦网技术好的队员专门拦网，不拦网的队员则后撤保护。

2. 双人拦网防守战术

双人拦网防守战术是指由前排两名队员拦网，其他队员组成防守阵型。

（1）“边跟进”防守阵型：防守队员取位成半圆形，“边”上 1 号位的队员重点防守中心和边上的吊球。这种阵型有利于防对方的大力扣杀。其弱点是防吊球时中心的空当太大，因此出现了“死跟”“活跟”和“双卡”的变化。

“活跟”：1 号位队员根据判断来决定是退守长线还是跟进防吊，这种灵活的战术布置叫作“活跟”。当前压跟进时，要求 6 号位队员及时补直线，4 号位和 5 号位队员积极策应，前排拦网队员则要拦住中区。（图 8-2-22）

“死跟”：对方进攻无论是扣球还是吊球，1 号位或 4 号位防守直线的队员皆固定跟进防吊球，6 号位队员固定防守直线，这种战术布置叫作“死跟”（图 8-2-23）。“死跟”多在对方吊球多、直线进攻少时运用。

“双卡”：当对手攻击力不强、吊球多时，4 号位或 2 号位队员向内后撤，1 号位或 5 号位队员直线半跟，形成“双卡”防守阵型。（图 8-2-24）

（2）“心跟进”防守阵型：除了“心跟进”队员外，其他队员扼守各自的位置（图 8-2-25）。此战术在本方拦网好、对方运用吊球多的情况下运用。因后场只有两人防守，后场中央和两腰位置容易造成空当，如对方进攻多变、突破点多，则本方不宜采用这种防守阵型。

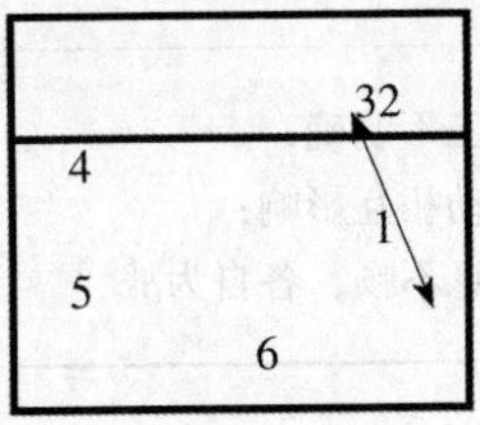

图 8-2-22

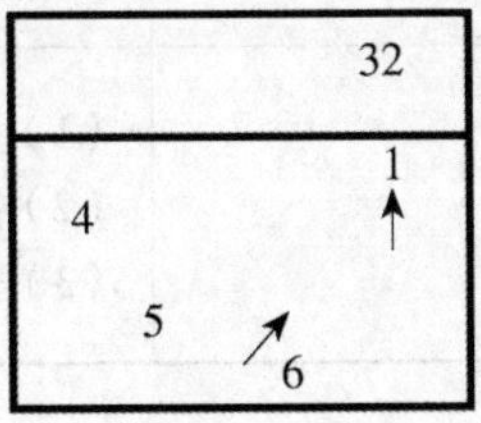

图 8-2-23

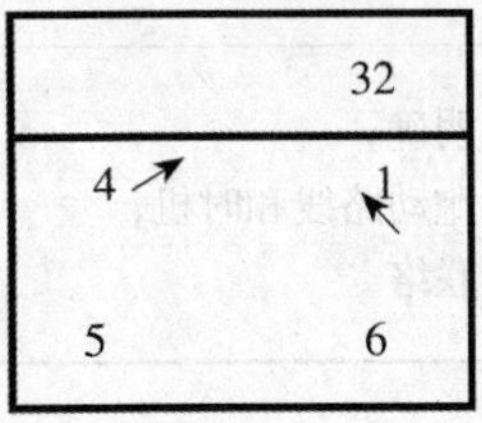

图 8-2-24

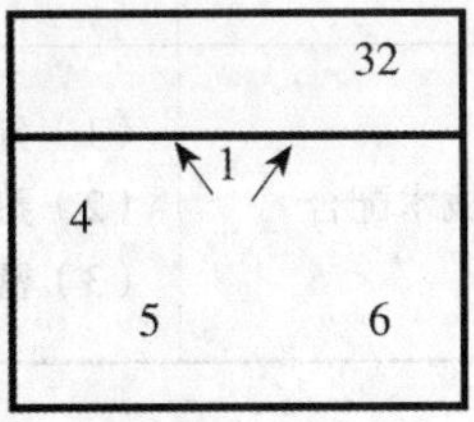

图 8-2-25

五、排球的评价与欣赏

（一）排球的评价

评价个人的排球运动水平主要从其排球基本技战术的掌握程度和对排球竞赛规则的理解程度两方面来衡量。为达到大众健身的目的，一般情况下，若个人达到下列基本要求（表 8-2-1），则代表其基本拥有相应的能力，并能够参加大众排球比赛。

表 8-2-1　排球技战术评价表

位置和技战术	基本要求	易犯错误
二传手	（1）掌握正面或背面传出 4 号位或 2 号位高球、3 号位快球和半高球的技术； （2）作为球队枢纽，具备指挥、联络和组织能力	（1）判断不好、移动不及时，传出球效果不佳； （2）缺乏与队员间的联络
扣球手	（1）掌握扣 4 号位或 2 号位高球、3 号位快球和半高球的技术； （2）熟悉二传队员的传球特点、基本战术和跑动路线，掌握扣球时机	（1）起跳时机掌握不好，击球手法不正确； （2）缺乏与二传队员的联络，路线和时机掌握不好
防守技术	（1）具有接好一般性能的发球，防守一般力量的扣球和吊球的能力； （2）具有顽强的作风，不畏重扣，拥有强烈的防守起球欲望； （3）掌握一般的扣球落点规律和防守位置分工 （4）及时接应	（1）判断能力较差、移动不及时，不会控制不同性能的球； （2）畏惧心理较重，精神状态不佳； （3）不清楚分工和配合； （4）只有二传手接应
拦网技术	（1）正确判断进攻点、拦网动作正确； （2）拦网配合好，形成严密拦网面	（1）被晃开、手未伸到对方空间； （2）有漏空、相互冲撞的现象
战术配合	（1）分工明确； （2）熟悉跑动路线和时机； （3）密切联络	（1）分工不明确； （2）跑动相互影响； （3）信息不畅，各自为战

（二）排球的欣赏

我们在观看排球比赛时，不难发现，排球比赛最显著的特点就是球队整体的配合性和运动员动作的高度技巧性。欣赏排球比赛时如果能抓住这两个特点，就能看懂并很好地理解排球比赛。整体性上，主要是观察队员在比赛中的各个环节配合是否默契，如通过二传的组织和进攻队员的跑动进攻来完成进攻战术。比赛进行到精彩之处时，本方常常利用巧妙的配合和二传的隐蔽组织把对方的拦网晃开，形成对方扣空网或只有单人拦网的局面，在对方还来不及进行补拦时，本方紧接着进行迅雷不及掩耳的扣杀，球应声落地，观众掌声响起。这样的扣球效果要求前面一连串的环节，即接发球或防守起球、二传、跑动路线及时机、扣球、掩护等配合都不能出问题。比赛中也会有二传队员传球后没有进攻队员进行扣球，导致球落地的遗憾场面。其实这是由二传队员与进攻队员的意图不一致造成的，由此也可以看出这支球队的整体性水平。中国女排运动员在身体条件方面与欧美国家（古巴、美国、德国、俄罗斯、巴西等）的运动员相比，没有多少优势，但中国女排高水平的整体配合、快速多变的战术体系却是其他球队所不能及的。中国女排勇于创新的精神和艰苦的训练使之始终保持领先，这也正是中国女排屡创佳绩的重要法宝。

在排球比赛中，精彩瞬间层出不穷，令人应接不暇：发球时的大力跳发球，看似平常而飘忽不定的（长或冲）飘球，尤其是在胜负关键时刻，更让人担心和激动；大力扣球突破对手集体拦网、轻吊巧妙得分令人赞叹；二传机智的传球让对方拦网无从选择，令人不得不佩服二传队员的智慧；防守时，运动员防起扣球、勇救险球、疾跑救球的顽强拼搏的精神令人敬佩。观众为运动员高超的技术水平而感叹、而兴奋，更因运动员为了获得这样的高难度技巧所付出的努力而感动，这亦成为欣赏排球比赛的重要看点。

六、排球竞赛规则简介

（一）器材与设备

1.比赛场地

比赛场地为对称的长方形，包括比赛场区和无障碍区。比赛场区为 18 米 ×9 米的长方形。其四周至少有 3 米宽的无障碍区。比赛场区上空的无障碍空间从地面量起至少高 7 米，其间不得有任何障碍物。国际排联、世界和正式比赛，比赛场区边线外的无障碍区宽应 5 米，端线外的无障碍区宽应 6.5 米。比赛场地上空的无障碍空间至少高 12.5 米。

2.球网与网柱

（1）球网高度。

球网架设在中线上空，高度为男子 2.43 米，女子 2.24 米。球网的高度应从场地中间丈量，球网两端（边线上空）的高度必须相等，并不得超过规定网高 2 厘米。

（2）构造。

球网为黑色，宽 1 米，长 9.50 ~ 10 米（每边标志带外 25 ~ 50 厘米），网眼直径 10 厘米。球网上沿的全长缝有 7 厘米宽的双层白帆布带。帆布带的两端留有孔，用绳索系在网柱上使网上沿拉紧。用一根柔韧的绳索穿过帆布带，拉紧球网上沿固定在网柱上。球网下沿的全长缝有另外一条构造与球网上沿相同的 5 厘米宽帆布带，用绳索系在网柱上使网下沿拉紧。

（3）标志带。

两条宽 5 厘米、长 1 米的白色带子为标志带，分别系在球网的两端，垂直于边线。标志带被认为是球网的一部分。

（4）标志杆。

标志杆是有韧性的两根杆子，长 1.8 米，直径 10 毫米，由玻璃纤维或类似的材料制成。两根标志杆分别设置在标志带外沿球网的不同侧面。标志杆高出球网 80 厘米。高出部分每 10 厘米应涂有明显对比的颜色，最好为红白相间。标志杆被认为是球网的一部分，并视为过网区的边界。

（5）网柱。

两根网柱分别架设在两条边线外 0.5 ~ 1 米处，高 2.55 米，最好可以调节高度。国际排联、世界和正式比赛，网柱应架设在边线外 1 米处，其外部必须进行柔软包裹。网柱应为光滑的圆形，并无拉链。一切危险设施和障碍物都必须清除。

（二）队的组成

（1）一个队最多有 12 名队员，另加：1 名教练员，最多两名助理教练员；1 名理疗师和 1 名医生。只有登记在记录表上的运动队成员才可以进入比赛控制区，参加赛前的正式准备活动和比赛。

（2）除自由防守队员外的 1 名队员担任队长，队长在记录表上被注明。

（3）只有登记在记录表上的队员才可以进入场地和参加比赛。教练员和队长在记录表上签字以后，已登记在记录表（和电子记录表）上的队员名单不得更改。

（三）得 1 分

1. 得分

某队得一分：球成功落地在对方场区；对方犯规；对方受到判罚。

2. 犯规

当队员的比赛行为违背规则（或其他方式的犯规）时，裁判员按以下规则做出判定：如果两个或更多的犯规先后发生，只判罚第 1 个犯规；如果双方队员同时犯规，判为“双方犯规”，该球重新比赛。

（四）犯规

1. 队员在球网附近的犯规

（1）对方进攻性击球前或击球时，在对方空间触及球或对方队员。

（2）从网下穿越进入对方空间并干扰对方比赛。

（3）队员的双脚（单脚）全部越过中线进入对方场区。

（4）队员干扰比赛有下列情况（但不限于）：击球行为触及标志杆及标志杆以内球网任何部分；利用球网进行支撑或稳定身体；造成了对本方有利；妨碍了对方合法的击球试图；拉网/抓网。

任何运动员靠近球击球或准备击球，不管是他/她能否击到球都是击球行为。但是，队员身体触及标志杆以外的球网，不算犯规（另有规则除外）。

（五）发球时的犯规

1. 发球犯规

下列犯规应判为发球犯规，即使对方位置错误。发球队：发球次序错误；没有遵守“发球的执行”的规定。

2. 发球击球后的犯规

球被发出后出现以下情况仍为发球犯规（除非位置错误）：球触及发球队队员或球的整体没有从过网区通过球网垂直平面；界外球；球越过发球掩护。

第三节 足球运动

足球运动

学习提示

足球是世界上开展很广泛、影响很大的体育项目之一。足球运动具有很高的锻炼价值,并深受大学生的喜爱。学习和掌握足球基础知识、基本技术和基本战术,有利于更好地参与和欣赏足球运动。

一、足球运动概述

(一)足球运动的起源与发展

古代足球运动起源于中国,现代足球运动的发源地则在英国。1863 年 10 月 26 日,英国成立了世界上第一个足球协会——英格兰足球总会,这一天被公认为是现代足球的诞生日。在 1900 年第 2 届奥运会,足球被列为奥运会的正式比赛项目。1904 年,在法国巴黎成立了国际足球联合会(简称“国际足联”),总部设在瑞士的苏黎世。20 世纪 50 年代至 60 年代初,我国的足球运动水平有了大幅度的提高,并在亚洲处于领先地位。1978 年,全国足球甲乙级联赛制度和青少年足球联赛制度的恢复,使我国的足球运动水平快速回升。1994 年,中国足球联赛走上了职业化道路。在职业化的推动下,中国国家男子足球队在第 17 届世界杯足球赛中,首次打入了决赛圈,冲出了亚洲,走向了世界。2022 年 2 月 6 日,中国女足在 2022 年女足亚洲杯决赛中击败韩国队,时隔 16 年再夺亚洲杯冠军。

(二)现代足球比赛的特点

现代足球竞争激烈、对抗性强;比赛参加人数多,强调团队配合;技术动作多,战术种类多且变化丰富,运动强度大,比赛时间长;比赛场面壮观、激动人心,吸引着无数的球迷。一些重要的比赛更是一票难求,座无虚席。

(三)足球运动的锻炼价值

经常参加足球运动能有效地提高身体素质,增强人体各器官、各系统的功能。同时足球运动还能培养学生勇敢顽强、机智果断、坚忍不拔、勇于克服困难的优良品质以及遵守纪律、团结协作的团队精神。

二、足球入门与基础

（一）踢球基础

踢球过程主要由助跑、支撑脚站位、踢球腿的摆动、脚触（击）球等几部分组成。（图 8–3–1）

1. 助跑

助跑是指踢球前的几步跑动。它的作用在于调整人与球的方向和距离，使支撑脚处于正确位置，并增加击球的力量。助跑最后一步要大一些。

2. 支撑脚站位

脚内侧踢球和脚背正面踢球时，支撑脚需要踏在球的侧方，一般距离球 10 ～ 15 厘米；脚背内侧踢球时，支撑脚需要踏在球的侧后方，一般距离球 25 ～ 30 厘米；踢移动球时，要把踢球腿摆动的时间计算在内，支撑脚应选择适当位置，以免造成身体后仰或出球偏高。

3. 踢球腿的摆动

以髋关节为轴，大腿带动小腿由后向前摆。

4. 脚触（击）球

用脚的某一部位击球后中部，出球平直并使球能获得全部力量。击球后侧部时，作用力没有通过球的中心，会使球产生旋转并沿着一定的弧线运行，这就是“香蕉球”。

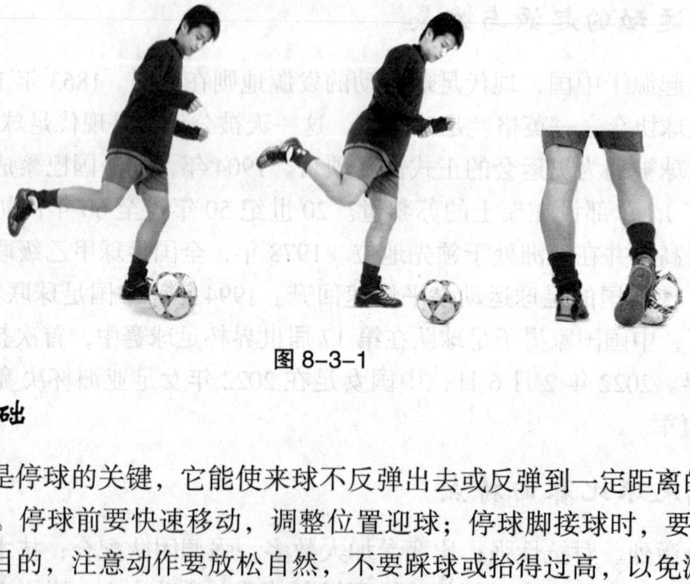

图 8–3–1

（二）停球基础

缓冲来球的力量是停球的关键，它能使来球不反弹出去或反弹到一定距离的位置上，以便将下一个动作连接起来。停球前要快速移动，调整位置迎球；停球脚接球时，要随球一起向后引，达到降低来球速度的目的，注意动作要放松自然，不要踩球或抬得过高，以免漏球；当来球力量大、速度快时，停球脚要加大后撤幅度以缓冲来球的力量。

（1）停地滚球：停球脚对准来球路线，在脚触球的一刹那后撤。（图 8–3–2）

（2）停反弹球：判断落点，停球脚对准球的反弹路线，触球的中上部。（图 8–3–3）

（3）停空中球：停球脚根据来球的高度抬起，在脚接触球的一刹那后撤或下撤。（图 8–3–4）

图 8-3-2

图 8-3-3

图 8-3-4

（三）运球基础

运球时要用脚推拨球，而不是用力踢球或击球。推拨球的力量要适当，使球在自己的控制范围之内。运球时要注意观察场上情况，这样可以根据临场情况采取措施。运球过人时，要抓准时机，动作要快，越过对手时一般要与对手保持一大步的距离。

（四）掷界外球

面对出球方向，两手持球置于头后，上体后仰成背弓；掷球时，蹬地、收腹发力，两臂前摆甩腕将球掷出。要求动作连贯，身体必须面向出球方向，不能侧身，球掷出前两脚均不得离地且不能过线。

中国优秀的足球运动员

（一）郑智

郑智，1980 年 8 月 20 日生于辽宁省沈阳市，中国足球运动员，司职中场。2002 和 2006 年两次被评为中国足球先生。2013 年代表广州恒大队获得亚冠冠军。2013 年 11 月 26 日，郑智被评为 2013 年亚洲足球先生。2019 年 12 月 1 日，广州恒大获得中超第八个冠军，郑智第十次获得中超冠军。2020 年 1 月，郑智入选联赛优秀中国籍球员技术档案库。

（二）武磊

武磊，1991 年 11 月 19 日出生于江苏省南京市，中国足球运动员，司职前锋。2015 年 11 月，武磊获得本土最佳射手称号。2016 年，武磊获得亚洲足球先生提名。2017 年 11 月 11 日，武磊当选 2017 年中超联赛最佳本土射手。2018 年 3 月，《世界足球》评出世界 500 强球员，武磊成榜上仅有的中国球员。2018 年 11 月，武磊获得 2018 赛季中超金球奖和金靴奖，并入选中超最佳阵容。2019 年 1 月 28 日，武磊加盟西甲皇家西班牙人足球俱乐部（简称“西甲”）。2019 年 3 月 2 日，武磊收获西甲生涯首球。2020 年 1 月 5 日，武磊成为历史上首位攻破巴塞罗那足球俱乐部球门的中国球员。2020 年 1 月 17 日，武磊蝉联中国金球奖。

三、足球基本技术

（一）踢球技术

1. 脚内侧踢球

踢球腿膝关节外转，脚掌与地面约成 45°，用足弓踢球的后中部。（图 8–3–5）

2. 脚背内侧踢球

斜线助跑，脚背绷直，脚尖外转，用脚背内侧部位踢球的后中部。（图 8–3–6）

3. 脚背正面踢球

直线助跑，脚背绷直，用脚背正面部位踢球的后中部。（图 8–3–7）

4. 脚背外侧踢球

膝关节和脚尖内转，脚背绷直，用脚背外侧部位踢球的后中部。（图 8–3–8）

图 8–3–5

图 8–3–6

图 8–3–7

图 8–3–8

踢“香蕉球”（弧线球）：支撑脚踏在球侧方（15～20 厘米处），身体向支撑脚侧倾斜，用脚背外侧或内侧部位踢球的侧后部，使产生两种不同弧线的“香蕉球”。比赛中，尤其是在射门时，射出“香蕉球”，使球绕过对方防守队员，从外“拐”入网内，常常能收到奇效，使守门员无可奈何。

（二）停球技术

1. 脚底停球

支撑脚站在球侧后方，停球腿向前提，脚尖翘起，以前脚掌触球的中上部，将球停在身前。（图 8–3–9）

2. 脚内侧停球

停球腿提膝外转并用足弓向前迎球，在脚触球的一刹那迅速后撤，将球停在身前。（图 8–3–10）

3. 胸部停球

（1）收胸停球：两臂张开，挺胸迎球。在球与胸接触时，收胸收腹，缓冲球速，将球停在身前。

（2）挺胸停球：挺胸面对来球，胸触球时上体后仰，用胸部轻托球的下部，使球微微弹起于胸前上方，将球停在身前。（图 8–3–11）

4. 脚背外侧停球

停球脚稍提起，膝关节和脚内转，脚背外侧正对来球，触球的侧后方，把球停在停球脚一侧。（图 8–3–12）

5. 脚背正面停球

提脚迎球，脚背正面对准下落的球，脚在接触球的一刹那下撤，以脚背正面接触球底部，将球停在身前。（图 8–3–13）

6. 大腿停球

当大腿中部与球接触一刹那，撤大腿，使球落在需要的位置上。（图 8–3–14）

图 8–3–9

图 8–3–10

图 8–3–11

图 8–3–12

图 8–3–13

图 8–3–14

（三）运球和运球过人

1. 脚内侧运球

支撑腿膝关节稍弯曲，上体前倾，用运球脚内侧连续推球的后中部。

2. 脚背正面运球

运球脚的脚跟提起、脚尖向下，在迈步着地前，用脚背正面推送球。

3. 脚背外侧运球

运球脚的脚跟提起、脚尖稍内转，在迈步前伸着地前，用脚背外侧推拨球。

4. 推拨球过人

通过运球脚脚踝的抖拨动作，用脚背内侧和外侧触球。

5. 拉球过人

用运球脚的脚掌将球从前向后拖动。

6. 扣球过人

身体和运球脚的脚踝同时急转压扣，以脚内侧或脚外侧触球。

运球过人的方法还有：利用速度强行过人、利用穿裆球过人、利用假动作过人（图 8–3–15）、利用变速运球过人以及利用身体的掩护强行过人等。

图 8-3-15

（四）头顶球技术

顶球前，观察来球，预先选好位置。顶球时，颈部不要后缩，不要闭眼，要敢于主动迎击球，转体和甩头动作要保持连贯。

1. 前额正面顶球

上体后仰成背弓，颈部保持紧张。当球运行到身体垂直部位前的一刹那，两脚用力蹬地向前摆体、甩头，用前额正面部位顶球的后中部。

2. 前额侧面顶球

上体和头部向出球方向的异侧稍转动，两脚用力蹬地，上体迅速向出球方向扭转，同时甩头。当球运行到出球方向同侧肩上方时，用前额侧面击球的后中部。

3. 鱼跃头顶球

单脚或双脚用力蹬地，身体向前水平跃出，两臂微屈稍前伸，借助跃起的冲力，用前额正面部位顶球的后中部，然后两臂后摆，两腿落地。

4. 跳起向前或向后顶球

当球运行到头顶上空时，跳起、收腹、挺胸、仰头，触球瞬间颈部做爆发性振摆，用前额正面部位击球的后中部。（图 8-3-16）

图 8-3-16

（五）抢截球

1. 跨步抢截球

当对方的运球脚即将或刚着地时，抢球者支撑脚蹬地，抢球脚内侧对准球跨出抢截。抢球时要快速、果断，抢到球后迅速控制球。

2. 侧面合理冲撞抢球

与对方控球者并肩跑动时，抢球者身体重心稍下降，紧贴对方身体。当对方靠近本方一侧的脚离地时，本方用肘关节以上部位合理冲撞对方相应部位，使对方失去平衡，乘机将球抢截过来。冲撞时力量要适当，手臂不能扩张形成推人，冲撞的时机要准，动作要快。注意在球门区内不能对守门员进行任何冲撞。

3. 铲球

（1）同侧脚铲球：在控球者拨球的一刹那，抢球者与控球者拨球脚同侧的脚向身体外侧沿地面滑出，用脚尖、脚内侧捅球或踢球。（图 8-3-17）

图 8-3-17

（2）异侧脚铲球：在控球者拨球的一刹那，抢球者与控球者拨球脚异侧的脚向身体内侧沿地面滑出，用脚底或脚尖捅球。

注意：铲球脚要沿地面铲出，不能抬得过高，而且不能在对方背后做铲球动作。

（六）假动作

1. 传球时的假动作

诱使对方堵截一侧的传球路线，然后突然改变方向进行传球；也可以变为假传为真运，突破对方。假动作要逼真，变化要快。

2. 停球时的假动作

先假装在一侧停球，然后突然改为在另一侧停球；也可以对来球做假传真停动作。做停球假动作要注意和下一个动作连接好。

3. 顶球时的假动作

先假装做顶球动作，然后突然改为胸部停球；也可假做胸部停球，诱使对方逼近抢球，然后突然改为头顶球。

4. 运球过人时的假动作

（1）虚晃：对方迎面抢截时，身体或运球腿左右虚晃，使对方发生身体重心的偏移，然后迅速用另一只脚的脚背外侧向同侧拨球，从而越过对方。

（2）变速：对方从侧面抢截球时，可采用变速运球方法，如先快速运球，诱使对方追赶，然后突然减速或停顿，当对方刚减速或停顿时，突然又快速起动甩掉对方。

（3）转身：当对方在后面抢截球时，运球人可做向前运球的假动作，脚在球上迈过，吸引对方，然后突然转身运球晃过对方。

（七）守门员技术

1. 选位

通常情况下，守门员应站在门柱与射门球所形成的角的平分线上。对方近射时，位置靠后些；球向中前场运动时，守门员位置前移到球门区线附近。

2. 接球

接球前做好准备，接球时两手和两腿的距离以不能让球漏过为宜。不同的接球方法如图 8–3–18 所示。

（1）直腿式接球：上体前屈，两臂伸向前下方，手掌前迎，接球的后下部。

（2）单腿跪撑式接球：后腿跪立，膝关节接近地面，靠近前脚脚跟，距离不能超过球的直径，两臂向前下方伸出，手掌正对来球，接球的后下部。

（3）接平直球：屈肘前迎，两手掌心向前，手触球时，屈肘后引缓冲，将球抱于胸前。

（4）接高球：两臂上伸迎球，两手拇指相对成八字形，手掌对球。手触球后，屈肘回缩下引，翻掌将球抱于胸前。

（5）侧向倒地扑球：防守距离较远的地滚球时，两脚蹬地，侧向倒地扑球。

（6）腾空扑球：防守距离较远的空中球时，两脚蹬地，身体腾空飞出扑球。

直腿式接球

单腿跪撑式接球

接高球

侧向倒地扑球

腾空扑球

图 8–3–18

四、足球基本战术

（一）比赛阵型

1.“4–3–3”阵型

“4–3–3”阵型（可变为“4–1–2–3”阵型或“4–2–1–3”阵型）的 3 名中场队员有明确分工，

根据情况，可一名中场队员侧重防守，两名中场队员侧重进攻，或者相反。

2.“4-4-2”阵型

“4-4-2”阵型的4名中场队员基本上是成一字形横向排开或成菱形排列的。中场分工：一名进攻型前卫，一名防守型前卫，两名边前卫。

3.“5-3-2”阵型

“5-3-2”阵型的后场由5个后卫组成，侧重防守，更加适合打防守反击战术。进攻时，边后卫可插上助攻，增强进攻；防守时，必须迅速回位，若回位不及，前卫和后卫线之间要相互协调，互相补位。

（二）进攻战术

1.两人的局部进攻战术

场上局部地区二对一的局面不是经常存在的，进攻队员必须抓住这一战机，以多打少。稍有迟疑，防守队员就会回防到位，变成二对二的局面。常见的二人进攻配合主要有以下几种。

（1）创造二打一的配合：比赛中，一般情况下，防守队员都是一对一防守。进攻队员利用摆脱或带球过人的战术，在短时间内形成局部地区二对一的有利局面。

（2）踢墙式二过一的配合：插入的队员用突然、快速的起动动作去接球时，采取踢墙式二过一是最佳方案。运用回传反切配合时，要有一定的纵深距离，特别是在中路配合，更要预估到守门员或其他防守队员可能的阻截情况。

（3）交叉掩护配合：运球者用远离防守者的一只脚运球，运到靠近同伴时停止，让同伴选择有利时机突然起动，同伴接球后带球越过对方。

2.边路进攻战术

在对方半场两侧地区，传中球以创造射门机会的进攻称为边路进攻。一般是快速下底传中或切底回扣传中，中间同伴包抄射门或跟进射门。

3.插上进攻战术

利用前卫、后卫的插上进攻已被各球队广泛使用。一般是由边锋、中锋左右扯动或回撤，以牵制防守队员，把防守队员引开，造成局部防守空当，由前卫或后卫迅速插上到空当处，获得进攻战机。

4.转移进攻战术

进攻者适时地把球从防守“坚固区”转移到防守“薄弱区”，这种避实就虚的战术叫作转移进攻。例如，从边路转移到中路为“边转中”；从中路转移到边路为“中转边”；从一边转移到另一边叫“边转边”，由于距离长，又称“大转移”。

5.中路进攻战术

在对方半场中间区域发动的进攻叫作中路进攻。运用远射、运球突破和撞墙式配合等技术突破中路防守是较为行之有效的战术。当然，边路进攻和中路进攻必须密切结合，才能更好地发挥进攻的威力。边路和中路的结合主要通过长、短传技术转移进攻方向来实现。

6.反越位进攻战术

当发现对方有意识制造越位时，进攻的传球队员应立即变传球为快速运球突破，或把球传给从后面快速插上的同伴，形成反越位。

7. 快速反击战术

当对方全力进攻而疏于防守时，利用对方进攻失球后回防不及时、防守阵型不稳等机会，采用快速传递或长距离直线传球，发动突然的攻击，前锋快速插进对方后场薄弱之处，射门得分。

8. 任意球进攻战术

比赛中主要有直接射门或一拨一射两种战术。若是间接任意球则可采取一拨一射的战术；或者是采取假射真传战术，即主罚队员假装射门，在触球时改为传给其他位置、插上或切入的球员射门。

任意球进攻战术的实施要点如下。

（1）传球次数不能过多，经一两次传递即完成射门。

（2）运用假动作迷惑对方，声东击西，避开“人墙”，争得射门机会。

（3）传球要及时、准确，插入“人墙”后面的队员要避免越位。

（三）防守战术

防守战术的基本要领：丢球后迅速反抢和封堵路线；层层设防，保持阵型；局部紧逼，相互保护和补位；重点盯住对方的组织队员和进攻队员；积极围抢；有意制造越位陷阱；尽量不要在禁区附近犯规。

1. 人盯人防守战术

盯人的目的在于阻止对方接球、过人和射门。常见的人盯人防守战术有半场盯人和后场盯人两种。半场盯人是当进攻方进入防守方半场时，防守队员各自盯住相应位置的进攻队员；后场盯人通常是在距本方球门 30 米左右的区域里采用对位人盯人的战术。派专人把对方中的突出人物盯紧，便是人盯人防守战术的一种。

2. 区域防守战术

根据在场上的位置分布，每个队员在防守时各自负责一个区域，并相互协调补防。

3. 混合防守战术

混合防守战术即既有区域防守，又有人盯人防守的战术，其把二者的长处结合了起来。基本的打法：对控球队员及其同伴采取紧逼盯人，对逼近球门的进攻队员实行紧逼防守；对距球较远的对方队员采用区域防守。

4. 以少防多战术

（1）防传球：堵住对方切入和向前直传球的路线，迫使对方减小速度，为同伴争取回防的时间。

（2）防中放边：防住对方从中间突破，迫使进攻队员把球传给靠近边线的队员，从而减小对本方球门的直接威胁。

（3）防射门：在有效射门距离内必须防住对手的射门，其他防守队员则采用区域站位，保护防射门的同伴和防守其他有射门威胁的对手，同时注意对方二人的配合。

五、足球的评价与欣赏

（一）足球的评价

评价个人的足球运动水平主要从其足球基本战术的掌握程度和对足球竞赛规则的理解程度两方面衡量。为达到大众健身的目的，一般情况下，若个人达到以下基本要求（表 8–3–1），则代表其基本拥有相应的能力，并能参加足球比赛。

表 8–3–1 足球技战术评价表

位置和技战术	基本要求	易犯错误
后卫	掌握好控球、解围技术	黏球
	补防意识强、果断	不果断
前锋	掌握各种射门技术，突破能力强、跑动速度快	射门时机不好，射门不准，突破不力
	熟悉基本战术的跑动路线和时机	缺乏配合，路线和时机不对
中锋	具有较强的对抗能力，头球和抢点好	持球不稳、对抗能力差
	具有顽强的作风、不畏重防、有强烈的进攻欲望	畏惧，精神不佳
	熟悉中锋的基本战术	缺乏分工和配合
中场	掌握各种转身、变向等方式的运球，善于寻找空当，传球的意识较好	组织不力
运球技术	掌握各种转身、变向等方式的运球	低头运球、不熟悉球性
	保护好球	人球距离较远，被抢截球
射门技术	掌握头球射门、原地射门、行进间射门技术	击球不准
	善于抢到落点	抢位不好
传接球技术	传球隐蔽，掌握传球时机，接球稳	接球不稳，传球时眼睛、动作暴露意图
防守技术	移动快、防守面积大	移动太慢，回防慢
战术配合	分工明确	分工不明确
	熟悉基本战术跑动路线和时机	跑动相互影响
	密切联络	沟通不畅，各自为战

（二）足球的欣赏

足球运动能够成为拥有球迷较多的运动项目之一，其重要原因就是足球比赛具有较高的观赏性。在观看足球比赛时，不难发现，其最鲜明的特点就是比赛中的高对抗性。这主要体现为整体对抗和运动员之间的个体对抗。运动员技术动作的高度技巧性，是智慧、力量、速度和弹跳等个人素质的完美统一。优秀运动员们运用娴熟的过人突破、腾挪躲闪等技术，时而变速、时而转身、时而变向，使防守队员动作变形、出现空当、难于围追阻截；射门时，运用如炮弹般的大力射门、轻推射门、挑射门、带过守门员射空门等技术让观众在焦急期盼中得到满足；而守门员一夫当关、腾空扑球，使得无数的射门无功而返，让观众佩服；环环相扣的整体战术，使一支球队形成全攻全守阵型，最终射门或防守成功，表现出高度的集体性和团队性，成为球队屡创佳绩的重要法宝。

六、足球竞赛规则简介

（一）比赛场地

1. 场地表面

比赛场地必须为全天然草皮。若竞赛规程允许，可使用全人造草皮。此外，如果竞赛规程允许，可使用人造和天然结合材料制成的整体草皮（混合系统）。人造草皮场地的表面必须为绿色。

2. 场地标识

比赛场地形状必须为长方形，且由不具危险性的连续标线标示。不具危险性的人造草皮材料可作为天然草皮场地的标记使用。这些标线作为边界线是其所标示区域的一部分。

（二）队员

1. 场上队员人数

一场比赛由两队参加，每队最多可有 11 名上场队员，其中 1 名必须为守门员。如果任何一队场上队员人数少于 7 人，则比赛不得开始或继续。

2. 替换人数

国际足联、各洲际联合会或各国足球协会可决定在其正式赛事中可使用的替补队员人数，但最多不能超过 5 人次替换，涉及顶级联赛球队一队及国家队 A 队的男子、女子赛事最多可进行 3 人次替换。

（三）比赛时间

1. 比赛阶段

一场比赛分为两个 45 分钟相同时长的半场。依照竞赛规程，在比赛开始前经裁判员和双方球队同意后，方可缩短各半场比赛时长。

2. 中场休息

队员享有中场休息的权利，休息时间不得超过 15 分钟。加时赛中场阶段可短暂补水（时长不超过一分钟）。竞赛规程必须明确中场休息的时长，在经裁判员许可的情况下方可调整中场休息时长。

3.对损耗时间的补足

裁判员对每半场所有因如下情况而损耗的比赛时间予以补足：队员替换；对受伤队员的伤情评估和/或将其移出比赛场地；浪费的时间；纪律处罚；竞赛规程允许的医疗暂停，例如“补水”暂停（不超过1分钟）和“降温”暂停（90秒至3分钟）；与视频助理裁判员“查看”及“回看分析”有关的延误；任何其他原因，包括任何明显延误比赛恢复的情况（如庆祝进球）。第四官员在每半场最后一分钟结束时展示裁判员决定的最短补时时间。裁判员可增加补时时间，但不得减少。

裁判员不得因上半场计时失误而改变下半场的比赛时长。

4.罚球点球

如需执行罚球点球或重踢罚球点球，应延长该半场时长直至罚球点球程序完成。

（四）比赛进行与停止

1.比赛停止

当出现如下情况时，比赛即为停止：球的整体从地面或空中越过球门线或边线；裁判员停止了比赛；球接触了比赛官员后仍在比赛场地内，并且，任一队开始了一次有希望的进攻，或直接进入了球门，或控球球队发生了转换。上述情况下，比赛以坠球恢复。

2.比赛进行

所有其他时间，如果球接触了比赛官员，或从球门柱、横梁、角旗杆弹回并且仍在比赛场地内，均为比赛进行中。

（五）确定比赛结果

1.进球得分

（1）当球的整体从球门柱之间及横梁下方越过球门线，且进球队未犯规或违规时，即为进球得分。

（2）如果守门员手抛球直接进入对方球门，则由对方踢球门球。

2.获胜队

（1）进球数较多的队伍为获胜队。如果双方球队没有进球或进球数相等，则该场比赛为平局。

体育思政课堂

大球运动是综合性的集体运动项目，主要包括篮球、排球、足球等。经常参加篮球运动，可以培养学生不畏困难、勇敢顽强的意志品质，提升他们积极参与竞争的意识。中国女排精神作为中国体育的一面旗帜，展现了中华民族锐意进取、昂首前进的精神风貌，激励了一代又一代的中国人。中国女排队员不怕苦、不怕累、顽强拼搏、永不放弃的奋斗精神值得我们每一个人去学习。通过参与足球运动，学生可以培养团队协作精神，在学习和之后的工作中注重发挥团队的力量。足球运动还能使学生学会遵守规则，服从裁判，从而提高遵纪守法的意识。

第九章

小球运动

第一节　乒乓球运动

乒乓球运动

学习提示

乒乓球是一项易于在各年龄阶段人群中开展、普及率很高的体育运动。乒乓球运动集观赏性、健身性、娱乐性和竞技性于一体。经常参加乒乓球运动，有利于保持身体健康和心情愉悦。乒乓球被誉为我国的“国球”。中国的乒乓球竞技水平位居世界前列。

一、乒乓球运动概述

乒乓球运动起源于19世纪的英国，由网球运动派生而来。20世纪初，乒乓球运动在世界各地逐渐开展起来。1926，国际乒乓球联合会（简称“国际乒联”）正式成立。

中国国家乒乓球队是中国体育军团的王牌之师。在2020年东京奥运会上，中国乒乓球队取得4枚金牌、3枚银牌的好成绩。2021年世界乒乓球锦标赛，中国队获得男单、女单、混双、女双4枚金牌，中国男乒实现世乒赛男单项目上的9连冠。

乒乓球国际赛事

乒乓球运动的国际赛事有奥运会乒乓球赛、世界乒乓球锦标赛、乒乓球世界杯赛、国际乒联职业巡回赛等。

二、乒乓球入门与基础

（一）球拍与握法的选择

1. 球拍的选择

初学者一般选择底板弹性适中、没有震感，海绵胶皮厚度在 2 ～ 2.5 毫米的反胶拍面的球拍。

2. 握拍法

初学者可根据自己的习惯选择直拍或横拍握法。

（1）直拍标准握法。

握拍手食指第一、第二指节和拇指第一指节扣住拍柄与拍面的接合部位；中指第一指节顶在球拍背面，其余手指自然弯曲，贴靠于中指下方，形成支点。（图 9–1–1）

（2）横拍标准握法。

握拍手虎口正对球拍拍肩，拇指、中指、无名指和小指自然握住拍柄，食指自然伸直贴在拍后（图 9–1–2）。正手攻球时，食指稍向前移动；反手攻球时，拇指稍向前移动。

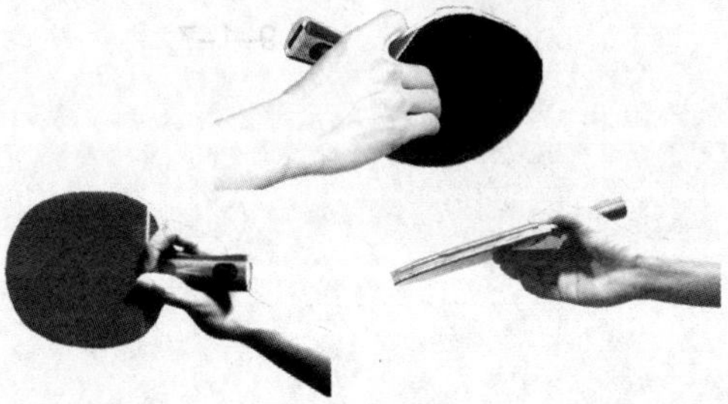

图 9–1–1

图 9–1–2

（二）基本步法

采用正确步法移动，是正常发挥乒乓球技术的有效保障。因此，掌握基本步法是初学者的必修课。乒乓球运动的常用步法有单步、跨步、并步、跳步、交叉步等。

1. 单步

近距离击球时，以一只脚的脚掌为轴，另一只脚可向前、后、左、右的任意方向移动，完成移动后身体重心落在移动脚上。（图 9–1–3）

2. 跨步

跨步（图 9–1–4）一般用于范围较大的平行移动。当来球离身体较远时，来球方向的异侧脚蹬地，同侧脚横向跨一大步，身体重心随之移动，异侧脚迅速跟上。一般用于借力回击。

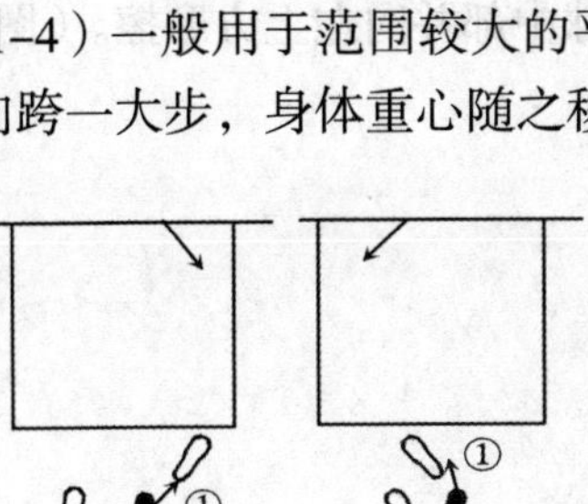

图 9–1–3

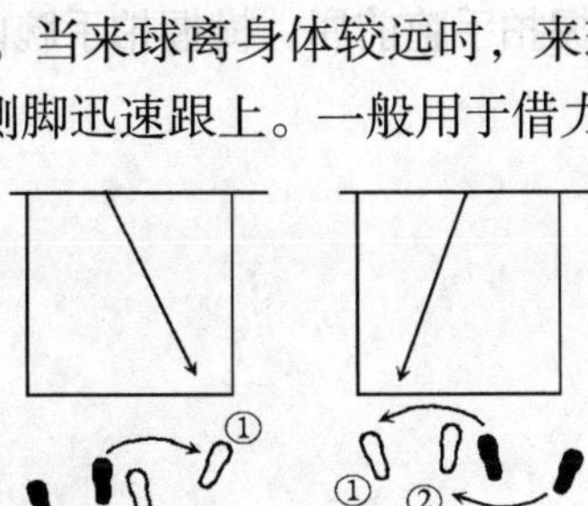

图 9–1–4

3. 并步

来球方向的异侧脚先向来球方向同侧脚并步，来球方向同侧脚再平行移动，迎击来球。（图 9–1–5）

4. 跳步

以来球方向异侧脚发力为主，两脚同时蹬地腾空移动，来球方向的异侧脚与来球方向的同侧脚先后落地，随即挥拍击球。（图 9–1–6）

5. 交叉步

来球方向的同侧脚发力，来球方向的异侧脚迅速从体前做平行交叉横跨一大步，来球方向同侧脚迅速跟上落地还原，挥拍击球。（图 9–1–7）

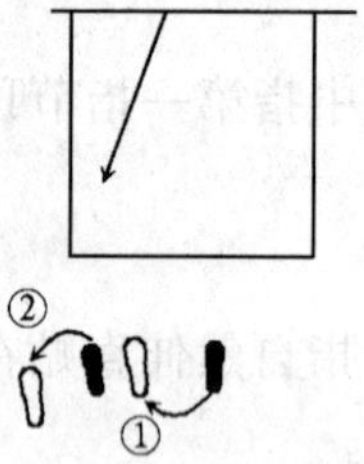

图 9–1–5

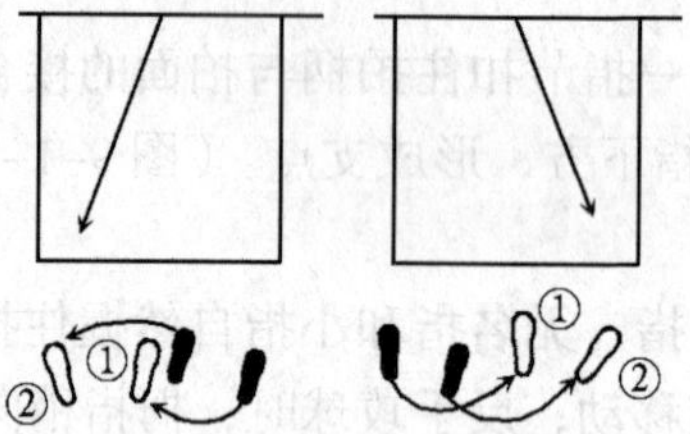

图 9–1–6

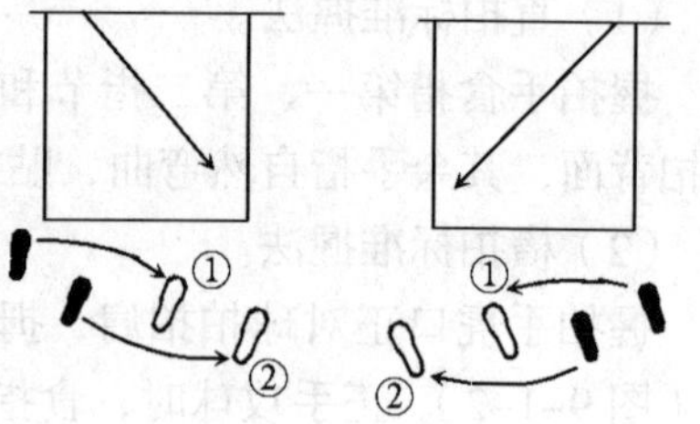

图 9–1–7

三、乒乓球基本技术

（一）发球与接发球技术

1. 发球技术

发球技术是初学者必须掌握的基本技术之一。采用发球技术可以最大限度地实现自己的战术意图，为主动进攻创造条件。运动员通过发球还可以限制对方的技术发挥，破坏对方的战术运用。

（1）正手平击发球（以右手握拍为例，以下同）：发球前，身体略向右转，左手将球抛起，同时右臂内旋，使球拍略有前倾，待球落至稍高于球网时，快速挥拍击球的中部偏上位置，击出的球的第一落点在对方球台中区。（图 9–1–8）

（2）反手平击发球：身体略向左转，左手将球向上抛起，同时右臂外旋，使拍面略有前倾。当球下落至稍高于球网时，击球的中上部，击出的球的第一落点在对方球台中区。（图 9–1–9）

（3）正手发左侧上旋球：身体略向右转，左手将球向上抛起，同时右臂外旋，若直握拍则手腕伸直，若横握拍则手腕外展，拍面略朝向左；当球落至球网高度时，右前臂加速挥摆，手腕发力向左下方挥拍，直握拍手腕前屈，横握拍手腕内收，击球中部并向左上方摩擦。（图 9–1–10）

图 9–1–8

图 9–1–9

图 9–1–10

（4）正手发左侧下旋球：挥拍前的动作与发左侧上旋球基本相同。挥拍击球时，右臂向左前下方挥摆，压腕，拇指压拍，击球的中下部并向左侧下方摩擦。

（5）反手发右侧上旋球：身体略向左转，向上抛球时，右臂稍向内旋，拍面角度近乎垂直，向左后方引拍，同时腰部略向左转；当球落至球网高度时，身体各部位协调配合，右前臂和手腕同时发力，直握拍手腕伸直，横握拍手腕内收，击球的中部并向右侧上方摩擦。（图 9–1–11）

（6）反手发右侧下旋球：挥拍前的动作与发右侧上旋球相似。挥拍击球时，右手腕与前臂较平直，拍面较平，击球的中下部并向右侧下方摩擦，触球点略高于网。

（7）正手发下旋加转球与不转球：发下旋加转球时，在球将至球网高度时，右前臂加速向左下方发力，持拍手腕前屈或内收，用球拍左侧偏下部位击球的中下部并向底部摩擦（图 9–1–12）。正手发下旋不转球与发下旋加转球动作大致相同，但在击球瞬间要减小前臂外旋幅度和拍面后仰角度，击球的中部或中下部，略加前推力以减小摩擦用力。

图 9–1–11

图 9–1–12

2. 接发球技术

随着发球技术的不断进步，接发球的技术变得越来越重要。

（1）接发球的站位：要根据对方的发球位置和本方的打法特点选择站位。

（2）接发球的判断：要熟悉发球的基本动作，注意发球方的挥臂动作、手腕动作、触球部位和拍的移位方向，借以判断球的速度、飞行弧线、落点和旋转强度。

（3）接球的方法：现代接球的基本方法包括点、拨、带、拉、攻、推、削、搓、摆短、撇侧等，要根据对来球的判断采用不同的接球方法。

发球与接发球的要求

◎ 发球：发球后身体应立即还原；要注意使用不同的发球技术，增加球路、落点、速度和旋转的变化。

◎ 接发球：记住对方球拍不同性能拍面的颜色和发球的旋转变化。

（二）进攻性技术

进攻性技术包括攻球技术和弧圈球技术两大类，攻球技术又分为正手攻球、反手攻球、侧身攻球、台内攻球等；弧圈球技术又分为前冲弧圈球、加转弧圈球、侧旋弧圈球等。

1. 攻球技术

（1）正手攻球：站位近台偏左，右肘部后引，拍面略前倾，在来球的上升期触球的中上部，并向前上方发力，将球击出。击球后，右臂顺势挥动并快速还原。（图 9–1–13）

（2）反手攻球：身体离台约 50 厘米，击球前身体略向左转，右上臂、右臂肘关节自然靠近身体，前臂外旋，使拍面前倾。击球时，右臂肘关节内收，前臂外旋并快速向右前方上挥球拍，在球的上升期击球的中上部。（图 9–1–14）

（3）侧身攻球：击球前迅速移步成侧身位，左脚在前，身体重心落在右脚上。击球时要注意蹬地、转体、收腹、挥拍的用力顺序，并调整好挥臂方向和击球角度。（图 9–1–15）

（4）台内攻球：在台内回击对方来球，一般采用挑打的方法。

横拍正手挑打：击球前，球拍不必后引，可直接将拍伸向台内，拍面稍立，手腕略外展。在球的高点期击球，击球时以手腕发力为主。

直拍正手挑打：站位靠近台偏右，向外侧引拍，拍面直立，向球前下方挥拍，击球时再向上挥动，手腕发力，挑打来球。（图 9–1–16）

图 9–1–13

图 9–1–14

图 9–1–15

图 9–1–16

各项攻球技术的比较见表 9–1–1。

表 9–1–1　攻球技术比较

技术名称	击球前准备	击球时间	击球部位	方法
正手攻球	右臂自然弯曲并做内旋，右肘部向后引拍	上升期	中上部	右前臂快速向左上方挥动
反手攻球	右前臂外旋使拍面略前倾，右上臂和右臂肘关节靠近身体	上升期	中上部	右臂肘关节内收，右前臂加速向右前方发力并外旋
侧身正手攻球	移步转体，身体侧对球台	上升期	中上部	运用下肢和腰腹力量，控制好挥臂方向和击球角度
台内攻球	直接将拍伸入台内	高点期	中上部	以右手腕发力为主，向前方挥拍挑打

2. 弧圈球技术

（1）正手前冲弧圈球：两脚开立，间距略比肩宽，将球拍向后下方引，使拍面略前倾。挥拍时身体重心前移，在来球的高点或高点前期击球的后中部，右臂向前并向上发力摩擦球，使球强烈上旋。（图 9–1–17）

（2）反手前冲弧圈球：右脚稍前站立，身体重心落在左脚上，收腹含胸，右臂自然弯曲，肘部靠近身体。击球时，使球拍向前上方挥动，将击球点控制在腹前，右前臂以肘关节为轴快速发力并带动手腕发力，摩擦球的中下部，使球强烈上旋。（图 9–1–18）

（3）正手加转弧圈球：站位时身体重心较低，收腹含胸。引拍时，身体随之右转，右肩下沉。击球时，右上臂带动右前臂向上并向右前方发力击球，在球的下降期加力摩擦球的中部或中上部。（图 9–1–19）

图 9–1–17

图 9–1–18

图 9–1–19

（4）反手加转弧圈球：身体重心偏右脚，右上臂带动右前臂发力，转腕动作要充分，在球的下降期摩擦球的中部或中上部（图 9–1–20）。

（5）侧旋弧圈球：两脚间距略比肩宽，向身后引拍时，身体前倾，拍面略有内扣。击球时，右臂从外侧向前加力挥拍，在球的下降期摩擦球的外侧中部。（图 9–1–21）

图 9-1-20

图 9-1-21

各项弧圈球技术比较见表 9-1-2。

表 9-1-2　弧圈球技术比较

技术名称	击球前准备	击球时间	击球部位	方法
前冲弧圈球	降低身体重心，向后下方引拍	高点或高点前期	后中部	手臂、手腕协调发力，向前上方挥拍
加转弧圈球	降低身体重心，右肩下沉，向后引拍	下降期	中部或中上部	上臂带动前臂向上向前挥拍，发力摩擦击球
侧旋弧圈球	身体前倾，向后侧方引拍，球拍稍内扣	下降期	外侧中部	从外侧向前上方挥拍，使球拍路线成横向半弧形

（三）控制性技术

1. 搓球技术

搓球技术包括正手搓球、正手搓左侧旋球、反手搓球、反手搓右侧旋球等，是还击下旋球的一项基本技术。搓球站位近，回球路线短，容易使对方回球困难。采用搓球技术是为了控球，利用搓球落点和旋转的变化，为自己创造进攻机会。

（1）正手搓球：拍面稍后倾，向后上方稍引球拍，并向左前下方挥动。快搓时，在球的上升期（慢搓时，在球的下降期）用球拍的下半部摩擦球的中下部，右前臂和手腕适当加力。（图 9-1-22）

（2）正手搓左侧旋球：拍面稍后倾，右前臂向身体右侧上提，当球进入下降期时，右手腕用力，用球拍向左加速摩擦球的中下部（图 9-1-23）。

（3）反手搓球：右臂自然弯曲，使拍面稍后倾，向身体左前上方稍引拍。击球时，右臂向前下挥拍，快搓时，在球的上升期（慢搓时在球的下降期），用球拍摩擦球的中下部。（图 9-1-24）

（4）反手搓右侧旋球：拍面稍后倾，右前臂向体前左侧上提。当球进入下降期时，用球拍向右摩擦球的中下部。（图 9-1-25）

图 9-1-22

图 9-1-23

图 9-1-24

图 9-1-25

各项搓球技术的比较见表 9–1–3。

表 9–1–3　搓球技术比较

技术名称	击球前准备	击球时间	击球部位	方法
正手搓球	向后上方引拍，拍面稍后倾	（快搓）上升期 （慢搓）下降期	中下部	向左前下方用力，前臂手腕适当加力
反手搓球	手臂自然弯曲，拍面稍后倾	（快搓）上升期 （慢搓）下降期	中下部	快速向前下方挥拍
搓侧旋球	右前臂上提，球拍稍后倾	下降期	中下部	向来球异侧方向加速摩擦球体

2. **削球技术**

削球是一项防守技术，对球的落点和旋转的质量有很高的要求。现代削球技术还要求运动员做到攻削结合，能在进攻中防守、在防守中进攻。削球技术一般用于中远台的回击，包括正手削球和反手削球。

（1）正手削球：向后引拍，使拍面稍后倾，身体向后转动。击球时，向前下方挥拍。在球的下降期，腰部带动手臂一同发力，在腰侧下方击球的中下部。（图 9–1–26）

（2）反手削球：身体略向左转，同时向左上方引拍，右臂向右前下方挥动，同时转腰，于身体右侧前方在球的下降期击球的中下部。（图 9–1–27）

图 9–1–26

图 9–1–27

各项削球技术的比较见表 9–1–4。

表 9–1–4　削球技术比较

技术名称	击球前准备	击球时间	击球部位	方法
正手削球	手臂外旋，使拍面后仰	下降期	中下部	腰部带动手臂向左前下方发力
反手削球	沉右肩，屈肘，向身体左上方引拍	下降期	中下部	腰部带动手臂向右前下方发力

3. **推挡球技术**

推挡球是我国直拍快攻打法的主要技术，能起到积极防守和由守变攻的作用。其特点是站位近、动作小、速度快、变化多。推挡球技术包括挡球、快推、加力推、减力挡等技术。

（1）挡球：分正手挡球和反手挡球两种，是初学者的入门技术。面对球台，成准备姿势，拍面接近垂直，在球的上升期推击球的中部。前臂、手腕稍加用力，借助来球的反弹力将球挡回。（图 9–1–28）

（2）快推：是使用最多的反手推挡技术。面对球台站立，右臂以肩为轴，屈肘引拍至身前或身前偏左位置，使拍面略前倾。在球的上升期向前或前上方挥拍，前臂快速伸出，推击球的中上部。（图 9–1–29）

（3）加力推：右臂以肩为轴，向后下方引拍，使拍面稍前倾。在球的高点期后期，身体前压，手臂充分向前下方发力，推击球的中上部。注意身体自下而上的协调用力。（图 9–1–30）

（4）减力挡：面对球台站立，右臂屈肘，向体前稍上位置引拍。在球的上升期推击球的中上部，触球瞬间停止前推或略后收球拍，以减弱击球力量。（图 9–1–30）

图 9–1–28

图 9–1–29

图 9–1–30

各项推挡球技术的比较见表 9–1–5。

表 9–1–5　推挡球技术比较

技术名称	击球前准备	击球时间	击球部位	方法
挡球	立拍对准来球	上升期	中部	右前臂和手腕轻用力，借力挡球
快推	右臂自然屈肘，拍面略前倾	上升期	中上部	右前臂和手腕向前或略上发力
加力推	上臂和右臂肘关节靠近身体右侧	高点期	中上部	充分利用身体前压和手臂的力量
减力挡	右臂屈肘向体前稍上位置引拍	上升期	中上部	控制好触球瞬间的停拍动作

（四）直拍横打技术

使用直拍的反面击打反手位的来球，是乒乓球运动发展的一项新技术。球拍背对来球，前倾角度略大，右臂以肘关节为轴，推动手腕向前用力，向右前方快速击球（图 9–1–31）。

图 9–1–31

四、乒乓球基本战术

战术就是根据对方的特点和临场的变化所采用的各种技术方法的总和。乒乓球基本战术包括发球抢攻战术、接发球抢攻战术、对攻战术、搓攻战术等。

（一）发球抢攻战术

利用发球争取主动，在比赛中利用旋转、速度、落点等的变化来破坏对方的接球，为自己的进攻创造机会。

（二）接发球抢攻战术

利用快推、快搓、摆短、拉球等回击技术破坏对方的战术意图，造成对方回球质量不高，为自己主动进攻创造条件。

（三）对攻战术

对攻战术是进攻型选手经常采用的战术。可采用正反手攻球、反手推挡等技术，以及攻对方两角、追身攻等来达到进攻目的。

（四）搓攻战术

搓攻战术是乒乓球各种打法的辅助战术。利用搓球的旋转、速度、落点的变化来降低对方回球的质量，为自己创造进攻的机会。

五、乒乓球的欣赏

乒乓球运动以其独特的魅力吸引了非常多的爱好者参与其中。随着传媒技术的发展和网络的普及，人们观看乒乓球比赛变得非常方便。但要想提高对乒乓球的欣赏水平，从中获得更多的乐趣，还需要更多地了解竞赛规则、运动员的实力、运动员的技术特长及团体赛的排兵布阵等，另外还要提高对乒乓球基础知识及基本技战术的认知水平。

（一）提高乒乓球基本技战术的认知水平

俗话说："外行看热闹，内行看门道。"欣赏乒乓球竞赛前应了解乒乓球的基本技术、基本战术，如发球与接发球的技术特点、弧圈球的特点与回击弧圈球的技术、直拍横打的技术特点等，以及了解乒乓球经常运用的战术，如发球抢攻、长拉短吊、搓攻等。懂得乒乓球的基本技术、基本战术，有利于更好地观赏比赛。

（二）提高乒乓球比赛的品评能力

（1）在观看比赛之前，通过电视、报纸、网络等渠道了解参赛运动员的实力状况、世界排名、竞技状态等。

（2）通过现场解说来加强信息认知，加深对运动员的了解。

（3）赛后与球迷朋友一起品评赛事，进一步提高欣赏能力。

（三）了解运动员的打法特点

在观看比赛前应对运动员的技术特点有所了解。乒乓球运动员有快攻型、弧圈型、快攻弧圈结合型、削球型、削攻结合型等打法，又有直拍、横拍两种握法，以及直拍横打等技术，运动员所使用的球拍有正胶、反胶、生胶、长胶等区别。了解运动员的打法特点，有利于更好地欣赏乒乓球赛事。

（四）了解双方的排兵布阵

团体比赛中的排兵布阵十分重要。每名运动员都有自己的优势，也有自己的弱点。领队和教练员要非常熟悉本方运动员的打法特点，还要了解对方运动员的打法特点，要能“以己之长，攻彼之短”。观看比赛不仅要看运动员的现场对决，还要看领队的运筹帷幄，以及教练员之间的智斗。

第二节　羽毛球运动

羽毛球运动

学习提示

羽毛球运动对于普通人群来说是一项简单易行的运动，只要天气允许，任何一块空地都可进行此项运动；对于羽毛球竞技运动员来说，它是一项对抗性很强的竞技运动。经常参加此项运动可全面提高身体素质，因此它深受群众欢迎，是一项普及率较高的运动项目。

一、羽毛球运动概述

1873 年，英国鲍弗特在格拉斯哥郡的伯明顿庄园里组织了一次羽毛球比赛。从此，羽毛球运动便逐渐开展起来，“伯明顿”的英文名称“Badminton”也就成为羽毛球的英文名称。1893 年，世界上第一个羽毛球协会——英国羽毛球协会在英国成立，其进一步修订了羽毛球规则，规定了统一的场地标准，确定了羽毛球的形状和重量。1899 年，该协会在伦敦举办了全英羽毛球锦标赛。

1934 年，由丹麦、英国、法国等 10 多个国家发起成立了国际羽毛球联合会（简称“国际羽联”），总部设在伦敦。国际羽联于 1948—1949 年举办了第 1 届世界男子羽毛球团体锦标赛，于 1956 年举办了第 1 届世界女子羽毛球团体锦标赛。1978 年，世界羽毛球联合会（简称“世界羽联”）在中国香港成立，同年 11 月举办了第 1 届世界羽毛球锦标赛。国际羽联和世界羽联于 1981 年合并，统一称为国际羽毛球联合会。1992 年，羽毛球运动被列为奥运会的正式比赛项目。2006 年，国际羽毛球联合会更名为羽毛球世界联合会。

中国羽毛球运动的竞技水平居世界前列。在 2015 年 5 月 17 日，在第 14 届世界羽毛球混合团体锦标赛（苏迪曼杯赛）决赛中，中国国家羽毛球队成功卫冕，实现六连冠。在 2020 年东京奥运会上，中国国家羽毛球队获得 2 金 4 银的好成绩。

二、羽毛球入门与基础

（一）场地

羽毛球比赛场地分为单打场地和双打场地，双打场地场地规格如图 9–2–1 所示。

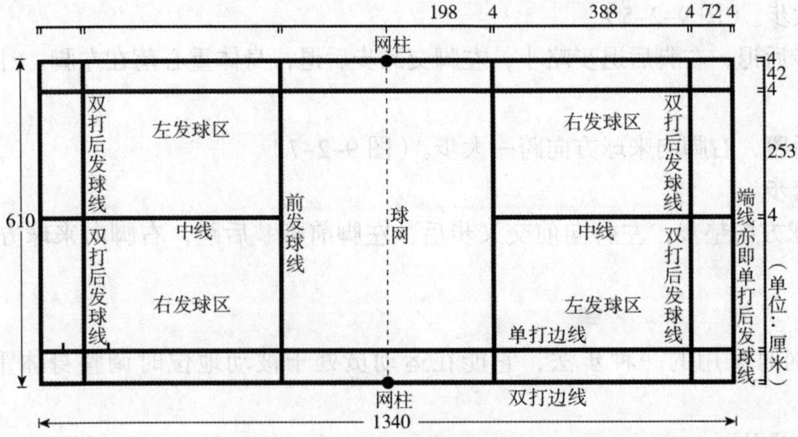

图 9–2–1

（二）握拍法

握拍时要自然放松，保证手指和手腕的灵活性，在击球时再握紧拍柄发力击球。根据不同的击球位置、角度，采用不同的握拍方法，以保证击球技术的正常发挥。

1. 正手握拍

虎口对准拍柄内侧窄面，采用握手式握拍法。掌心不要紧贴拍柄，注意保持一定空隙。（图 9–2–2）

2. 反手握拍

在正手握拍的基础上将拍柄稍向外转，用拇指第一指节内侧顶贴在拍柄内侧的宽面上。（图 9–2–3）

3. 错误握法

紧攥球拍的握法是错误的，俗称拳式握法。此种握法掌心没有留空间，手腕活动受限，不利于扣杀技术的发挥。（图 9–2–4）

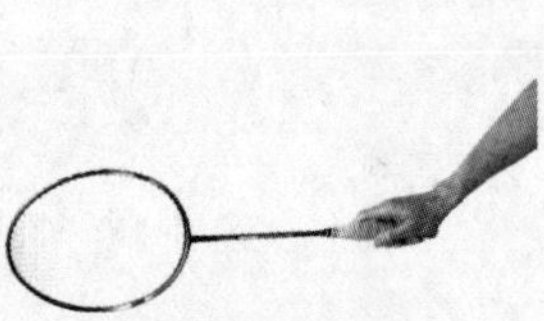

图 9–2–2

图 9–2–3

图 9–2–4

（三）基本步法

比赛时，运动员为了移动到适当的位置而采取的快速、合理、准确的移动方法称为移动步法。练习者完成一次击球所采用的站位、移动、击球和回位这 4 个环节称为基本步法结构。其中运用的步法有以下几种。

1. 交叉步

（1）交叉步前进：左脚迈进距离略小，身体重心迅速移至左脚，用左脚前脚掌内侧蹬地，右脚向左前跨一大步。（图 9–2–5）

（2）交叉步后退：右脚后退步略小，左脚交叉步后退，身体重心落在左脚。（图 9–2–6）

2. 蹬跨步

左脚用力后蹬，右脚向来球方向跨一大步。（图 9–2–7）

3. 前交叉跨步

右脚向来球方向垫步，左脚向前交叉步后，左脚前脚掌后蹬，右脚向来球方向再跨一大步。（图 9–2–8）

4. 垫步

垫步是上网时采用的一种步法，它能在运动员处于被动地位时调整身体重心，迅速接应来球。

5. 侧向移动步法

侧向移动步法包括蹬跨步和垫步。

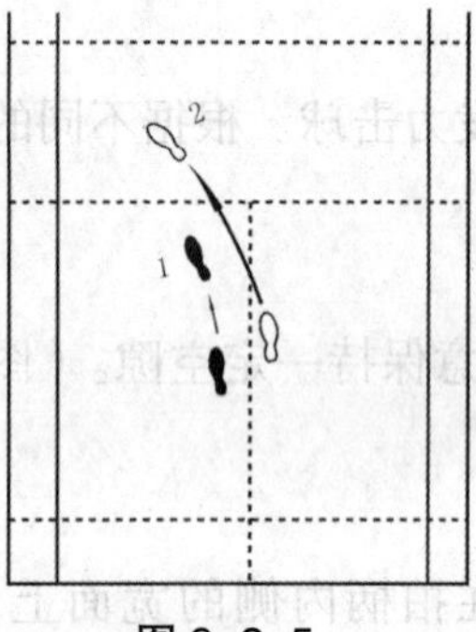

图 9–2–5

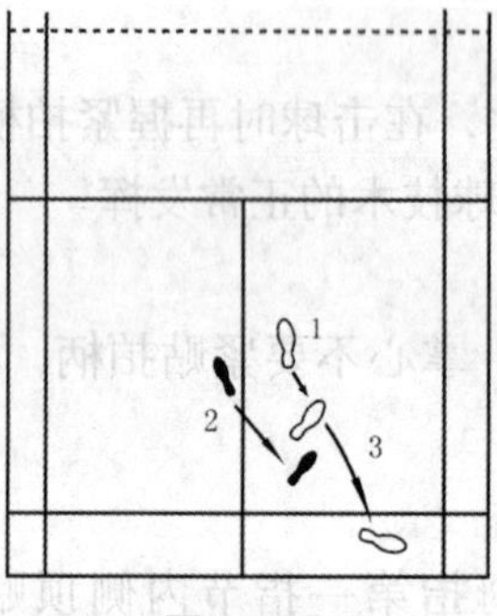

图 9–2–6

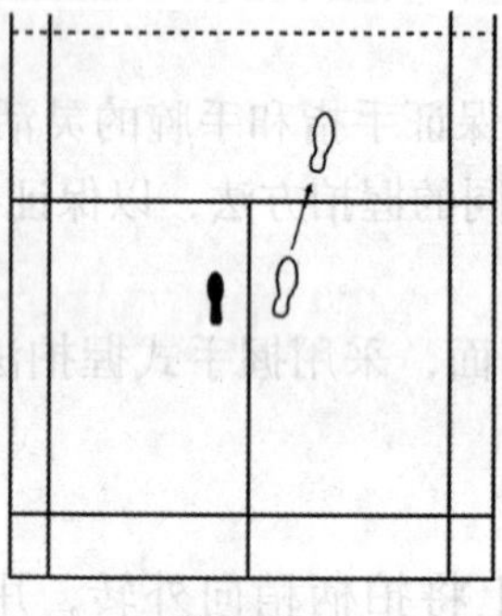

图 9–2–7

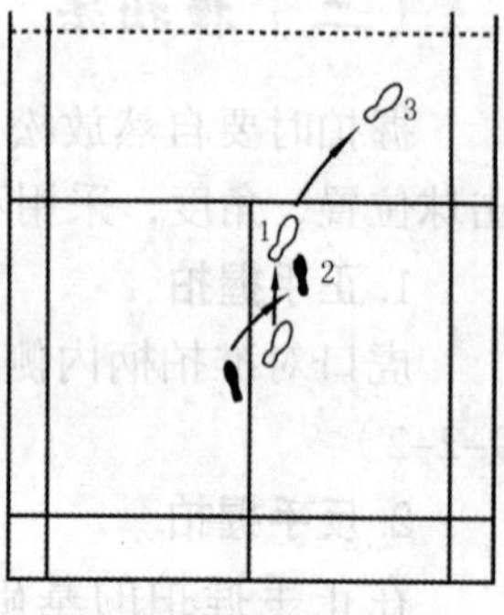

图 9–2–8

6. 腾跳步

起跳腾空击球的步法称为腾跳步。一般用于上网扑球、横向突击杀球、起跳到最高点时杀对方的高远球。

羽毛球技术分类

◎ 手法

握拍法：正手握拍、反手握拍。

发球法：正手发高远球、正手发网前球；反手发网前球、反手发平快球。

◎ 击球法

后场击球法（上手击球）：击高球、吊球、杀球。

前场击球法：挑球、搓球、推球、扑球、勾球。

中场击球法：接吊杀球，抽球、半蹲快打。

◎ 步法

上网步法：跨步或垫步、蹬跳步。

后退步法：并步加跳步。

两侧移动步法：垫步加跨步。

起跳腾空步法：并步加蹬跳步。

三、羽毛球基本技术

（一）发球与接发球技术

1. 发球技术

发球是羽毛球运动最基本的技术之一，是开始进攻的关键。发球质量的高与低直接关系到运动员在比赛中的主动与被动，甚至直接关系到得分或失去发球权。

（1）发球分类：发球可分为反手发球与正手发球。以下以右手持拍为例加以介绍。

反手发球：两脚前后开立，右脚在前，身体重心放在右脚，左脚脚跟提起，屈肘，反握球拍，拍头朝左下方。击球时，前臂带动手腕前送或横切。

正手发球：两脚前后开立，间距与肩同宽，两脚大约成L形站立，左脚在前，脚尖指向球网，身体重心放在右脚，握拍手臂向侧后自然举起，肘部微屈，击球时身体重心前移。（图 9–2–9）

除高远球须用正手发球以外，其他发球技术用正反手均可。网前球、平快球、平高球、高远球的发球点及球在空中的运行轨迹如图 9–2–10 所示。

图 9–2–9

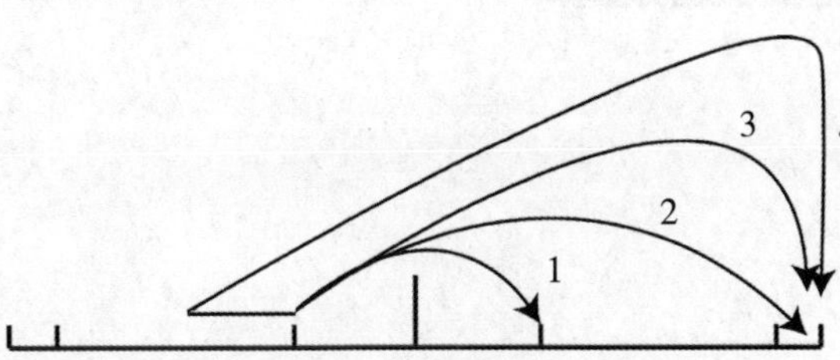

1. 网前球；2. 平快球；3. 平高球；4. 高远球

图 9–2–10

（2）发球的注意事项。发球过程中，两脚必须有一部分与地面接触不得移动。球与球拍接触瞬间，整个球必须低于腰部，触点不得超过整个持拍手（图 9-2-11）。发球开始，球拍必须连续向前挥出，不得停顿。

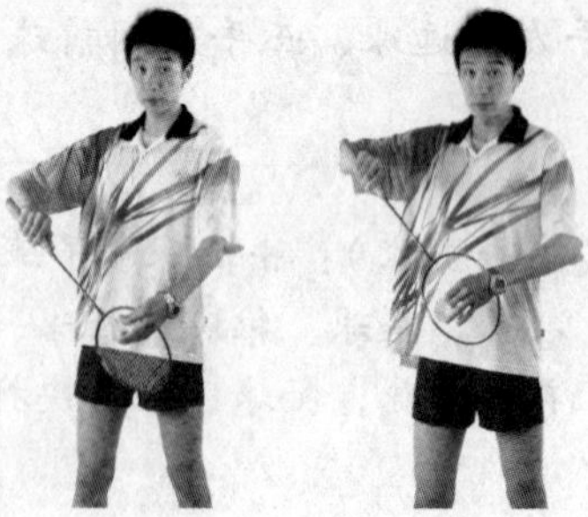

图 9-2-11

（3）站位：单打正手发球站位一般选择站在离发球线 1 ～ 1.5 米处，单手反手发球一般站在离发球线 10 ～ 15 厘米处。

2. 接发球技术

接发球也是羽毛球运动的最基本技术。它在比赛中同样起着重要的作用。只有接好发球，才能变被动为主动，为取得比赛的胜利争取更多的机会。

（1）准备姿势：以右手持拍为例。两脚前后开立，身体正对球网。持拍手臂在后，两膝微屈，收腹含胸，身体重心放在左脚。球拍举在身前，集中精力准备接球（图 9-2-12）。双打姿势与单打姿势基本相同，只是持拍位置高于单打，以便于争取主动。

（2）站位：单打接发球站位要靠近中线，离发球线 1.5 米处，而双打站位更靠近发球线，以利于接网前球或便于快攻。

图 9-2-12

（3）回击各种发球：无论对方采用哪种发球方式，都应根据对方的发球质量和站位，冷静、果断地做出判断，采用有效的回击方式。（图 9-2-13 至图 9-2-15）。

对发平快球的各种回击手段

◎ 1 为发出的平快球。

◎ 2 为回平快球。

◎ 3 为回平高球。

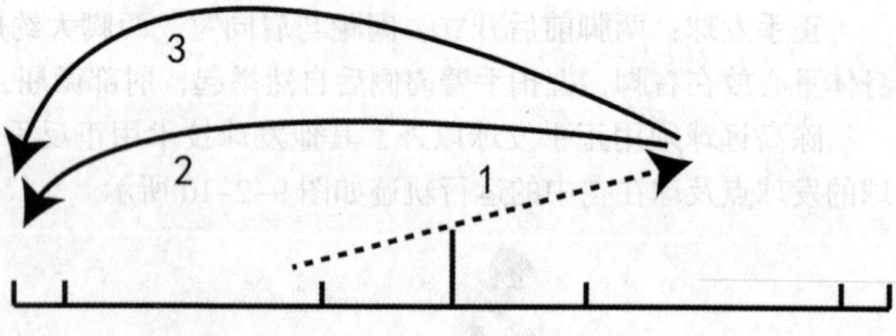

图 9-2-13

对发网前球的各种回击手段

◎ 1 为发网前短球。

◎ 2 为回平快球。

◎ 3 为回平高球或高远球。

◎ 4 为回网前球。

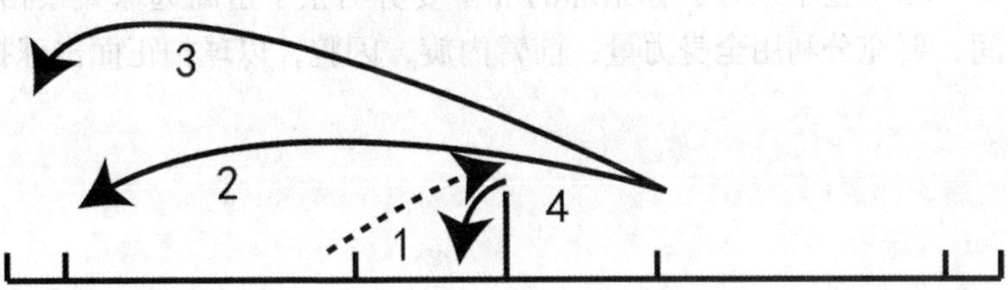

图 9-2-14

对发高远球的各种回击手段

◎ 1 为发出的高远球。

◎ 2 为回高远球。

◎ 3 为回吊球。

◎ 4 为回杀球。

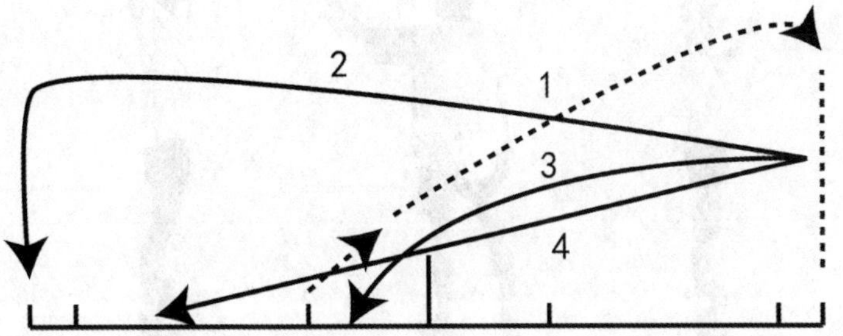

图 9-2-15

（二）击球技术

掌握正确的击球技术是打好羽毛球的先决条件。击球技术的要点主要包括以下几个方面。

第一，身体在做挥拍动作时要协调放松，发力迅速。

第二，要找好击球点，看准时机，迎上击球。挥拍时机要恰到好处，应在挥拍速度最快时击中球托。

第三，控制好拍面，通过手腕的变化来决定出球方向。

第四，击球动作要富有变化性，以增加对方的判断难度。

1. 后场击球技术

后场球的击球点一般都高于头部，因此也称上手击球。上手击球包括正手、反手、头顶击球，上手击球的击球点高，可打出高远球、平高球、下压球（杀球、吊球），属于主动进攻技术。以下以右手持拍为例加以介绍。

（1）正手击高远球：判断好来球的方向和落点，并迅速移动，使球处于头部的前上方。击球前，身体重心落在右脚，屈肘向后引拍，两臂上举；击球时右前臂急速内旋，闪腕，手指屈指发力，紧握球拍，在手臂伸直的最高点以正拍面击球托后部。（图 9-2-16）

（2）反手击高远球：当来球飞向反手方向时，要准确判断球的落点，迅速移动，右脚用前交叉步向左侧底线跨出，背对球网，身体重心在右脚。击球时，要自下而上用力，上臂带动前臂转至前臂带动手腕，最后闪腕击球。击球后，顺势转体面对球网。（图 9-2-17）

（3）头顶击平高球：当击球点在左肩上方或偏后的位置时，击球前，身体向左倾斜略后仰；击球时，球拍从右后侧向头顶左前方击球，在前臂的带动下充分发挥手腕和手指的力量（图 9-2-18）。掌握头顶击平高球的要领后，可采用起跳击球法。

（4）吊球：准备姿势同击高远球，但击球点比击高远球稍前。击球时突然减力，运用前臂外旋（内旋），闪动手腕切削球托的右侧（左侧），打出斜线或直线吊球，注意掌握好击球点和击球

力量。（图 9–2–19）

（5）正手杀球：扣杀球的准备姿势与正手击高远球大致相同。身体后仰成背弓形，击球的瞬间，要充分利用全身力量，前臂内旋，闪腕，以球拍正面击球托的后部。（图 9–2–20）

图 9–2–16　图 9–2–17　图 9–2–18　图 9–2–19　图 9–2–20

2. 中场击球技术

中场击球技术包括：接吊杀球、抽球和半蹲快打。以下以右手持拍为例加以介绍。

（1）接吊杀球：接吊杀球技术分挡网前球、抽球和挑后场高球。下面主要介绍挡网前球技术。

挡网前球：向右横跨步，右肩后转，左肩对网，右臂平伸对准来球，松握拍，拍略后仰，将球挡回对方网前区。

（2）抽球：抽球要有小幅度的引拍动作，以前臂带动手腕向前上方挥拍抽球，用提拉或球拍后仰来应对来球。

（3）半蹲快打：在中场区击打肩部至稍高于头部之间的平快球。击球前成半蹲姿势，屈肘举拍于肩上方。击球时，以前臂带动手腕快速挥拍，尽量在身前较高的部位击球（图 9–2–21）。其特点是挥拍幅度小，快速有力。击球方式有半蹲正面击球、半蹲头顶击球、半蹲右侧击球，多用于双打比赛。

3. 前场击球技术

前场击球是羽毛球基本技术中比较灵活的技术之一。这种技术击球动作小，以巧取胜，是羽毛球技术的重要组成部分。前场击球技术包括挑高球、搓球、推球、勾球、扑球、放网前球等。以下以右手持拍为例加以介绍。

（1）挑高球：快速上网，跨步接球，侧身对网，身体重心在前脚。正手持拍，前臂外旋自然前伸，上臂自然抬起以保持身体平衡。以肘关节为轴，前臂带动手腕、手指由下方向前上方快速挥拍击球。（图 9–2–22）

（2）搓球：挥拍时，前臂外旋，手腕由后伸至内收闪动，用球拍切削球托侧底部，使球上旋翻转过网。要求尽量在高点击球，搓击时出手要快。（图 9–2–23）

图 9-2-21

图 9-2-22

图 9-2-23

（3）推球：正手推球时，手腕由伸腕经前臂内旋至屈腕，食指向前压。反手推球时，手腕由屈腕经前臂外旋至伸腕，拇指顶压。正反推球都要用前臂和手腕发力，击球瞬间拍面与球网近乎平行。

（4）勾球：正手勾球时，持拍手臂前伸时稍有外旋，拍柄外转使拇指贴在拍柄宽面。击球时，前臂稍内旋、内收，手腕由后伸至屈腕、闪动，挥拍拨击球托的右下部。反手勾球时，肘部要下沉，同时前臂稍外旋，手腕由屈到伸闪动，反拍拨击球托底部一侧（图 9-2-24）。

（5）扑球：正手扑球时，持拍对准来球快速蹬跳上网，身体右侧扑向网，球拍正对来球，手臂由屈到伸，手腕由后伸向屈腕闪动，同时手指顶压球拍，击球后球拍立即回收（图 9-2-25）。反手扑球时，向左快速蹬跳上网，手腕内收，拍面正对来球，击球时，手臂伸直外旋带动手腕由内收到外展，拇指顶压球拍。

（6）放网前球：正手放网前球时，跨步上网前伸手臂，左臂自然张开，拍面朝上迎球。击球时，前臂稍外旋，轻收手腕，将球轻击过网（图 9-2-26）。反手放网前球技术与正手相似，不同之处是击球前腰部向左转，反拍击球。控制好力量是放网前球的关键。

图 9-2-24

图 9-2-25

图 9-2-26

四、羽毛球基本战术

羽毛球基本战术是指在比赛中，运动员根据对方的实力和技术特点选择不同的技术手段和方法。知己知彼，巧妙地运用战术。是战胜对方的重要因素。娴熟的技术、良好的身体及心理素质、丰富的赛场经验是成功运用战术的前提和保证。

（一）羽毛球单打战术

1. 发球抢攻战术

运动员多采用发网前低球结合击平高球、平快球而获得主动进攻机会。

2. 攻后场战术

运动员通过击高远球、平高球压对方底线两角，迫使对方还击无力来获得进攻机会。

3. 攻前击后战术

运动员先用搓球、吊球、放网前球将对方调到网前，然后再用扣杀、击平高球、推球来攻击对方后场。

4. 打四方球战术

运动员利用准确的落点攻击对方的四角，待对方出现破绽，再攻击对方空当。

（二）羽毛球双打战术

1. 攻人战术

集中攻打对方实力较差的队员。此战术在混双比赛中运用得更多，在对方选手实力相当时，采用“二打一”的方法。

2. 进攻中路战术

与对方平行站立时，攻击对方中路空隙位置。与对方前后站立时，攻击对方边线位置。

3. 后杀前封战术

本方以后场攻杀见长的队员在后场进行大力扣杀、打出机会，前场队员积极移动进行封杀。

五、羽毛球的评价与欣赏

现代羽毛球运动诞生 100 多年来，已发展成为全球性的体育项目。它有着无穷的魅力，深受人们的喜爱，是一项参与面广、观赏性强的体育运动。

精彩的羽毛球比赛，能给人以视觉上的享受。它既有乒乓球比赛那种细腻精巧的技术，又有网球比赛那种以力相搏的角逐；既具有文雅的韵味，又包含技术的较量。因此，一场高水平的羽毛球比赛，会让人激动不已、回味无穷。

欣赏一场羽毛球比赛，除了要懂得比赛规则以外，还要了解运动员的水平和特点。可以从“快”“准”“刁”“活”等方面来细细品味。

“快”指精确的判断能力、敏捷的反应速度和良好的身体素质。高水平选手能根据对方的准备姿势、移动位置和击球瞬间判断出对方的击球意图。尽管羽毛球运动员仅在 35 平方米的场地“转、站、腾、挪”，但他们要在 50 ～ 90 分钟的比赛中快速移动 3000 米左右，给人带来不一样的视觉享受。

“准”是羽毛球运动员展示魅力的一个重要方面。羽毛球的一次往返击打时间仅在一秒之内。在这来回的瞬间，精准把握球的飞行路线和落点是运动员高超技艺和控制能力的综合体现。运动员的精准技艺常常令人赏心悦目。

“刁”是指运动员刁钻的球路和技法，反映了运动员的聪明才智。场上的虚实变化，劈杀和劈吊的瞬间转换，勾、搓、推这三种刁钻技术的网前变化，都会让对方顾此失彼。

“活”是羽毛球比赛的战术特点。双方旗鼓相当、势均力敌时，战术的灵活运用，打法的不断变换就是克敌制胜的法宝。谁能扬长避短、避实就虚，谁就能战胜对方取得胜利。

羽毛球运动以其特有的魅力受到人们的青睐。那些技艺高超的运动员给真心热爱羽毛球的观众带来一场又一场非常精彩的比赛。

第三节　网球运动

网球运动

学习提示

网球运动是一项易于普及和开展的运动项目。它以浓厚的趣味性、极具魅力的观赏性和效果显著的健身性而享誉世界。

一、网球运动概述

网球运动的起源及演变可以用四句话来概括：孕育在法国，诞生在英国，发展在美国，现盛行于全世界。1873 年，英国人温菲尔德改进了早期网球打法。他受羽毛球运动的启发，把古代网球和羽毛球结合起来设计出了现代网球运动，并确定了场地、规则和器材。1877 年 7 月，全英草地网球俱乐部在温布尔登举办了首届全英草地男子网球锦标赛，标志着网球竞技运动的开始。1896 年在希腊雅典举行的第 1 届奥运会上，网球被列为正式比赛项目。1913 年，国际网球联合会成立。

网球运动是在 1885 年前后随着西方近代体育的传播进入我国的。中华人民共和国成立以后，网球运动得到了进一步的发展。1953 年，中国网球协会成立，并在天津市举办了中华人民共和国首次球类运动会。网球运动传入中国后，在我国得到了进一步发展。1986 年，中国国家女子网球队在第 10 届亚运会的团体赛中夺冠，从此结束了中国在亚运会上无网球金牌的历史。在 2004 年雅典奥运会上，李婷、孙甜甜取得了中国体育史上第一个网球双打奥运冠军。在 2006 年澳大利亚网球公开赛上，郑洁、晏紫在女子双打比赛中击败赛会头号种子选手，夺得中国网球在四大网球公开赛成年组双打比赛中的第一个冠军。在 2008 年北京奥运会网球比赛上，李娜夺得女子单打第四名。在 2011 年法国网球公开赛和 2014 年澳大利亚网球公开赛上，李娜获得女子单打冠军，创造了中国网球运动的新历史。

二、网球入门与基础

（一）场地

网球比赛的场地分为单打场地和双打场地。若是单双打共用场地则须挂双打球网。如果使用双打球网比赛时，必须增加两根单打支柱（直径或边长不超过7.5厘米）。网球场地如图9-3-1所示。

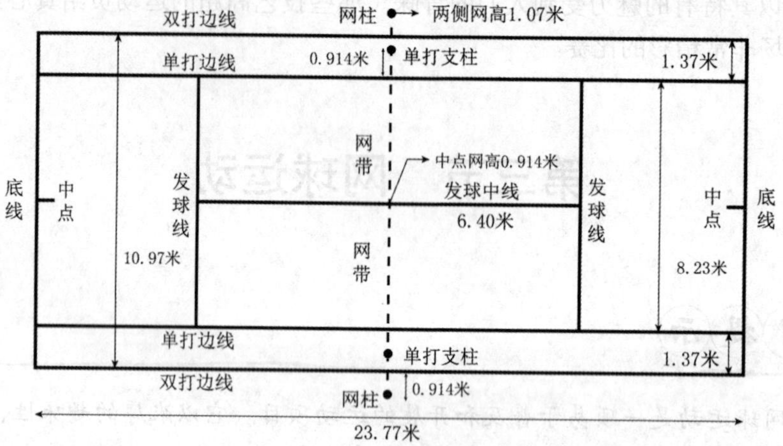

图9-3-1

（二）球拍、网球与握法

1. 球拍

现在一般选择碳纤维材料制成的球拍，这种球拍的手感较好。选择球拍时要考虑以下几个因素。

（1）重量：球拍的重量分轻（L）、中（M）、重（T）三种。练习者应根据自己的力量，选择重量适中的球拍。

（2）面积：拍面通常分为小拍面（穿弦面积<548cm²），中拍面（穿弦面积为554～612cm²），大拍面（穿弦面积>612cm²）。初学者一般选用大拍面的球拍。

（3）硬度：球拍的硬度分为10个等级，1～5级为软性球拍，6～10级为硬性球拍。使用硬度较大的球拍容易造成肘关节受伤，即“网球肘”。因此，初学者应选用中性偏软的球拍。

（4）拍柄：选择粗细适宜的球拍拍柄。拍柄过粗不易控制，拍柄过细握不住。

2. 网球

网球一般为黄色或白色。球的弹性为：如在2.54米的高度自由下落到混凝土地面的弹起高度为1.35～1.47米。

3. 握法

（1）大陆式握拍法：V形虎口对准2～3号棱（图9-3-2①）。这种握拍法还被称为“榔头”式握拍法。因为采用这种握拍法时，食指根部压在拍柄与拍面水平的平面上，拍面几乎与地面垂直，所以仿佛在用拍框钉钉子一样。大陆式握拍法适合用来击打任何类型的球，尤其在发球、截击球、过顶球、削球以及防守球时采用这种握拍效果更好。

优势：大陆式握拍法可以使发球或打过顶球时的手臂自然下压，手臂的压力小。在打正手和反手球时不需要调整握拍法，因此大陆式握拍法也是进行网前截击球的最佳选择。同时，它还适用于在防守时击打已到达身体侧面或击球点较晚的球。

劣势：用大陆式握拍法很难打出带上旋的球或削球。这就要求击球点必须比球网高，由于球在这一点上停留的时间非常短暂，击球时间会很短。

（2）东方式正手握拍法：V形虎口对准 4 号面（图 9–3–2 ②）。这里介绍一个正确采用东方式握拍法的小窍门，即将手平放在拍弦上，然后下滑到拍柄根部抓握球拍，即东方式正手握拍法。

优势：东方式正手握拍法可以被称为“万能握拍法”。采用这种握拍法，拍面可以通过摩擦球的后部打出上旋球，还可以打出有很大力量和很大穿透性的平击球。另外，从东方式握拍法很容易转换到其他握拍方式。

劣势：与大陆式握拍法相比，尽管东方式握拍法的击球点离身体更高、比身体更靠前一些，但它仍不适用于打高球。用东方式握拍法击出的球多是平击球，很难适应多回合的打法，因此东方式握拍法不适合那些希望打出更多上旋球的运动员。

（3）半西方式正手握拍法：V形虎口对准 4 ～ 5 号棱（图 9–3–2 ③）。在职业网球巡回赛中，底线力量型运动员多采用这种握拍法。

优势：相对于东方式握拍法，这种握拍法可以让运动员打出更多的上旋球，使球更容易过网，也更便于控制线路。因此，它很适合打上旋高球和小角度的击球。这种握拍法在身体前部的击球点比东方式握拍法更高、更远，因此更利于控制高球。

劣势：半西方式握拍法不适合回击低球。原因是采用这种握拍法时，拍面自然地成关闭状态，这样迫使运动员必须打球的下部然后向上挑，从而容易给对方留下进攻机会。

（4）西方式正手握拍法：V形虎口对准 5 号面（图 9–3–2 ④）。喜欢打强烈上旋球的运动员多采用这种握拍法。

优势：这是一种“极端”的握拍法，手腕所处的位置迫使拍面强烈地击打球的后部，从而使球产生更多的上旋。这种握拍法比其他任何一种正手握拍法的击球点都要更高、更远。正是由于西方式握拍法对高球的良好控制，许多运动员很青睐这种握拍法。

劣势：回击低球是此种握拍法的弱点。采用这种握拍法时，要以更快的挥拍动作给球加上必要的旋转，以使击出的球更有速度。

（5）东方式反手握拍法：V形虎口对准 2 号面。（图 9–3–2 ⑤）

优势：同东方式正手握拍法一样，它可以给手腕提供良好的稳定性，使打出的球略带旋转，或直接打出很有穿透力的球。而且，采用这种握拍法只要做非常小的调整就能回到大陆式握拍法，这样在削球或在网前截击时都会比较轻松。

劣势：尽管这种握拍法能很好地处理低球，但它不适合处理高于肩部的上旋回球。因为这种握拍法很难控制上旋回球，所以在多数情况下，运动员只能采用防守式的削球将球打回对方场内。

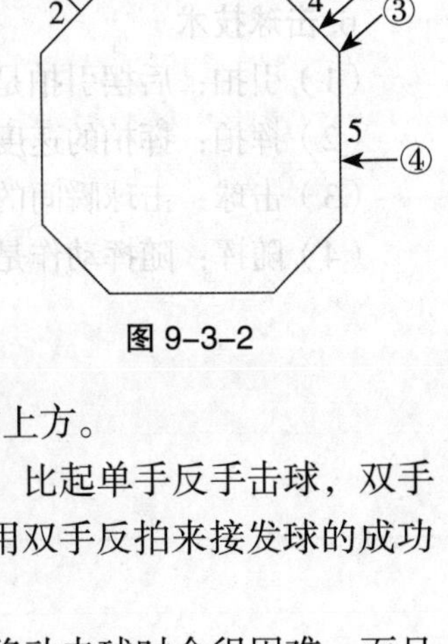

图 9–3–2

（6）双手反手握拍法：一只手处于大陆式握拍法和东方式反手握拍法的中间位置，然后用另一只手以东方式正手握拍法放在持拍手的上方。

优势：适合单手力量不足、或双手具有良好协调性的运动员使用。比起单手反手击球，双手反手击球的好处是可借助肩部的转动和小幅度的挥拍来发力。因此采用双手反拍来接发球的成功率比较高。这个握拍法还适合处理低球，而且在回球时力量很足。

劣势：双手握拍会限制跑动，因此，在用此种握拍法进行大幅度移动击球时会很困难，而且不容易转身挥拍。同时，双手反拍选手过分依赖于上旋球，而要想有效地击出削球，双臂挥出的同时，还要保持前肩的稳定性。对于习惯扭臀转肩的双手反拍选手来说，这并非易事。

（三）基础知识

1. 站位

击球前，运动员所选的站立位置称为站位。底线击球一般采用 4 种站位方式，分别是开放式、半开放式、半关闭式、关闭式。（图 9–3–3、图 9–3–4）

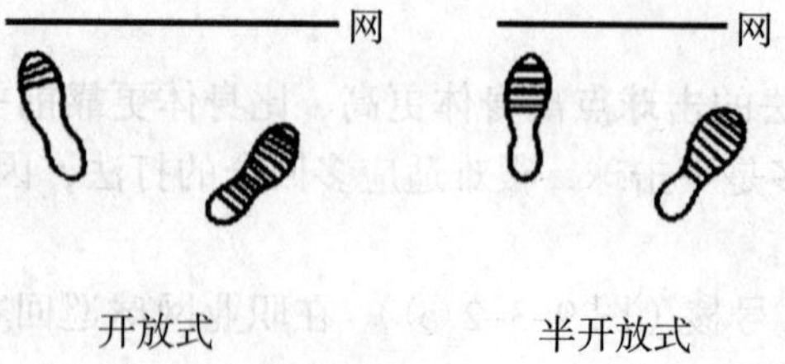

图 9–3–3

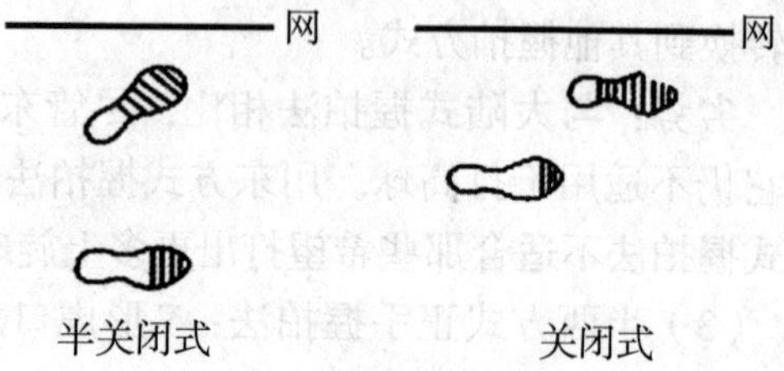

图 9–3–4

2. 击球点

击球时，球拍与球接触瞬间形成的空间位置称为击球点。击球点的空间位置是相对击球者的身体而确定的，是由相对身体的方位和高低位置确定的。最佳击球点在身体侧前方的腰部高度。

3. 击球时期

从对方击球瞬间到本方的球拍触球瞬间之间，球在空中的飞行时段称为击球时期。球从过网点到落点的飞行阶段为空中段，球落地后弹起至回落地面前称为反弹段。

4. 击球线路

球从击球点飞行到落点间的线路称为击球线路。基本的击球线路有直线和斜线两种。

5. 击球过程

（1）判断：是对来球的方向、球的旋转性质、球的飞行速度和落点进行的综合分析。

（2）移动：根据来球的方向调整站位称为移动。移动是为了在击球之前抢占最佳击球位置。

（3）击球：击球是关键。在确定了对方的来球特点后，决定回击方法，以达到最佳的击球效果。

（4）还原：是在完成上述动作之后回到击球前的准备状态（基本姿势和基本位置）。

6. 击球技术

（1）引拍：后摆引拍是击球质量和击球力量的先决条件。

（2）挥拍：挥拍的速度、方向直接影响回球的力量和球的飞行路线。

（3）击球：击球瞬间的击球点、击球时机、拍面的角度、击球部位直接决定了回球质量。

（4）随挥：随挥动作是为了保证击球的完整性、协调性和稳定性，并影响着动作的还原。

三、网球基本技术

（一）正手击球

1. 准备姿势

以右手持拍为例，面向球网，两脚开立，间距略宽于肩，膝关节稍屈，上体稍前倾，身体重心置于两脚之间。球拍指向正前方，几乎与地面垂直。右手握拍，左手扶拍颈部位。眼睛始终盯着来球方向。（图 9–3–5）

2. 转体引拍

当判断球朝正手位飞来时，两脚迅速右转，肩部向右转 90°，同时转髋。左脚向右前方上步，身体重心移至右脚，右臂自然向后引拍，将球拍引于身体右后方。引拍时，肘关节要自然弯曲下垂，手腕固定，左手前伸保持身体平衡。（图 9–3–6）

3. 挥拍击球

将球拍迅速向前挥动，手腕要固定绷紧，握紧球拍。球拍从稍低于腰部位置开始做弧线运动，逐步上升，向前挥动并迎击球。击球时，拍面基本垂直于地面，同时将身体重心从右脚移向左脚，身体随身体重心转动，肩部带动右臂击球。（图 9–3–7）

4. 随球跟进

当球离开球拍后，击球动作不要停止，应使球拍随着出球方向挥一段距离。持拍手臂向前伸展，肘关节向前上方跟进，挥至左肩一侧，拍头朝上。同时身体重新面向球网（图 9–3–8）。在完成一次击球后，应立即回到准备姿势，为下一次击球做准备。

图 9–3–5

图 9–3–6

图 9–3–7

图 9–3–8

正手击球动作要点

◎ 在击球过程中眼睛要看球。
◎ 击球之前做好向后引拍动作。
◎ 击球点在身体的右前方腰部位置。
◎ 击球时，紧绷手腕，握紧球拍，要利用蹬转的力量用拍面的中心将球击出。
◎ 球拍要平行击打，并按球的飞行轨迹随球前送，随挥动作向前上方伸展。

（二）反手击球

1. 准备姿势

面对球网，向左转髋、转肩，右手持拍，左手扶拍颈部位，向左后方引拍，同时两脚向左转90° 使右肩对准来球方向。（图 9-3-9）

2. 前挥送拍

完成前挥动作时应保持手腕固定，通过两腿、髋关节、肩关节的发力将力量自下而上地送上球拍。（图 9-3-10）

3. 挥拍击球

击球时，拍面要垂直于地面，对准来球，伸直右臂，肘关节快速挥动，击球的中下部，手臂前挥，前挥的路线由低到高。（图 9-3-11）

4. 随球跟进

击球后，手臂要保持击球动作继续前送，身体重心前移，手臂充分上扬。（图 9-3-12）

图 9-3-9

图 9-3-10

图 9-3-11

图 9-3-12

（三）截击球

截击球是指击打过网后还未落地的空中球。一般在发球后或底线回球质量不高时使用。截击球通常采用大陆式握拍法。初学者可先采用东方式握拍法进行练习。

1. 正手截击球

（1）准备姿势：正手截击球时，跨步、身体重心移动和后引球拍几乎是同时进行的。拍头要始终高于手腕。（图 9-3-13）

（2）挥拍击球：正手截击球时要保持前臂向前，手腕固定，发力短促、有力。截击球多采用切击动作，击球点在身体的右前方。（图 9-3-14）

（3）随球跟进：截击球的随挥动作幅度较小，一般不超过身体中线（图 9-3-15）。截击动作完成后应迅速调整姿势，准备迎接下一个来球。

图 9-3-13

图 9-3-14

图 9-3-15

2. 反手截击球

（1）准备姿势：进行反手截击球时，身体略向左转，同时身体重心移至左脚。左手扶拍颈部位，右脚向左前跨步，球拍对准来球方向。（图 9–3–16）

（2）挥拍击球：击球时，手腕固定，前臂下拉，用肩关节和前臂的力量击球。反手击球的击球点要在身体的左前方，比正手截击球的击球点更靠前。（图 9–3–17）

（3）随球跟进：反手截击球的随挥动作幅度很小，一般不超过身体中线，以便快速还原，准备进行下一个动作。（图 9–3–18）

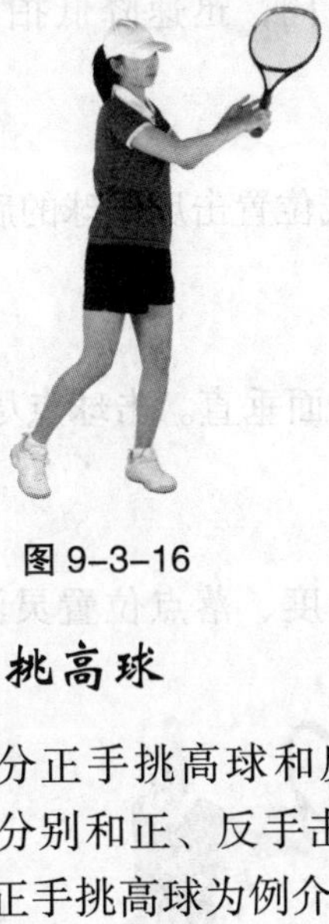

图 9-3-16

图 9-3-17

图 9-3-18

（四）挑高球

挑高球分正手挑高球和反手挑高球两种。其握拍方法分别和正、反手击球的握拍方法相同，下面以正手挑高球为例介绍。

挑高球动作要点

◎ 准备姿势与正、反手击球相同。

◎ 击球的后底部，并将球拍充分送出，加长击球时间。

◎ 顺着出球的方向，向高处做随挥动作。

1. 准备姿势

挑高球要求挑的球高而深，需要更充分的后引动作。（图 9–3–19）

2. 挥拍击球

向前挥拍时，球拍击打球的下部，向前上方击球。在整个击球过程中，保持手腕绷紧，握紧球拍（图 9–3–20）。挑高球要将球打得高而且深，但稍有偏差就容易出界，因此，挑高球的落点应在场地的中间。

3. **随球跟进**

随球跟进动作是将球挑到足够高度的关键，因此应延长击球的时间，顺着球的飞行路线向上做随挥动作。球拍尽可能地送远，随球跟进动作在身体前面的高处结束（图 9–3–21）。跟进动作结束后，应立即回到底线后方中间的有利位置。

图 9–3–19

图 9–3–20

图 9–3–21

（五）反弹球

1. **准备姿势**

采用大陆式握拍法，击球前身体重心降低。拍面正对来球方向，迅速降低拍面位置。（图 9–3–22）

2. **挥拍**

击反弹球的后引幅度要小于其他击球方式（图 9–3–23）。在底线位置击反弹球的后引动作稍大一些。在中前场击反弹球的后摆幅度很小，几乎只是磕球过场。

3. **击球**

与其他击球动作相比，反弹球的击球位置更低，拍面几乎与地面垂直。击球点尽量在身体的侧前方。（图 9–3–24）

4. **随球跟进**

随球跟进的技术动作与反手击球基本相同，可根据来球的速度、落点位置灵活运用。（图 9–3–25）

图 9–3–22

图 9–3–23

图 9–3–24

图 9–3–25

（六）高压球

高压球俗称扣球，是在头上方用扣压的动作来完成击球的一种技术，是有效的得分手段。

1. 准备姿势

看到对方挑高球时，应尽快地调整位置，用垫步或后退步、前进步移动到球的落点后方，侧身对网，两脚前后开立，左臂正对来球方向，眼睛注视来球。（图 9–3–26）

2. 击球与随挥

击球前将球拍举到头上，身体重心放在右脚。击球时，注意腿部蹬伸、转腰、提身体重心、收腹、挥拍、鞭打击球，同时身体重心后移，在最高点击球（图 9–3–27）。随挥路线是由击球后的位置至身体左下方为止，身体重心完全移至前脚。

图 9–3–26

图 9–3–27

（七）发球

发球的技术动作要求在身体协调放松的状态下进行。发球是比赛得分的重要手段，也是运动员技术水平的重要标志。初学者应理解发球的动作要领并认真进行练习。

1. 抛球

左手伸直，在身体的侧前方抛球，保持球在头的前上方垂直下落。抛球后两臂成反“L”形。（图 9–3–28）

2. 引拍

抛球的同时，右臂先向下再向后引拍，左手指着上方的球。（图 9–3–29）

3. 击球

整个挥拍动作是自下而上用力的。手臂稍内旋、扣腕，击球的左侧（初学者可击球左后上方）。（图 9–3–30）

4. 随球跟进

击球后，要继续保持球拍自然挥摆，至身体的左下方止，同时身体重心前移（图 9–3–31）。随后身体迅速调整位置回到准备状态。

图 9-3-28

图 9-3-29

图 9-3-30

图 9-3-31

（八）接发球技术

接发球技术在网球比赛中有着非常重要的作用。它是控制对方，争取主动的主要手段。接发球技术要求运动员有精准的判断力和良好的控球技术。

1. 准备姿势

注意观察对方发球的站位和意图，身体重心比底线击球时更低一些，两眼紧盯对方的发球。（图 9-3-32）

2. 移动转身

在对方发球后立刻做出判断，迅速移动到位并确定回球方式，同时做好转身后引动作。（图 9-3-33）

3. 接球

初学者的发球速度一般不快，可用对拉底线的击球方法接发球。如果感到对方的击球速度较快，应采用交叉上步或侧身击球的方式接发球（图 9-3-34）；若来球角度较大，则可用削球进行接发球。

4. 随球跟进

随球跟进动作要充分（图 9-3-35），还原动作要快，然后迅速移动到中场位置。

图 9-3-32

图 9-3-33

图 9-3-34

图 9-3-35

四、网球基本战术

（一）单打比赛战术

战术的运用是为了给对方制造困难，使其回球质量降低，同时充分发挥自己的长处，加大攻击力度。因此，要了解和认识网球的基本战术。

1. 发球战术

（1）变换发球落点：在经常发出外角球的同时，要考虑突然换发内角球。

（2）变换发球位置：不时地变换发球位置，增加对方接发球和判断发球线路的难度。

2. 发球截击战术

发球后上网，在空中截杀，将球打至对方空当；或采用两次截击球，先打出较深的直线截击球，然后再迅速上网进行第二次截击球并将球打至对方空当。

3. 接发球战术

在接对方力量不大的第二次发球时，要控制好落点打直线球，趁对方回球质量不高，可上网将球截杀到对方空当。第一次发球的球速不快时，亦可采用接发球战术。

4. 对攻战术

当发球或接发球战术都没有效果时，双方展开对攻。底线对攻的主要战术是加大击球高度和伺机变换落点。

5. 对付上网截击的战术

当对方采用发球截击上网战术时，本方可根据对方的站位采用挑高球和穿越球，这是上网截击球的有效回击方法。

（二）双打比赛战术

1. 发球

双打比赛发球要考虑第一次发球的成功率，还要考虑如何增加对方接发球的难度，给同伴创造进攻机会。一般采用发对方反手球或变换发球位置。

2. 接发球

利用直线球使对方在网前平移截击，将球回击到对方的中场，可减少本方的失误率和对方的截击成功率。

3. 截击球

截击球是双打比赛的重要得分战术。利用边角球限制对方上网，利用脚下球控制对方网前队员，利用快速的截击球攻击对方远点及防守空当，为本方创造进攻和得分机会。

五、网球的欣赏

网球比赛是历史悠久的球类项目之一，也是当今体坛能够与足球分庭抗礼的项目。人们该如何欣赏网球比赛呢？

（1）看发球。

发球分为上旋球、下旋球、侧旋球、前冲球，以及大力发球。优秀的运动员在发球上都有自己的绝招。例如，前世界名将桑普拉斯和伊万尼塞维奇的发球又刁、又准、又狠，常常让对方难以招架。

（2）看战术的运用。

网球战术具有“快、狠、准、变”的特点。运动员在场上既能灵活控球，又能凌空跳跃击球、斜飞鱼跃救球，又能缩前吊后、斜线大力抽打等。正是这些前后左右、真真假假的变化，使得比赛精彩激烈、扣人心弦。

另外，网球运动被看成是高雅的运动。它处处注重美感：从场地的设施到器材的使用，以及比赛环境的布置、运动员服装的设计，都很讲究美感。网球运动员在场上的动作更富美感，爱好网球的艺术家们认为网球运动的许多动作与舞蹈是相通的。例如，网坛女杰——辛吉斯快速网前击球和奔跑接球的身姿，仿佛再现了天鹅湖中的白天鹅兴高采烈地扑向王子的“舞姿”。

总之，一场高水平的网球比赛，除了运动员精湛的技艺之外，再加上富于美感的舞蹈韵味，会使观众如痴如醉，在精神上得到极大的满足。

体育思政课堂

小球运动具有很强的观赏性，主要包括乒乓球、羽毛球、网球等。我国几代乒乓球运动员顽强拼搏，在历次世界大赛中获得众多冠军头衔，持久地激发着人们的爱国热情，提升着人们的民族自豪感。学打乒乓球是一项很好的爱国主义教育活动。经常参加羽毛球运动，可以使人的反应更加灵敏，协调性变得更好，提高人们在日常生活中的应急应变能力，更好地应对困难和挫折。网球运动被称为绅士运动，对运动员在场上的着装和行为都有着严格的要求。参与网球运动和欣赏网球比赛，可以使人们的言谈举止在潜移默化中变得更加得体。

第十章 民族民间传统与搏击运动

武术是中华民族宝贵的非物质文化遗产，也是一项集中体现中华民族风格和特色的传统体育项目。

武术是以中国传统文化为理论基础，以徒手和器械的攻防动作为主要锻炼内容，有功法运动、套路运动和格斗运动三种运动形式。武术的历史悠久、内容丰富、风格独特、形式多样，强调内外兼修、体用兼备、全面发展。经常参加武术锻炼，不仅可以强健体魄、防身自卫，还能磨炼意志、陶冶情操、愉悦身心、增进友谊。

第一节 武术基本功

武术基本功

学习提示

武术是一项深受人们喜爱的体育运动项目。本节主要介绍武术基本功。

通过练习基本功，练习者不仅可以掌握武术的基本技术，还能全面有效地提高身体素质，预防运动损伤，为学习拳术和器械套路，提高武术的技术水平打下良好的基础。

一、肩臂练习、腰部练习和腿部练习

（一）肩臂练习

肩臂练习主要是增进肩关节的柔韧性和灵活性，发展两臂力量，提高上肢的运动能力。

1. 压肩

练习者面对肋木或一定高度的物体两脚开立。两手抓握肋木，两臂伸直，上体前俯并做下振动作（图 10-1-1 ①）；背对肋木，两臂内旋后伸，掌心向上抓握肋木，然后屈膝向下，向前拉压；也可以由同伴帮助做扳压练习（图 10-1-1 ②）。

要点：挺胸、沉腰、手臂伸直。压点集中在肩部，力量适中。

① ②

图 10-1-1

2. 握棍转肩

两脚开立，两手握木棍，向前、向上、向后做转肩，两手间距与肩同宽或稍宽于肩。（图 10-1-2）

要点：两臂伸直，两手间距与肩同宽或稍宽于肩。

3. 绕环

（1）单臂绕环：右（左）臂向前、向上、向后连续做立圆绕环。（图 10-1-3）

要点：手臂伸直，肩部放松，绕环要立圆如轮转。

（2）双臂顺向绕环：两臂依次向前、向上、向后连续做立圆绕环。（图 10-1-4）

要点：两臂伸直，肩部放松，抡臂时，上臂贴耳朵，前臂贴裤腿，要成立圆。

（3）双臂反向绕环：右臂向前，左臂向后，同时于体侧做立圆绕环（图 10-1-5）。进行数次后，再做反方向练习。

要点：同双臂顺向绕环。

图 10-1-2

图 10-1-3

图 10-1-4

图 10-1-5

4. 俯卧撑

两腿并拢伸直，两手间距与肩同宽，手指朝前，两臂伸直撑地成俯卧；上体向后移动，臀部凸起，随即两臂屈肘，上体从后向下、向前移动（图 10–1–6）。随后还原。

要点：两腿须伸直，上体贴近地面前移。

图 10–1–6

5. 手倒立

两臂伸直，两手分开撑地，两手间距与肩同宽，两脚朝天，头部朝下成手倒立。（图 10–1–7）

要点：抬头、挺胸、立腰，两腿并拢伸直。

图 10–1–7

（二）腰部练习

腰部练习的主要目的是增强脊椎和腰部肌肉的力量，增强腰部的柔韧性。腰是贯通上下肢力量的枢纽，也是集中反映武术身法技巧的关键。

1. 俯腰

两手手指交叉撑地，上体前俯，两手抱住小腿下部或脚踝，逐渐使胸部贴近腿部。（图 10–1–8）

要点：两腿伸直，上体下俯。

2. 甩腰

两脚开立，两臂上举，以髋关节为轴，上体向前、向后做屈伸动作，两臂伸直随上体摆动。（图 10–1–9）

要点：两腿伸直，上体前后屈伸要富有弹性。

图 10–1–8

图 10–1–9

3. 晃腰

两脚开立，两臂侧平举，上体后仰向左右转动，两臂伸直随上体摆动。（图 10–1–10）

要点：腰部放松，上体尽量后仰，转动幅度要大。

图 10-1-10

4. 涮腰

两脚开立，两脚间距略宽于肩，以髋关节为轴，上体前俯，然后向左、向后、向右、向前翻转绕环，两臂随腰摆动。（图 10-1-11）

要点：松腰活体，尽量增大上体绕环幅度，速度由慢到快。

5. 下腰

两脚开立，两脚间距与肩同宽。两臂伸直，上体后仰。两手手指指向脚跟，撑地成桥形。（图 10-1-12）

要点：抬头、挺胸、挺髋、桥弓要大，脚跟不得离地。

图 10-1-11

图 10-1-12

（三）腿部练习

腿部的主要练习方法有压腿、搬腿、劈叉、踢腿等。

1. 压腿

（1）正压腿：面对肋木或有一定高度的物体，并步站立。左腿提起，脚跟放在肋木上。脚尖勾紧。两手按在左膝关节上。上体前屈，向前、向下做压伸动作。（图 10-1-13）

要点：先耗腿，再压腿。头部向脚尖方向伸出，逐渐由前额、鼻过渡到下颌触及脚尖。练习时一定要循序渐进，由轻到重。左右腿交替练习。

（2）侧压腿：身体侧对肋木，右脚脚跟放在肋木上，上体侧压（图 10-1-14）。左右腿交替练习。

要点：同正压腿。

（3）后压腿：身体背向肋木，右腿后抬，脚背放在肋木上，脚背绷直（图 10-1-15）。上体向后做压振动作。

要点：两腿均须伸直，抬头、挺胸、展髋，上体后仰。

图 10–1–13

图 10–1–14

图 10–1–15

（4）仆步压腿：右（左）腿屈膝全蹲，左（右）腿伸直平铺成仆步。（图 10–1–16）

要点：全蹲，膝关节外展，左（右）腿伸直贴地，充分展髋。

2. 搬腿

（1）正搬腿：右腿伸直站立，左腿屈膝提起。右手抱住左脚，左手抱住同侧膝关节。然后，将左腿向上方搬起，左腿挺膝、脚背勾紧，也可由同伴帮助向上搬起。（图 10–1–17）

要点：由轻到重，循序渐进。

图 10–1–16

图 10–1–17

（2）侧搬腿：右腿提起，右手经小腿托住右脚脚跟，然后将右腿向右侧上方搬起，也可由同伴帮助向侧上方搬起。（图 10–1–18）

要点：支撑腿挺直，挺胸、收腹、展髋。

（3）后搬腿：手扶肋木，由同伴托起左腿从身后向上搬起。（图 10–1–19）

要点：两腿均要伸直，上体前倾。搬腿时用力不可太猛。

3. 劈叉

（1）竖劈叉：两腿前后分开成直线，前脚勾脚尖，脚跟着地，后脚脚背或脚掌内侧着地。（图 10–1–20）

要点：髋关节放松，两腿要伸直，上体要正。

（2）横劈叉：两腿左右分开成直线，脚内侧或脚跟着地，两脚勾脚尖。（图 10–1–21）

要点：两腿伸直与地面平行，上体要正。

图 10-1-18

图 10-1-19

图 10-1-20

图 10-1-21

4. 踢腿

（1）正踢腿：右手扶肋木，左手叉腰；身体侧向站立，左腿伸直，右腿向额前上方踢起（图 10-1-22）。左右腿交替练习。

要点：踢腿时要做到“三直一勾”，即上体直，支撑腿直，摆动腿直，摆动腿脚尖要勾紧。

（2）侧踢腿：面对肋木，两手抓扶肋木。左腿支撑，右腿由体侧向上踢起。（图 10-1-23）

要点：上体、支撑腿、摆动腿均要挺直，摆动腿脚尖勾紧。

（3）里合腿：背对肋木，右手扶肋木，左腿然伸直，右腿由体侧踢起，向异侧做扇面摆动落下。（图 10-1-24）

要点：做到“三直一勾”。摆动腿的幅度要大，速度要快。

图 10-1-22

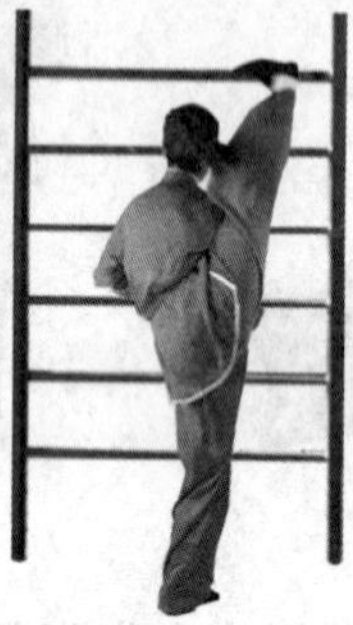

图 10-1-23

图 10-1-24

（4）外摆腿：动作与里合腿基本相同，唯摆腿方向相反。（图 10-1-25）

要点：同里合腿。

（5）后踢腿：面对肋木，两手扶握肋木。左腿伸直站立，右腿绷脚挺膝向后上方踢起（图 10-1-26）。右腿也可以踢起后屈膝，用脚掌触头部。

要点：挺胸、展髋，上体前倾，支撑腿挺直，后踢腿脚尖绷展。

图 10-1-25

图 10-1-26

（6）弹腿：两腿并立，左腿屈膝提起。当大腿接近水平时，小腿迅速弹踢，力达脚尖。（图 10–1–27）

要点：小腿弹击要快速，摆动腿要挺直，脚背要绷紧。

（7）蹬腿：动作与弹腿基本相同。唯脚尖勾起，力达脚跟。（图 10–1–28）

要点：同弹腿，唯绷脚背与勾脚尖之不同。

（8）侧踹：右腿伸直支撑，左腿屈膝提起。提起脚的脚尖勾紧，脚跟用力向侧上方踹出。（图 10–1–29）

要点：摆动腿挺直，脚尖勾紧，踹出的一瞬间展髋。

图 10–1–27　　图 10–1–28　　图 10–1–29

二、手型练习、手法练习和步型练习

（一）手型练习

（1）拳：四指并拢握紧，拇指扣在食指和中指的第二指节上。（图 10–1–30）

要点：拳要握紧，拳面要平。

（2）掌：四指并拢伸直，拇指弯曲紧扣于虎口处。（图 10–1–31）

要点：掌心要外撑。

（3）勾：五指第一指节撮拢、屈腕。（图 10–1–32）

要点：五指撮紧，勾腕。

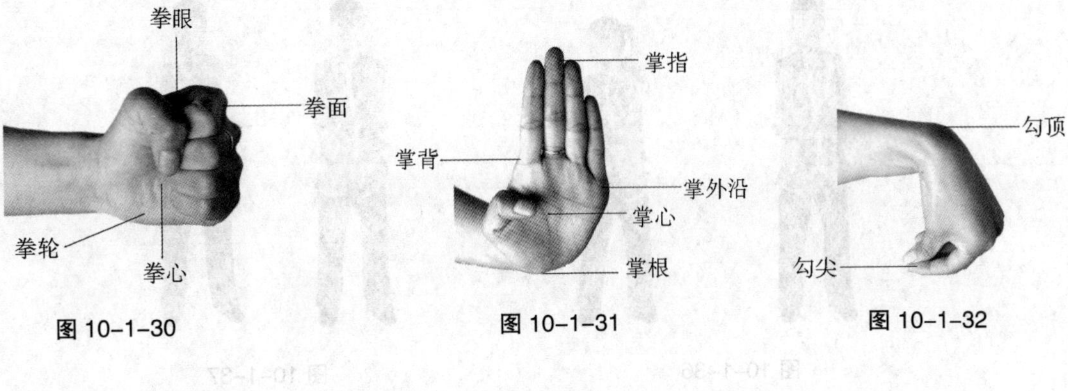

图 10–1–30　　图 10–1–31　　图 10–1–32

（二）手法练习

（1）冲拳：两拳收抱于腰间。右拳由屈到伸，迅速向前冲出，高与肩平。拳眼朝上为立拳（图 10–1–33），拳心朝下为俯拳。

要点：冲拳一瞬间要送肩、急旋臂。两臂一冲一拉形成合力。

（2）架拳：两拳收抱于腰间，右拳经体侧向头上方架起，拳心朝上，手臂成弧形。（图 10–1–34）

要点：松肩、屈肘、旋臂，力达前臂外侧。

（3）劈拳：两拳收抱于腰间，右拳经头前向右下快速劈击，手臂伸直与肩同高。（图 10–1–35）

要点：肩部放松，拳要握紧，力达拳轮。

（4）推掌：两拳收抱于腰间，右拳变掌，向前猛力推击，高与肩平，成侧立掌，同时左肘向后拉紧。

要点：送肩、沉腕、侧立掌快速有力，力达掌外沿。

（5）亮掌：两拳收抱于腰间，右拳变掌，经体侧向右、向上画弧，至头部右前上方时，抖腕亮掌。手臂伸直，掌心斜向上。（图 10–1–36）

（6）格肘：两拳收抱于腰间，右臂弯曲，从右腰间向左斜上方横格，前臂外旋，力达前臂外沿。（图 10–1–37）

要点：手臂外旋时，上体可同时稍向左转，拧腰、送肩。

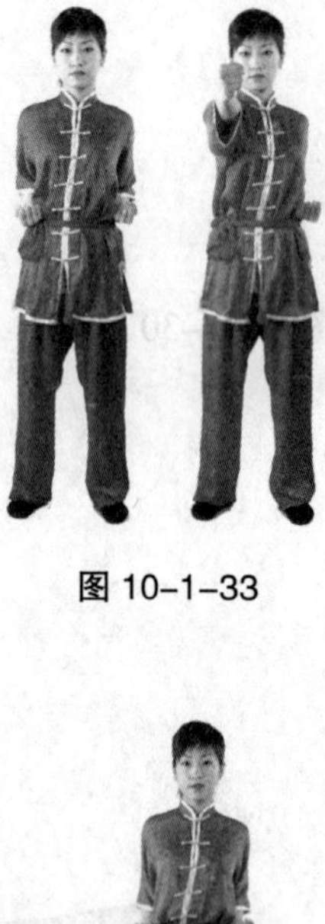

图 10–1–33

图 10–1–34

图 10–1–35

图 10–1–36

图 10–1–37

（三）步型练习

1. 弓步

左脚微内扣，全脚掌着地，左腿屈膝至大腿接近水平；右腿挺膝伸直，脚跟后蹬，脚尖内扣，挺胸立腰。（图 10–1–38）

要点：前腿弓平，后腿蹬直。

2. 马步

两脚左右开立，间距为脚长的 3 ～ 3.5 倍，脚尖斜对前方，屈膝使大腿接近水平。（图 10–1–39）

要点：顶平、肩平、腿平；挺胸、沉腰、屈膝、扣足。

3. 仆步

右腿全蹲，全脚掌着地，膝关节和脚尖向外展；左腿伸直，全脚掌着地，脚尖内扣。（图 10–1–40）

要点：挺胸、沉腰、开髋、全蹲。

4. 虚步

右腿屈膝半蹲，大腿接近水平，脚尖外展；左腿微屈，脚背绷直，脚尖虚点地面。（图 10–1–41）

要点：挺胸、沉腰，两脚虚实分明。

5. 歇步

两腿交叉屈膝全蹲，左脚全脚掌着地，脚尖外展；右脚脚跟离地，臀部坐于小腿上（图 10–1–42）。

要点：两腿交叉叠紧，挺胸、沉腰。

图 10–1–38

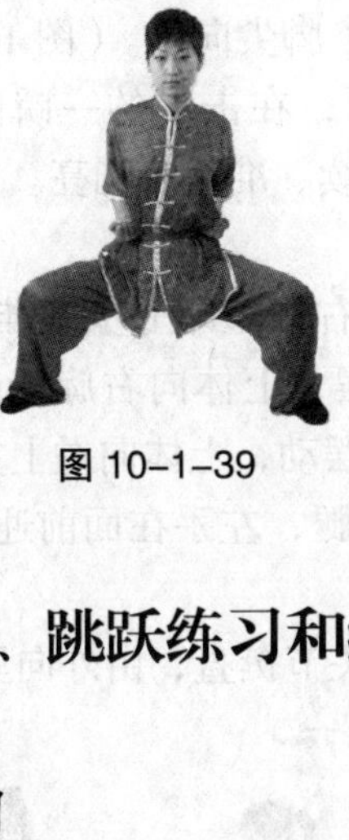
图 10–1–39

图 10–1–40

图 10–1–41

图 10–1–42

三、平衡练习、跳跃练习和组合练习

（一）平衡练习

1. 提膝平衡

右腿伸直支撑，左腿屈膝提起，脚背绷直，小腿垂扣于右腿前侧。右臂上举，右手于头上亮掌，左臂反臂后举，左手成勾手。（图 10–1–43）

要点：挺胸、沉腰、收腹。站稳，提膝过腰，扣腿。

2. 扣腿平衡

右腿屈膝全蹲，左腿屈膝勾脚贴于右腿腘窝处，脚背朝里。左臂上举，于头上亮掌，右手向右侧立拳冲出。（图 10–1–44）

要点：挺胸、沉腰、扣腿，身体保持平衡。

3. 燕式平衡

左腿屈膝提起，两掌在身前交叉，掌心向内。然后，两臂向两侧直臂分开平举，上体前俯，左脚绷平向后上方蹬伸。(图 10-1-45)

要点：挺胸、抬头、弓腰。

图 10-1-43

图 10-1-44

图 10-1-45

（二）跳跃练习

1. 腾空飞脚

右腿向前上步，左腿向前上方弹（摆）踢，脚背绷直，右脚蹬地跃起，身体腾空，右手迎击右脚脚背。同时左腿屈膝收控于右腿侧，右脚脚背绷直，脚尖向上。(图 10-1-46)

要点：① 右腿在空中弹（摆）踢时，脚必须过腰，在击响的一瞬间，左腿屈膝收控于右腿侧；②在腾空最高点完成击响动作。拍击动作必须连续、准确、响亮。

2. 旋风脚

左脚向左上步，同时左掌前推（图 10-1-47 ①）。右脚随即上步，准备蹬地踏跳。左臂随上步动作向下摆动并屈肘收至右胸前，同时右臂向下抡摆，上体向右旋转前俯（图 10-1-47 ②）。身体重心右移，右腿屈膝蹬地跳起，左腿提起向左上方摆动，上体向左上方翻转，同时右臂向下、向左上方抡摆。身体向左旋转一周，右腿在空中做里合腿，左手在面前迎击右脚掌，左腿自然下垂（图 10-1-47 ③）。

要点：右腿做里合腿时，要贴近身体；摆动时，膝关节挺直，由外向里成扇形。

图 10-1-46

图 10-1-47

（三）5 种步型的组合练习（简称五步拳）

1. 并步抱拳

两脚并步站立，两眼平视前方，两臂由体侧屈肘，同时两手抱拳收于腰间，拳心朝上。（图 10–1–48）

2. 拗步冲拳

左脚向左迈出一步，成左弓步。同时左手向左平搂并收回腰间抱拳，拳心向上；右拳向前直冲成平拳。目视前方。（图 10–1–49）

3. 弹踢冲拳

身体重心前移，右腿向前弹出，高度齐腰。同时，左拳由腰间向前直冲成平拳，右拳收回腰间，拳心朝上。目视前方。（图 10–1–50）

4. 马步架打

右脚落地，随即身体左转 90°，两腿下蹲成马步，同时左拳变掌，屈臂上架；右拳由腰间向右前直冲成平拳。头右转，目视右拳。（图 10–1–51）

图 10–1–48

图 10–1–49

图 10–1–50

图 10–1–51

5. 歇步盖打

左脚向右脚后插一步，同时右拳变掌经头上向左下盖，高与胸齐，身体左转 90°，左手变拳收回腰间。目视右掌（图 10–1–52 ①）。动作不停，两腿屈膝下蹲成歇步，同时左拳向前冲出成平拳，右掌变拳收回腰间。目视左拳（图 10–1–52 ②）。

6. 仆步穿掌

两腿蹬直站起，身体左转。随即左拳变掌，掌心向下，右拳变掌，掌心向上，由左掌的掌背上部穿出。同时左腿屈膝提起，左掌顺势收至右腋下，目视右掌（图 10–1–53 ①）。动作不停，左脚落地成仆步。左手掌指朝左侧，沿左腿内侧穿至左脚脚背。目视左掌（图 10–1–53 ②）。

7. 虚步挑掌

左腿屈膝，右脚蹬地向左侧上步，成右虚步。同时左掌向上、向后画弧成勾手，勾顶略高于肩；右掌由后向下、向前顺右腿外侧向上挑掌，掌指向上，高与鼻平。目视右掌。（图 10–1–54）

8. 并步抱拳

身体重心前移，身体右转 90°。随即左腿向右腿靠拢，成并步直立。同时左勾手和右掌变拳，回收抱于腰间，两拳拳心朝上。目视前方。（图 10–1–55）

继续练习，动作相同，方向相反。

① ②

图 10-1-52

① ②

图 10-1-53

图 10-1-54

图 10-1-55

第二节 初级长拳（第三路）

一、初级长拳（第三路）动作名称

初级长拳（第三路）动作名称见表 10-2-1。

表 10-2-1 初级长拳（第三路）动作名称

分段	动作名称		
预备动作	（一）虚步亮拳	（二）并步对拳	
第一段	（一）弓步冲拳	（二）弹腿冲拳	（三）马步冲拳
	（四）弓步冲拳	（五）弹腿冲拳	（六）大跃步前穿
	（七）弓步击掌	（八）马步架掌	
第二段	（一）虚步栽拳	（二）提膝穿掌	（三）仆步穿掌
	（四）虚步挑掌	（五）马步击掌	（六）插步双摆掌
	（七）弓步击掌	（八）转身踢腿马步盘肘	
第三段	（一）歇步抡砸拳	（二）仆步亮掌	（三）弓步劈拳
	（四）换跳步弓步冲拳	（五）马步冲拳	（六）弓步下冲拳
	（七）插步亮掌侧踹腿	（八）虚步挑拳	
第四段	（一）弓步顶肘	（二）转身左拍脚	（三）右拍脚
	（四）腾空飞脚	（五）歇步下冲拳	（六）仆步抡劈拳
	（七）提膝挑掌	（八）提膝劈掌弓步冲拳	
结束动作	（一）虚步亮掌	（二）并步对拳	（三）还原

二、初级长拳（第三路）动作图解

【预备动作】

两脚并步站立，两臂垂于身体两侧，五指并拢贴靠大腿外侧，两眼向前平视。（图 10–2–1）

要点：头要端正，下颌微收，挺胸、沉腰、收腹。

（一）虚步亮掌

（1）右脚向右后方撤步成左弓步；右掌向右、向上画弧，掌心向上；左臂屈肘提至腰侧，左手抱拳，拳心向上。目视右掌。（图 10–2–2）

（2）右腿微屈，身体重心后移；左拳变掌经胸前向前穿出伸直；右臂屈肘，右掌变拳收至腰侧，拳心向上。目视左掌。（图 10–2–3）

（3）身体重心继续后移，左脚稍向右移，脚尖点地，成左虚步；左臂内旋向左、向后画弧，左手成勾手，勾尖向上；右臂继续向上、向前画弧，屈肘抖腕，在头前上方亮掌，掌心向上，掌指向左。目视左方。（图 10–2–4）

要点：三个动作必须连贯。成虚步时，身体重心落于右腿；左腿微屈，脚尖点地。

图 10–2–1

图 10–2–2

图 10–2–3

图 10–2–4

（二）并步对拳

（1）右腿蹬直，左腿提膝，脚尖内扣，两臂姿势不变（图 10–2–5）。

（2）左脚向前落步，身体重心前移；左臂屈肘经左肋部前伸，左勾手变掌；右臂外旋向前下落于左臂右侧，两掌同高，掌心均向上。（图 10–2–6）

（3）右脚向前上一步，两臂下垂侧摆。（图 10–2–7）

（4）左脚向右脚并步，两臂由外向上经胸前屈肘下按，两掌变拳，拳心向下，停于腹前。目视左方。（图 10–2–8）

要点：并步后，挺胸、沉腰；对拳、并步、转头要同时完成。

图 10-2-5

图 10-2-6

图 10-2-7

图 10-2-8

【第一段】

（一）弓步冲拳

（1）左脚向左上步，脚尖向斜前方；右腿微屈，成半马步；左臂向上、向左格挡，拳眼向斜上方，拳比肩略高；右拳收至腰侧，拳心向上。目视左拳。（图 10-2-9）

（2）右腿蹬直成左弓步；左拳收至腰侧，拳心向上；右拳向前冲出，高与肩平，拳眼向上。目视右拳。（图 10-2-10）

要点：成弓步时，右腿充分蹬直，脚跟不要离地；冲拳时，尽量转腰送肩。

（二）弹腿冲拳

身体重心移至左腿，右腿屈膝提起，脚背绷直，猛力向前弹出伸直，高与腰平；右拳收至腰侧；左拳向前冲出。目视前方。（图 10-2-11）

要点：弹腿要有爆发力，力达脚尖；弹腿与冲拳要协调，同时完成。

（三）马步冲拳

右脚向前落步，脚尖内扣，上体左转；左拳收至腰侧，两腿下蹲成马步；右拳向前冲出。目视右拳。（图 10-2-12）

要点：成马步时，两大腿要成水平，两小腿平行，脚跟外蹬，挺胸、沉腰。

图 10-2-9

图 10-2-10

图 10-2-11

图 10-2-12

（四）弓步冲拳

（1）右转 90°，右脚脚尖向斜前方，两腿成半马步；右臂屈肘向右格挡，拳眼向斜上方。目视右拳。（图 10-2-13）

（2）左腿蹬直成右弓步；右拳收至腰侧；左拳向前冲出。目视左拳。（图 10-2-14）

要点：与本段的“（一）弓步冲拳”相同，只是方向相反。

（五）弹腿冲拳

身体重心移至右脚，左腿屈膝提起，脚背绷直，猛力向前弹出伸直，高与腰平；左拳收至腰侧，右拳向前冲出。目视前方。（图 10–2–15）

要点：与本段的“（二）弹腿冲拳”的动作基本相同，只是方向相反。

图 10–2–13

图 10–2–14

图 10–2–15

（六）大跃步前穿

（1）左腿屈膝上提；右拳变掌，以掌心向下挂至左膝外侧；左臂内旋后伸，左拳变勾手，勾尖向上；上体前倾。目视右掌。（图 10–2–16）

（2）左脚向前落步，两腿微屈；右掌继续向后挂；左勾手变掌，左臂向后、向下伸直。目视右掌。（图 10–2–17）

（3）左腿屈膝向后提起，右脚立即猛力蹬地向前跃出；两掌向前、向上画弧摆起。目视右掌。（图 10–2–18）

（4）右腿落地全蹲，左腿随即落地向前铲出成仆步；右掌变拳抱于腰侧，左掌由上向右、向下画弧成立掌，停于右胸前。目视左方。（图 10–2–19）

要点：跃步要远，落地要轻，整个动作要协调、连贯。

图 10–2–16

图 10–2–17

图 10–2–18

图 10–2–19

（七）弓步击掌

右腿蹬直成左弓步，左掌向左、向后画弧至身后成勾手，左臂伸直，勾尖向上；右拳由腰侧变掌向右推出，掌指向上。目视右掌。（图 10–2–20）

要点：成左弓步时，右腿要蹬直。

（八）马步架掌

（1）身体重心移至两腿中间，左脚脚尖内扣成马步，上体右转；右臂向左侧平摆，稍屈肘；同时左勾手变掌经左腰侧从右臂上向右上方穿出，掌指向上。目视左方。（图 10–2–21 ①）

（2）右掌立于左胸前，左臂向左上屈肘抖腕，亮掌于头部左上方，掌心向上。目视右方。（图 10–2–21 ②）

要点：抖腕、甩头要同时完成。马步同“马步冲拳”中马步的要求。

图 10–2–20

①　　②

图 10–2–21

【第二段】

（一）虚步栽拳

（1）右脚蹬地，右腿屈膝提起；左腿伸直，以前脚掌为轴向右转体 90°；右掌向右、向下经右腿外侧向后画弧成勾手；左臂随上体转动并外旋，使掌心向右。目视右下方。（图 10–2–22）

（2）右脚向右落地，身体重心移至右腿，下蹲成左虚步；左掌变拳下落于左膝上，拳眼向内；右勾手变拳架于头部右上方，拳心向前。目视左方。（图 10–2–23）

要点：落步、架拳、栽拳、转头要同时完成。

（二）提膝穿掌

（1）身体右转 180°，右腿稍伸直；右拳收至腰侧，拳心向上；左拳变掌由下向左、向上画弧盖压于体前，掌心向右。（图 10–2–24）

（2）右腿蹬直，左腿屈膝提起，脚尖内扣；右拳变掌从腰侧经左臂上方向右前上方穿出，掌心向上；左掌收至右胸前成立掌。目视右掌。（图 10–2–25）

要点：提膝时，支撑腿与右臂充分伸直。

（三）仆步穿掌

右腿全蹲，左腿向左侧铲出成左仆步；右臂不变，左掌由右胸前向下经左腿内侧，向左脚脚背穿出。目视左掌。（图 10–2–26）

要点：成左仆步时，左腿要伸直。

图 10-2-22

图 10-2-23

图 10-2-24

图 10-2-25

图 10-2-26

（四）虚步挑掌

（1）右腿蹬直，身体重心前移至成左弓步；右掌稍下降，左掌随身体重心前移向前挑起。（图 10-2-27）

（2）右脚向左前方上步，左腿半蹲，成右虚步；上体随上步左转 90°；在右脚上步的同时，左掌由前向后画弧成立掌，右掌由后向前挑起成立掌，指尖与眼平。目视右掌。（图 10-2-28）

要点：上步要协调，虚步时，身体要稳。

（五）马步击掌

（1）右脚全脚掌落地，脚尖外展，身体重心升高右移，左掌变拳收至腰侧；右掌俯掌向外搂手。（图 10-2-29）

（2）左脚向前上一步，以右脚为轴向右转体 180°，两腿下蹲成马步；左拳变掌向左击出；右掌变拳收至腰侧。目视左掌。（图 10-2-30）

要点：右掌搂手时，右臂先内旋、腕伸直，手掌向下、向外翻转；接着右臂外旋，掌心经下向上翻转，同时抓握成拳。收拳与击掌动作要同时进行。

图 10-2-27

图 10-2-28

图 10-2-29

图 10-2-30

（六）插步双摆掌

（1）身体重心稍右移，同时两掌向下、向右摆，掌指向上。目视右掌。（图 10-2-31）

（2）右脚向左腿后插步，前脚掌着地；两掌继续由右向上、向左摆，停于身体左侧，均成侧立掌，右掌停于左肘窝处。眼随手动。（图 10-2-32）

要点：两臂要画立圆，摆动幅度要大，摆掌要与后插步协调一致。

（七）弓步击掌

（1）两腿不动；左掌收至腰侧，掌心向上；右掌向右画弧推出，掌心向右。（图 10–2–33）

（2）左腿后撤一步，成右弓步；右掌向下、向后摆动，成勾手，勾尖向上，左掌成立掌向右推出。目视左掌。（图 10–2–34）

要点：成右弓步时，右掌变勾手，同时左掌成立掌推出，3 个动作要同时进行。

图 10–2–31

图 10–2–32

图 10–2–33

图 10–2–34

（八）转身踢腿马步盘肘

（1）两脚以前脚掌为轴向后转体 180°，在转体的同时，左臂向上、向左画半立圆，左手成勾手；右臂向下、向右画半立圆，右手由勾手变掌。（图 10–2–35）

（2）上一动作不停，右臂向下、向后成反臂勾手，勾尖向上；左臂向上亮掌，掌心向上；右腿伸直，脚尖勾起，向额前踢。（图 10–2–36）

（3）右脚向前落地，脚尖内扣；右手不动，左臂屈肘下落至胸前，左掌变拳，拳心向前。目视左方。（图 10–2–37）

（4）上体左转 90°，两腿下蹲成马步；同时左拳向前、向左平掳收至腰侧；右勾手变拳，右臂伸直，由体后向右、向前平摆，至体前时屈肘，肘尖向前，高与肩平，拳心向下。目视前方。（图 10–2–38）

要点：两臂抡动时画立圆，动作连贯；盘肘时快速有力，右臂前送。

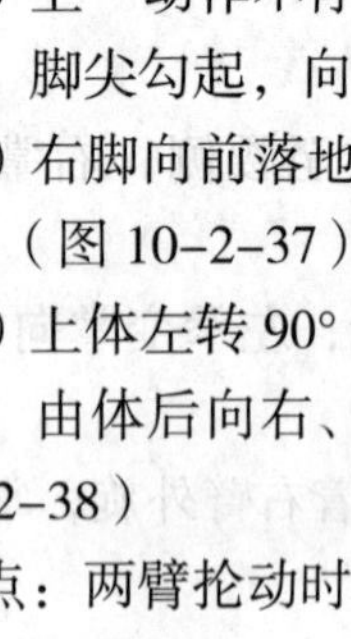
图 10–2–35

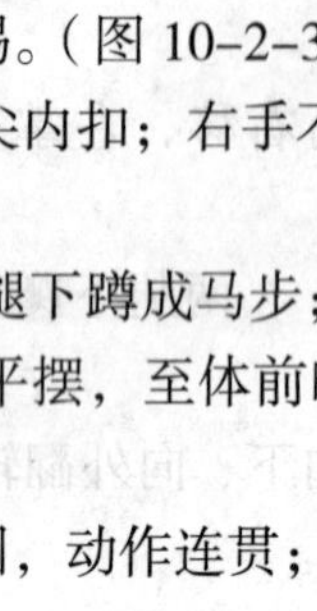
图 10–2–36

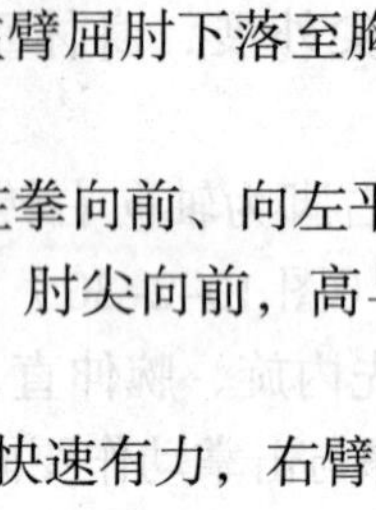
图 10–2–37

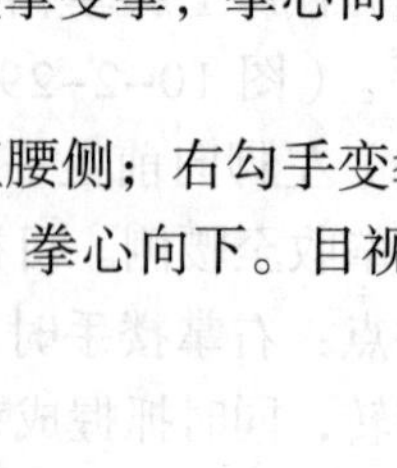
图 10–2–38

【第三段】

（一）歇步抡砸拳

（1）身体重心稍升高，右脚脚尖外展，右臂由胸前向上、向右抡直；左臂向下、向左抡直。

目视右拳。（图 10–2–39）

（2）上一动作不停，两脚以前脚掌为轴，向右转体 90°；右臂向下、向后抡摆，左臂向上、向前随身体转动。（图 10–2–40）

（3）紧接上一动作，两腿交叉前蹲成歇步，左臂随身体下蹲而下移，同时左拳向下平砸，拳心向上，左部微屈；右臂伸直向上举起。目视左拳。（图 10–2–41）

要点：抡臂动作要连贯完成，两臂画立圆；歇步要两腿交叉前蹲，左腿的大小腿靠紧，臀部贴于左小腿外侧，膝关节在右小腿外侧，脚跟提起；右脚脚尖外展，前脚掌着地。

（二）仆步亮掌

（1）左脚由右腿后抽出向后撤一步，左腿蹬直，右腿半蹲，成右弓步，上体向右转；左拳收至腰侧，右拳变掌经胸前向右横击掌。目视右掌。（图 10–2–42）

（2）右脚蹬地，右腿屈膝提起，上体右转 90°；左拳变掌从右掌上向前穿出，掌心向上；右掌平收至左腋下。（图 10–2–43）

（3）右脚向右落步，屈膝下蹲，左腿伸直成仆步。左掌向下、向后画弧成勾手，勾尖向上；右掌向右、向上画弧成亮掌，掌心向斜上方。头随右手转动，成亮掌时，目视左方。（图 10–2–44）

要点：落步下蹲时，先成右仆步，然后迅速过渡成左仆步；成左仆步时，左腿充分伸直，脚尖内扣，右腿前蹲，两脚全脚掌着地；上体挺胸沉腰，稍左转。

图 10–2–39

图 10–2–40

图 10–2–41

图 10–2–42

图 10–2–43

图 10–2–44

（三）弓步劈掌

（1）右腿蹬地立起，左腿收回并向左前方上步；右掌变拳收至腰侧，拳心向上；左勾手变掌由下向上经胸前向左做搂手。（图 10–2–45）

（2）右腿经过左腿内侧向左上一步，左腿蹬直成右弓步；左掌向左平搂后再向前挥摆，掌心向前。（图 10–2–46）

（3）在左手平搂的同时，右拳向后平摆，然后再向前、向上做抡臂劈拳，拳与耳同高，拳心向上，左掌外旋接扶右前臂。目视右拳。（图 10–2–47）

要点：左、右脚上步稍带弧形。

图 10-2-45

图 10-2-46

图 10-2-47

（四）换跳步弓步冲拳

（1）身体重心后移，右脚稍向后移动，右臂内旋，向下画弧挂至右膝内侧；左掌掌背贴靠右上臂外侧，掌指向上。目视右拳。（图 10-2-48）

（2）右腿自然上抬，上体稍向左扭转；右拳变掌挂至身体左侧，左掌伸向右腋下。目随右掌转视。（图 10-2-49）

（3）右脚以前脚掌用力向下震跺，与此同时，左脚急速离地抬起；右手向上、向右掳盖而后变拳收至腰侧；左掌伸直向上、向前下按，掌心向前。上体右转，目视左掌前。（图 10-2-50）

（4）左脚向前落步，右腿蹬直成左弓步；右拳向前冲出，拳眼向上，与肩同高；左掌藏于右腋下，掌背贴靠腋窝，掌指向上。目视右拳。（图 10-2-51）

要点：换跳步动作要连贯、协调；震脚时，腿要弯曲，全脚掌着地；左脚离地不要高。

图 10-2-48

图 10-2-49

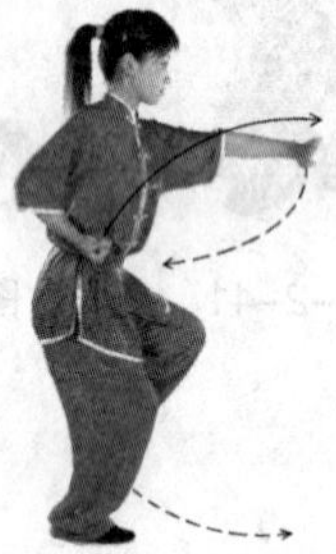

图 10-2-50

图 10-2-51

（五）马步冲拳

上体右转 90°，身体重心移至两腿中间，成马步；右拳收至腰侧，拳心向上；左掌变拳向左冲出，拳眼向上。目视左拳。（图 10-2-52）

要点：成马步时，大腿与地面平行，两脚要平行。

（六）弓步下冲拳

右脚蹬直，左腿弯曲，上体稍向左转，成左弓步；左拳变掌向下经体前向上架于头部左上方，掌心向上，右拳自腰侧向右前下方冲出，拳眼向上。目视右拳。（图 10-2-53）

要点：成弓步时，右脚脚趾外蹬，挺胸，沉腰。

（七）插步亮掌侧踹腿

（1）上体稍右转；右拳变掌，于胸前成立掌，左掌由头部上方下落于右手腕上，两手交叉成十字手。目视前方。（图 10-2-54）

（2）右脚蹬地并向左腿后插步，以前脚掌着地；左掌由体前向下、向后画弧成勾手，勾尖向上；右掌由前向右、向上画弧亮掌，掌心向上。目视左方。（图 10-2-55）

（3）身体重心移至右腿，左腿屈膝提起，向左上方猛力蹬出。上肢姿势不变，目视左方。（图 10-2-56）

要点：插步时上体稍向右倾斜，腿、臂的动作要一致；侧踹高度不能低于腰，着力点在脚跟。

图 10-2-52

图 10-2-53

图 10-2-54

图 10-2-55

图 10-2-56

（八）虚步挑拳

（1）左脚在左侧落地；右掌变拳稍后移，左勾手变拳由体后向左上挑，拳眼向上。（图 10-2-57）

（2）上体左转 90°，微含胸前俯；左拳继续向上画弧上挑，右拳向下、向右画弧挂至身体右后侧，同时右膝提起。目视右下方。（图 10-2-58）

（3）右脚向前上步，脚尖点地，身体重心落于左脚，左腿下蹲成右虚步；左拳向后画弧收至腰侧，拳心向上；右拳向前挑出，拳眼斜向上，拳与肩同高。目视右拳。（图 10-2-59）

图 10-2-57

图 10-2-58

图 10-2-59

【第四段】

（一）弓步顶肘

（1）身体重心提高，右臂内旋向下画弧以拳背下挂至右膝内侧，左拳不变。目视前下方。（图 10-2-60）

（2）左腿蹬直，右腿屈膝上抬；左拳变掌，右拳不变，两臂向上画弧摆起。目随左掌转视。（图 10-2-61）

（3）左脚蹬地起跳，身体腾空，两臂继续画弧至头上方。（图 10–2–62）

（4）右脚先落地，右腿屈膝，左脚向前落步，以前脚掌着地；同时两臂向下屈肘停于左胸前，右拳变掌，左掌变拳，右手掌心贴靠在左拳面。（图 10–2–63）

（5）左脚向左上一步，左腿屈膝，右腿蹬直成左弓步；右掌推左拳，以肘尖向左顶出，左臂与肩同高。目视左方。（图 10–2–64）

要点：交换步时不要跳得过高，但要快；两臂抡摆时要画立圆。

图 10–2–60　图 10–2–61　图 10–2–62　图 10–2–63　图 10–2–64

（二）转身左拍脚

（1）以两脚前脚掌为轴向后转体 180°，左腿蹬直成右弓步；随着转体，右臂向上、向右、向下画弧抡摆，同时左拳变掌向上、向后抡摆。（图 10–2–65）

（2）身体重心移至右腿，左腿伸直向前上踢起，脚背绷直；左掌变拳收至腰侧，右掌由体后向上、向前拍击左脚脚背。（图 10–2–66）

要点：右掌拍脚时，手掌稍横，拍脚要准而响亮。

（三）右拍脚

（1）左脚向前落地，左拳变掌向下、向后摆；右掌变拳收至腰侧，拳心向上。（图 10–2–67）

（2）右腿伸直向前上踢起，脚背绷直；左掌由后向上、向前拍击右脚脚背。（图 10–2–68）

要点：与本段的“转身左拍脚”的拍脚动作基本相同，只是左右相反。

图 10–2–65　图 10–2–66　图 10–2–67　图 10–2–68

（四）腾空飞脚

（1）右脚落地。（图 10–2–69）

（2）左脚向前摆起，右脚猛力蹬地跳起，左腿屈膝继续前上摆；同时右拳变掌向前、向上摆起，左掌先上摆而后下降拍击右掌掌背。（图 10–2–70）

（3）右腿继续上摆，脚背绷直；右手拍击右脚脚背，左掌由体前向后下举。（图 10–2–71）

要点：蹬地要向上，不要太向前冲；左膝尽量上提；拍脚要在腾空时完成，此时，右臂伸直成水平状。

（五）歇步下冲拳

（1）左右脚先后相继落地；右掌不变；左掌变拳收至腰侧，拳心向上。（图 10–2–72）

（2）身体右转 90°，两腿全蹲成歇步。右掌抓握、外旋变拳收至腰侧；左拳由腰侧向左下方冲出，拳心向下。目视左拳。（图 10–2–73）

要点：歇步要点同第三段的“歇步抡砸拳”中的歇步。

图 10–2–69

图 10–2–70

图 10–2–71

图 10–2–72

图 10–2–73

（六）仆步抡劈拳

（1）身体重心升高；右臂由腰侧向体后伸直，左臂随身体重心升高向上摆起。（图 10–2–74）

（2）以右脚前脚掌为轴，左腿屈膝提起，上体左转 180°；左拳向前、向后下画立圆一周；右拳由后向下、向前上画立圆一周。（图 10–2–75）

（3）左腿向后落一步，屈膝全蹲；右腿伸直，脚尖内扣成右仆步。右拳向下抡劈，拳眼向上；左拳后上举，拳眼斜向上。目视右拳。（图 10–2–76）

要点：抡臂时一定要画立圆。

图 10–2–74

图 10–2–75

图 10–2–76

（七）提膝挑掌

（1）身体重心前移成右弓步；同时右拳变掌由下向上抡摆，掌心向左；左拳变勾手稍下落，勾尖向上。（图 10–2–77）

（2）左右臂在垂直面上由前向后各画立圆一周。右臂向上伸直，掌心向左，掌指向上；左勾手不动，身体重心同时移至左腿，右腿屈膝提起，左腿挺膝伸直独立。目视左方。（图 10–2–78）

要点：抡臂时要画立圆。

（八）提膝劈掌弓步冲拳

（1）下肢不动；右掌由上向下猛劈，停于右膝内侧，力达小指一侧，掌心向左；左勾手变掌，屈臂向前停于右肘内侧，掌心向右。目视右掌。（图 10–2–79）

（2）右脚向右侧落地，身体右转 90° ；同时左掌变拳收至腰侧，右臂内旋向右画弧搂手。（图 10–2–80）

（3）上一动作不停，左腿蹬直成右弓步；右手抓握变拳收至腰侧，左拳由腰侧向左前方冲出，拳眼向上。目视左拳。（图 10–2–81）

要求：提膝时，支撑腿要伸直，腰背要绷直。

图 10–2–77　图 10–2–78　图 10–2–79　图 10–2–80　图 10–2–81

【结束动作】

（一）虚步亮掌

（1）左脚扣于右膝后；两拳变掌，两臂屈肘叠放于体前，左臂在下，右臂在上。目视前方。（图 10–2–82）

（2）左脚向左前落步，身体重心后移；右腿屈膝，上体稍右转，同时左掌向上、向右、向下画弧停于右腋下；右掌向左、向上画弧至左臂上方，左臂在下，右臂在上。目视右掌。（图 10–2–83）

（3）左脚脚尖稍向右移，右腿下蹲成左虚步；左臂伸直向左、向后画弧，左掌成勾手；右臂伸直向下、向右、向上画弧抖腕亮掌，掌心向上。目视左方。（图 10–2–84）

要点：同预备动作中的“虚步亮掌”。

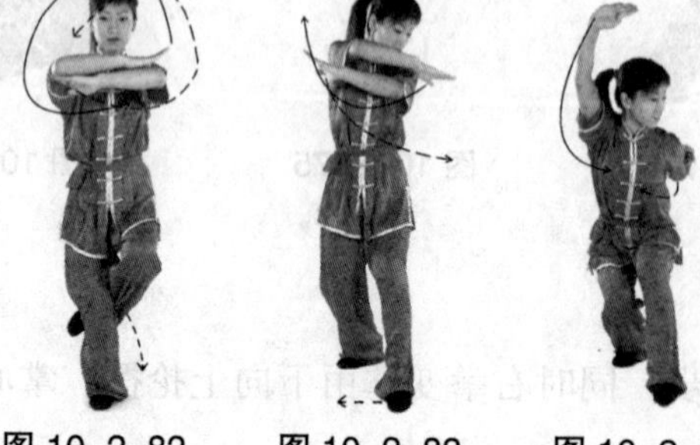

图 10–2–82　图 10–2–83　图 10–2–84

（二）并步对拳

（1）左腿后撤一步，同时两臂从两腰侧向前穿出伸直，掌心向上。（图 10–2–85）

（2）右腿后撤一步，同时两臂分别向体后下摆。（图 10–2–86）

（3）左脚后退半步向右脚并拢；两臂由后向上经体前屈臂下按，两掌变拳，停于腹前，拳心向下，拳面相对。目视左方。（图 10–2–87）

要点：同预备动作中的“并步对拳”。

（三）还原

两拳变掌，两臂自然下垂，目视正前方。（图 10–2–88）

图 10–2–85

图 10–2–86

图 10–2–87

图 10–2–88

第三节　太极拳

学习提示

太极拳运动以其松、慢、匀、圆的独特风格和良好的锻炼效果深受不同年龄人群的欢迎。本节主要介绍太极拳的特点及 24 式简化太极拳的基本技术。

一、太极拳概述

太极拳是中国武术的一个重要流派，流行于各地，很受人们的欢迎。太极拳是根据我国古代哲学原理而命名的拳术。所有动作的开合、起落、进退、刚柔、蓄发、顺逆、虚实、曲直等，无不和谐地体现出对立与统一的辩证规律。

太极拳在长期的流行过程中形成了陈式太极拳、杨式太极拳、吴式太极拳、孙式太极拳、武式太极拳、和式太极拳等技术流派。中华人民共和国成立以后，相关部门和专家创编了 24 式简化太极拳、48 式太极拳等。各式太极拳尽管在运动风格上有所不同，但体松心静、柔和缓慢、连绵不断、圆活自然、协调完整的要求是基本一致的。

二、太极拳的特点

（一）体松心静

太极拳是一种“静中寓动、动中求静”的修炼术，与其他竭尽全力去追求高度、速度、远度的竞技运动截然不同。练习太极拳，首先要使身体充分放松。头颈部、肩部、胸部、腰部、两臂和下肢均要充分放松，尤其是肩关节、髋关节、肘关节等关节。身体放松才能在运动中保持自然舒展，柔和顺畅，才能做到“心静”。

练习者在演练太极拳时，尽管运动不息，但也要做到心里宁静从容。正如《太极拳论》中形容的“一羽不能加，蝇虫不能落”的境界。

（二）柔和缓慢

太极拳的动作柔和缓慢，以柔劲为主，以意识引导动作，用意不用力。动作柔和的益处是用力较少，不使肌肉过于紧张。缓慢的益处是能使呼吸深长，增加吸氧量，并使气沉丹田，意、气、劲三者合一。这样动作才能自然舒展，感觉灵敏，步法稳健，气血调和。太极拳不用拙力，呼吸深沉自然，动作轻松柔缓，形神合一，虽动犹静。

（三）连绵不断

在练习太极拳的过程中，动作不能忽快忽慢、停顿或断续。动作要连贯，势势相承，动动相连，绵绵不断，形成有节奏的连续运动。

（四）圆活自然

太极拳的动作路线处处带有弧形。这是因为弧形动作转换灵活，不滞不涩，符合力学原理，也符合人体各关节自然弯曲的状态。因此，有人称太极拳为“圆的运动”。

（五）协调完整

太极拳是一种需要身心高度协调配合的运动。无论是整个套路，还是单个动作姿势，都必须做到上下相随、协调完整、内外合一，把身体外形的动作与内在的意识完整地统一起来。

在单个动作上，腰部一动，上下肢均动，眼睛亦跟着转动。太极拳动作要求以腰为轴，由腰部带动上下肢运动，全身上下、左右相互呼应。做到“一动无所不动，一静无有不静”。

三、24式简化太极拳动作名称

24 式简化太极拳动作名称见表 10–3–1。

表 10-3-1 24 式简化太极拳动作名称

组别	动作名称		
第一组	（一）起势	（二）左右野马分鬃	（三）白鹤亮翅
第二组	（四）左右搂膝拗步	（五）手挥琵琶	（六）左右倒卷肱
第三组	（七）左揽雀尾	（八）右揽雀尾	
第四组	（九）单鞭	（十）云手	（十一）单鞭
第五组	（十二）高探马 （十五）转身左蹬脚	（十三）右蹬脚	（十四）双峰贯耳
第六组	（十六）左下势独立	（十七）右下势独立	
第七组	（十八）左右穿梭	（十九）海底针	（二十）闪通臂
第八组	（二十一）转身搬拦捶 （二十四）收势	（二十二）如封似闭	（二十三）十字手

四、24 式简化太极拳动作图解

【第一组】

（一）起势

（1）身体自然直立，两脚开立，与肩同宽，脚尖向前；两臂自然下垂，两手放在大腿外侧；眼平视前方。（图 10-3-1）

要点：起势由立正姿势开始，然后左脚向左分开，成开立步，头颈挺直，下颌微向后收，不要挺胸和收腹。精神要集中。

（2）两臂慢慢向前平举，两手高与肩平，间距与肩同宽，手心向下。（图 10-3-2）

（3）上体保持挺直，两腿屈膝下蹲；同时两掌轻轻下按，两肘下垂；眼平视前方。（图 10-3-3）

要点：两肩下沉，两肘松垂，手指自然微屈。屈膝、松腰，臀部不可凸出，身体重心落于两脚中间。两臂下落和身体下蹲的动作要协调一致。

图 10-3-1

图 10-3-2

图 10-3-3

（二）左右野马分鬃

（1）上体微向右转，身体重心移至右脚；同时右臂收在胸前平屈，掌心向下，左手经体前向

右下画弧放在右手下方，掌心向上，两手掌心相对成抱球状；左脚随即收到右脚内侧，脚尖点地；眼看右手。（图 10–3–4）

（2）上体微向左转，左脚向左方迈出，右脚脚跟后蹬，右腿自然伸直，成左弓步；同时上体继续向左转，左、右手随转体慢慢分别向左上、右下分开，左手高与眼平（掌心斜向上），肘微屈；右手落在右髋旁，右肘也微屈，掌心向下，指尖向前；眼看左手。（图 10–3–5）

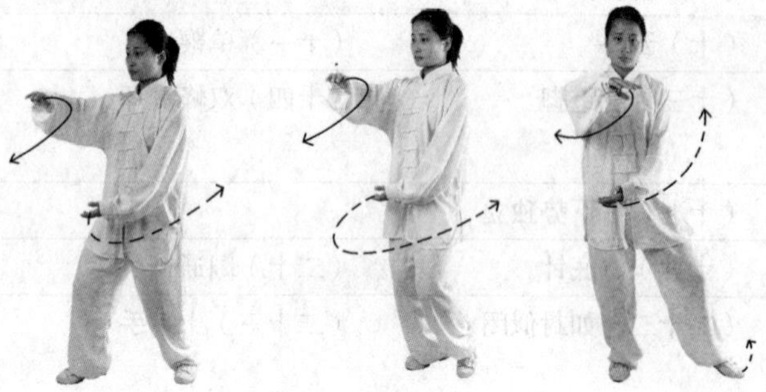

图 10–3–4

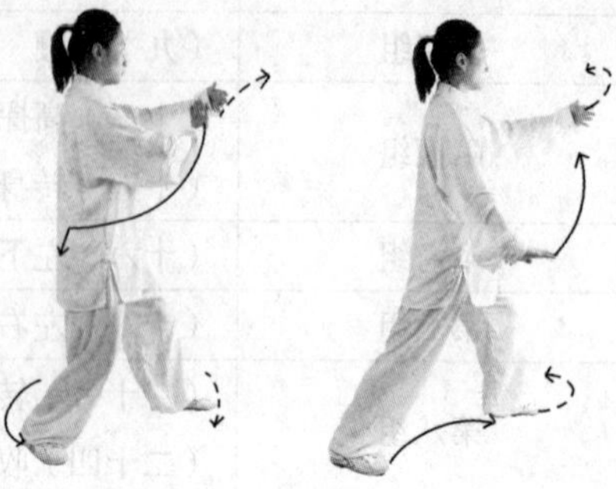

图 10–3–5

（3）上体慢慢后坐，身体重心移至右脚，左脚脚尖翘起，微向外撇（45° ～ 60° ），随后脚掌慢慢踏实，左腿慢慢前弓，身体左转，身体重心再移至左脚；同时左臂收在胸前平屈，右手向左上画弧放在左手下，两手掌心相对成抱球状；右脚随即收到左脚内侧，脚尖点地；眼看左手。（图 10–3–6）

（4）右腿向右前方迈出，左腿自然伸直，成右弓步；同时上体右转，左右手随转体分别慢慢向左下、右上分开，右手高与眼平（掌心斜向上）；左手落在左髋旁，两肘微屈，掌心向下，指尖向前；眼看右手。（图 10–3–7）

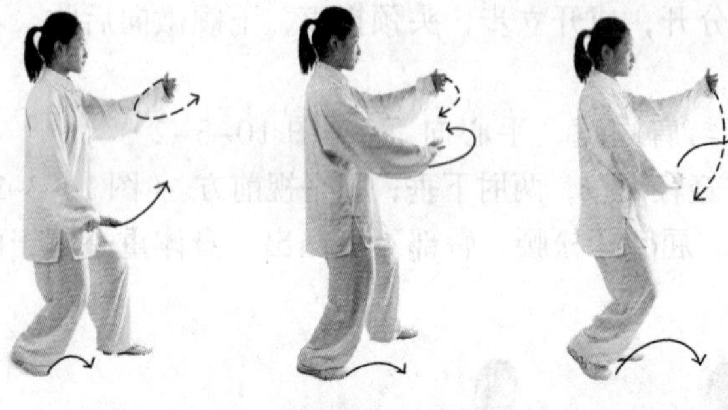

图 10–3–6

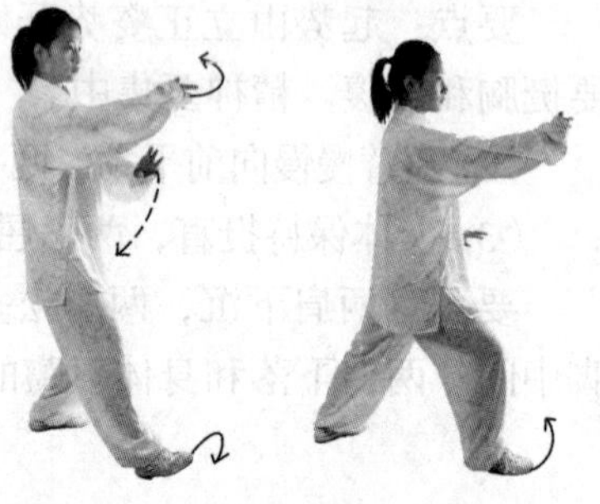

图 10–3–7

（5）与（3）动作相同，只是左右相反。（图 10–3–8）

（6）与（4）动作相同，只是左右相反。（图 10–3–9）

要点：上体不可前俯后仰，胸部必须宽松舒展。两臂分开时要保持弧形。身体转动时要以腰为轴。弓步动作与两臂分开的速度要均匀一致。做弓步时，迈出的脚先是脚跟着地，然后脚掌慢慢踏实，脚尖向前，膝不要超过脚尖；后腿自然伸直；前后脚夹角为 45° ～ 60° （需要时后脚脚跟可以后蹬调整）；野马分鬃式的弓步，前后脚的脚跟要分在中轴线两侧，它们之间的横向距离（即以动作行进的中线为纵轴，其两侧的垂直距离为横向距离）应该保持在 10 ～ 30 厘米。

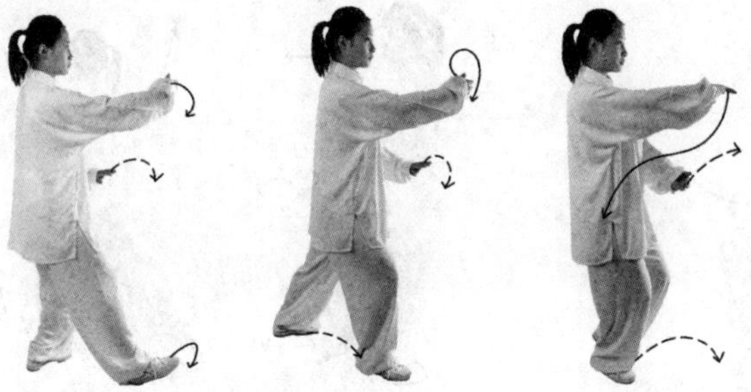
图 10-3-8

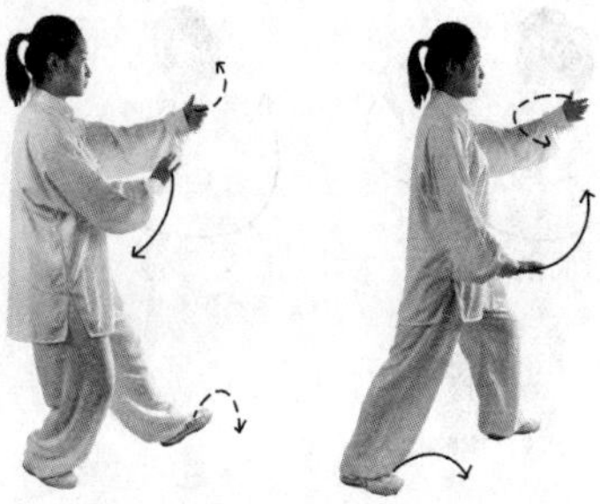
图 10-3-9

（三）白鹤亮翅

（1）上体微向左转，左手翻掌向下，左臂于胸前平屈，右手向左下画弧，掌心转向上，与左手成抱球状；眼看左手。（图 10-3-10）

（2）右脚跟进半步，上体后坐，身体重心移至右脚，上体先向右转，面向右前方，眼看右手；然后左脚稍向前移，脚尖点地，成左虚步；同时上体再微向左转，面向前方，左、右手随转体慢慢向左下、右上分开，右手上提停于头右侧，掌心向左后方，左手落于左髋前，掌心向下，指尖向前。（图 10-3-11）

要点：胸部不要挺出，两臂上下都要保持半圆形，左膝微屈。身体重心后移和右手上提、左手下按要协调一致。

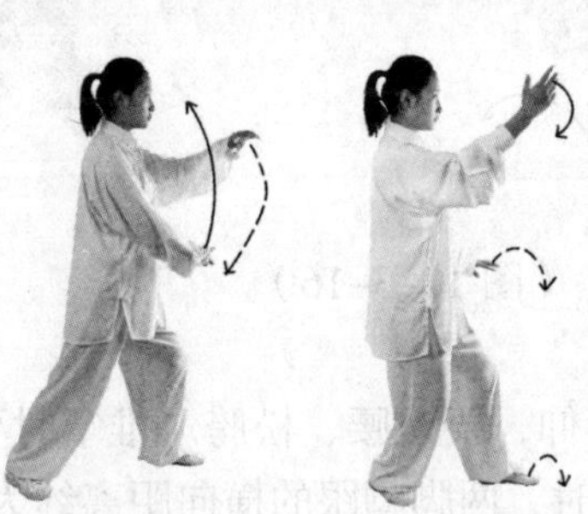
图 10-3-10

图 10-3-11

【第二组】

（四）左右搂膝拗步

（1）右手从体前下落，由下向前上方画弧至右肩外侧，左肘微屈，手与耳同高，掌心斜向上；左手由左下向上、向右下方画弧至右胸前，掌心斜向下；同时上体先微向左再向右转；左脚收至右脚内侧，脚尖点地，眼看右手。（图 10-3-12）

（2）上体左转，左脚向前（偏左）迈出成左弓步；同时右手屈回由耳侧向前推出，高与鼻尖平，左手向下由左膝上搂过落于左髋旁，指尖向前；眼看右手手指。（图 10-3-13）

图 10–3–12

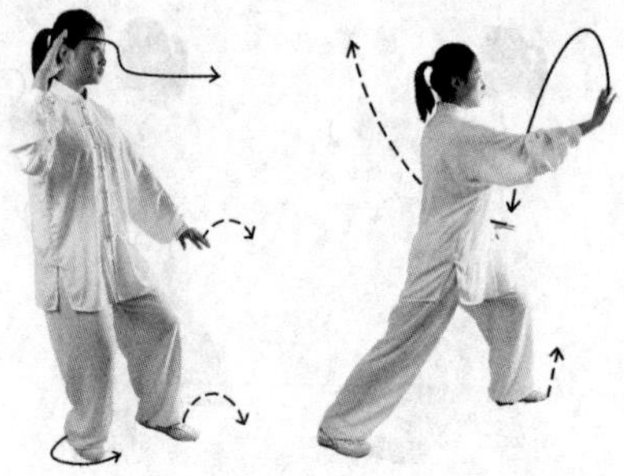

图 10–3–13

（3）右腿慢慢屈膝，上体后坐，身体重心移至右脚，左脚脚尖翘起微向外撇，随后脚掌慢慢踏实，左腿前弓，身体左转，身体重心移至左脚，右脚收到左脚内侧，脚尖点地；同时左手向外翻掌由左后向上画弧至左肩外侧，左肘微屈，手与耳同高，掌心斜向上；右手随转体向上、向左下画弧落于左胸前，掌心斜向下；眼看左手。（图 10–3–14）

（4）与（2）动作相同，只是左右相反。（图 10–3–15）

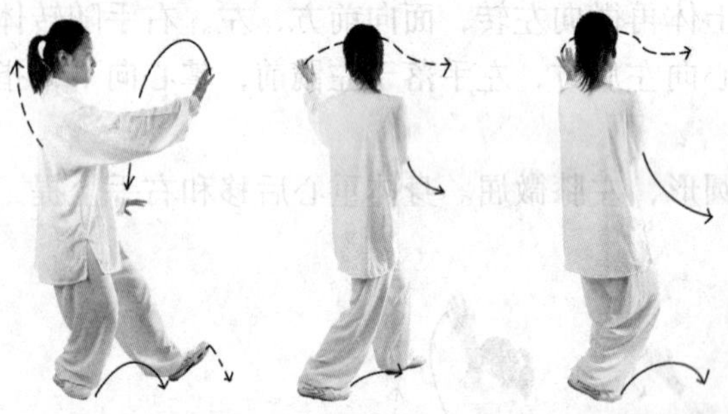

图 10–3–14

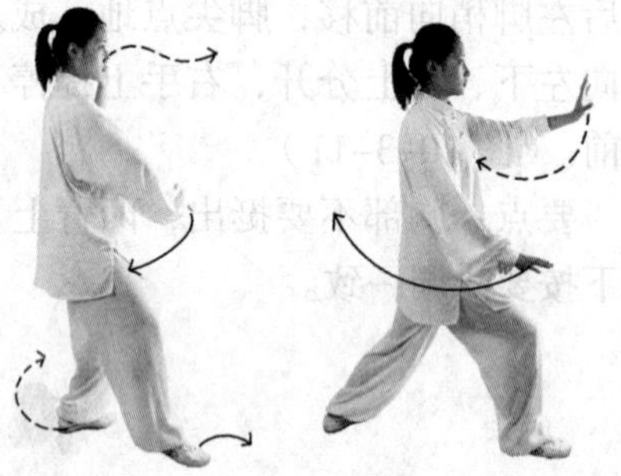

图 10–3–15

（5）与（3）动作相同，只是左右相反。（图 10–3–16）

（6）与（2）动作相同。（图 10–3–17）

要点：前手推出时，身体不可前俯后仰，要松腰、松胯。推掌时要沉肩垂肘，坐腕舒掌，同时须与松腰、弓腿上下协调一致。成弓步时，两脚脚跟的横向距离约为 30 厘米。

图 10–3–16

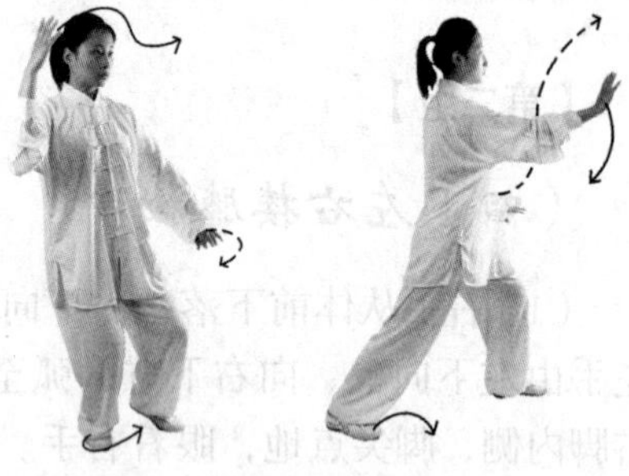

图 10–3–17

（五）手挥琵琶

右脚跟进半步，上体后坐，身体重心转至右脚，上体微向右转，左脚略提起稍向前移，成左虚步，脚跟着地，脚尖翘起，膝微屈；同时左手由左下向上挑举，高与鼻尖平，掌心向右；右手收回放在左臂肘部内侧，掌心向左；眼看左手食指。（图 10–3–18）

要点：身体要平稳自然，沉肩垂肘，胸部放松。左手上举时不要直向上挑，要由左向上、向前，微带弧形。右脚跟进时，脚掌先着地，再全脚踏实。身体重心后移和左手上举、右手回收要协调一致。

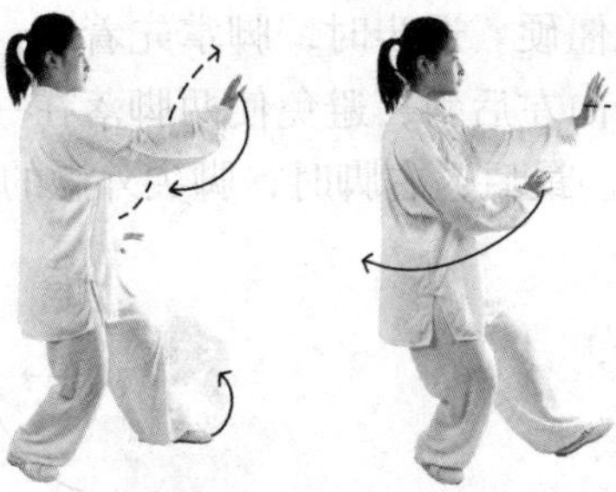

图 10-3-18

（六）左右倒卷肱

（1）上体右转，右手翻掌（掌心向上）经腹前由下向后上方画弧平举，右臂微屈，左手随即翻掌向上，眼随着向右转体先向右看，再转向前方看左手。（图 10-3-19）

（2）右臂屈肘折向前，右手由耳侧向前推出，掌心向前，左臂屈肘后撤，掌心向上，撤至左肋外侧；同时左腿轻轻提起向后（偏左）退一步，脚掌先着地，然后全脚慢慢踏实，身体重心移至左脚，成右虚步，右脚随转体以脚掌为轴扭正；眼看右手。（图 10-3-20）

（3）上体微向左转，同时左臂随转体向后上方画弧平举，掌心向上，右手随即翻掌，掌心向上；眼随转体向左看。（图 10-3-21）

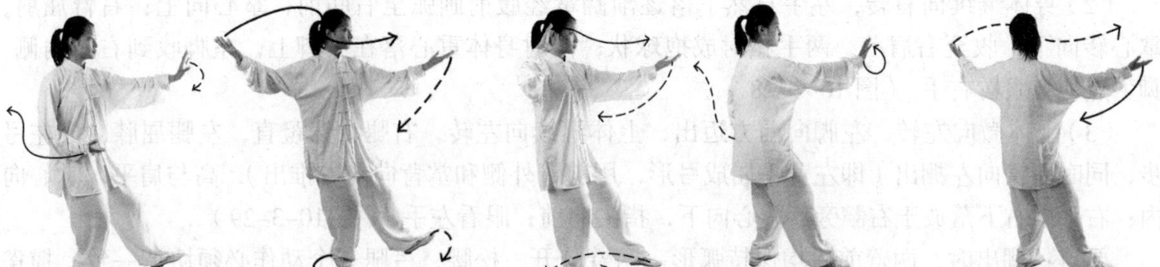

图 10-3-19　图 10-3-20　图 10-3-21

（4）与（2）动作相同，只是左右相反。（图 10-3-22）

（5）与（3）动作相同，只是左右相反。（图 10-3-23）

（6）与（2）动作相同。（图 10-3-24）

图 10-3-22　图 10-3-23　图 10-3-24

（7）与（3）动作相同。（图 10–3–25）

（8）与（2）动作相同，只是左右相反。（图 10–3–26）

要点：前推的手臂不要伸直，后撤手臂也不可直臂回抽，随转体仍走弧线。前推时，要转腰、松胯，两手的速度要一致，避免僵硬。退步时，脚掌先着地，再慢慢全脚踏实。同时，前脚随转体以脚掌为轴扭正。退左脚时略向左后斜，避免使两脚落在一条直线上。后退时，眼神随转体动作先向左右看，然后再转看前手。最后退右脚时，脚尖外撇的角度略大些，便于接做“左揽雀尾”的动作。

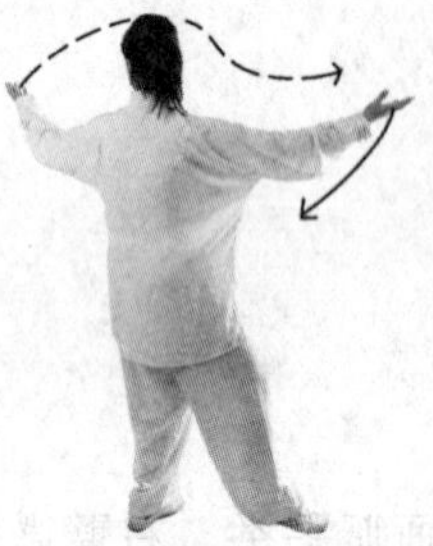

图 10–3–25

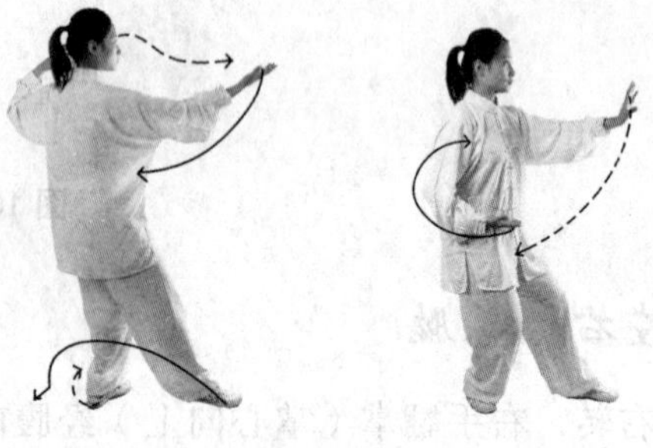

图 10–3–26

【第三组】

（七）左揽雀尾

（1）上体微向右转，同时右臂随转体向后上方画弧平举，掌心向上，左手放松，掌心向上；眼看左手。（图 10–3–27）

（2）身体继续向右转，左手自然下落逐渐翻掌经腹前画弧至右肋前，掌心向上；右臂屈肘，掌心转向下，收至右肩前，两手相对成抱球状；同时身体重心落在右脚上，左脚收到右脚内侧，脚尖点地；眼看右手。（图 10–3–28）

（3）上体微向左转，左脚向前方迈出，上体继续向左转，右腿自然蹬直，左腿屈膝，成左弓步；同时左臂向左掤出（即左臂平屈成弓形，用前臂外侧和掌背向前方推出），高与肩平，掌心向内；右手向右下落放于右髋旁，掌心向下，指尖向前；眼看左手。（图 10–3–29）

要点：掤出时，两臂前后均保持弧形。两臂分开、松腰、弓腿三个动作必须协调一致。揽雀尾弓步时，两脚脚跟的横向距离不超过 10 厘米。

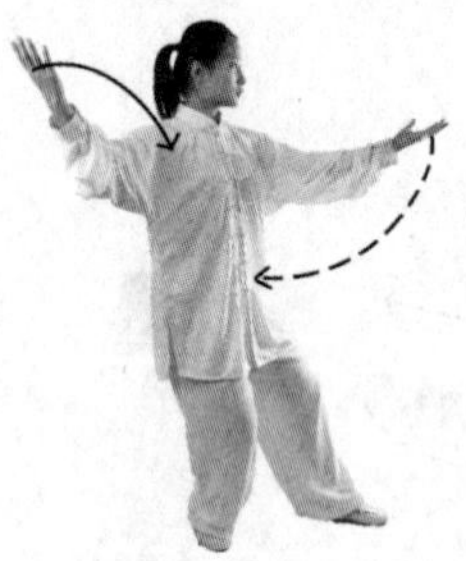

图 10–3–27

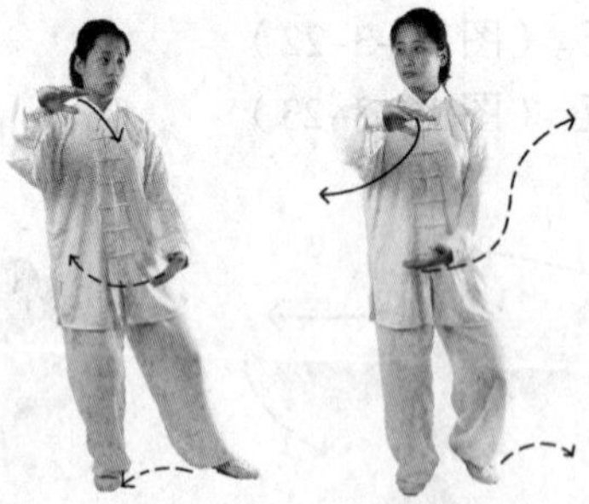

图 10–3–28

图 10–3–29

（4）身体微向左转，左手随即前伸翻掌向下，右手翻掌向上，经腹前向上、向前伸至左前臂下方；然后两手下捋，即上体向右转。两手经腹前向右后上方画弧，直至右手掌心向上，高与肩齐，左臂平屈于胸前，掌心向下；同时身体重心移至右脚；眼看右手。（图 10–3–30）

要点：下捋时，上体不可前倾，臀部不要凸出。两臂下捋须随腰旋转，仍走弧线。左脚全掌着地。

（5）上体微向左转，右臂屈肘折回，右手附于左手手腕里侧（相距约 5 厘米），上体继续向左转，两手同时向前挤出，左前臂要保持半圆；同时身体重心逐渐移至左脚，变成左弓步；眼看左手腕。（图 10-3-31）

图 10-3-30

图 10-3-31

要点：向前挤时，上体要挺直。挤的动作要与松腰、弓腿相一致。

（6）左手翻掌，掌心向下，右手经左腕上方向前，向右伸出，高与左手齐，掌心向下，两手左右分开，与肩同宽；然后右腿屈膝，上体慢慢后坐，身体重心移至右脚，左脚脚尖翘起；同时两手屈肘回收至腹前，掌心均向前下方；眼向前平视。（图 10-3-32）

（7）上一动作不停，身体重心慢慢前移，同时两手向前、向上按出，掌心向前；左腿屈膝，成左弓步；眼平视前方。（图 10-3-33）

要点：向前按时，两手须走曲线，手腕高与肩平，两肘微屈。

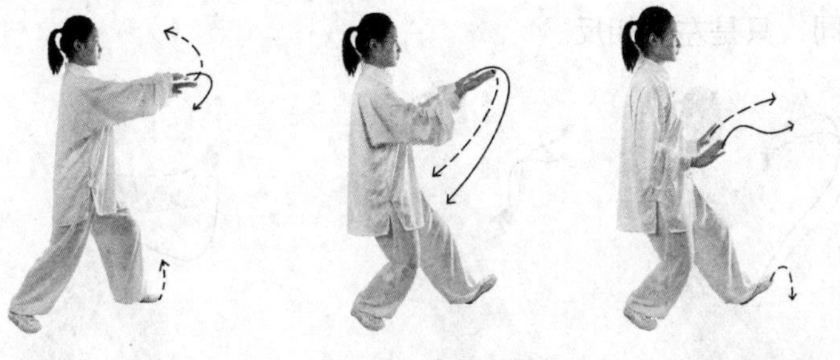

图 10-3-32

图 10-3-33

（八）右揽雀尾

（1）上体后坐并向右转，身体重心移至右脚，左脚脚尖内扣；右手向右平行画弧至右侧，然后由右下经腹前向左上画弧至左肋前，掌心向上；左臂平屈于胸前，左手掌心向下与右手成抱球状；同时身体重心再移至左腿，右脚收至左脚内侧，脚尖点地；眼看左手。（图 10-3-34）

（2）与“左揽雀尾”（3）动作相同，只是左右相反。（图 10-3-35）

图 10-3-34

图 10-3-35

（3）与“左揽雀尾”（4）动作相同，只是左右相反。（图 10-3-36）

（4）与“左揽雀尾”（5）动作相同，只是左右相反。（图 10-3-37）

图 10-3-36

图 10-3-37

（5）与“左揽雀尾”（6）动作相同，只是左右相反。（图 10-3-38）

（6）与“左揽雀尾”（7）动作相同，只是左右相反。（图 10-3-39）

要点：均与“左揽雀尾”相同，只是左右相反。

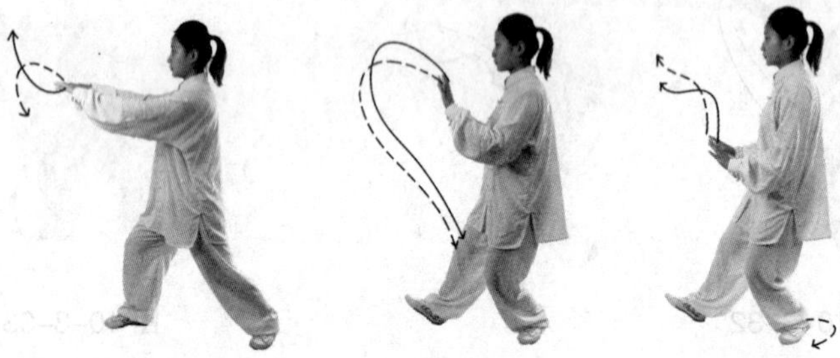

图 10-3-38

图 10-3-39

【第四组】

（九）单鞭

（1）上体后坐，身体重心逐渐移至左脚，右脚脚尖内扣；同时上体左转，两手（左高右低）向左弧形运转，直至左臂平举伸于身体左侧，掌心向前，右手经腹前运至左肋前，掌心向后；眼看左手。（图 10-3-40）

（2）身体重心再渐渐移至右腿，上体右转，左脚向右脚靠拢，脚尖点地；同时右手向右上方画弧，至右侧方时变勾手，臂约与肩平；左手向下经腹前向右上画弧停于右肩前，掌心向上；眼看右手。（图 10-3-41）

（3）上体微向左转，左脚向左前侧方迈出，右脚脚跟后蹬，成左弓步；在身体重心移向左脚的同时，左手随上体的继续左转慢慢翻转向前推出，掌心向前，手指与眼齐平，左臂微屈；眼看左手。（图 10-3-42）

要点：上体保持挺直，松腰。完成定势时，右臂肘部稍下垂，左肘与左膝上下相对，两肩下沉。左手向外翻掌前推时，要随转体边翻边推出，不要翻掌太快或最后突然翻掌。全部过渡动作要上下协调一致。如面向南起势，单鞭的方向（左脚脚尖所指方向）应向东偏北约 15°。

图 10-3-40

图 10-3-41

图 10-3-42

（十）云手

（1）身体重心移至右脚，身体渐向右转，左脚脚尖内扣；左手经腹前向右上画弧至右肩前，掌心向上，同时右手变掌，掌心向右前；眼看左手。（图 10-3-43）

（2）上体慢慢左转，身体重心随之逐渐左移；左手由右肩前向左侧运转，掌心渐渐向左，然后下落于左髋旁；右手由右下经腹前向左上画弧，至左肩上，掌心向左；同时右脚靠近左脚，成小开立步（两脚间距离 10 ～ 20 厘米）。（图 10-3-44）

图 10-3-43

图 10-3-44

（3）上体再向右转，同时左手经腹前向右上画弧至右肩前，掌心斜向前；右手向右侧运转，掌心翻转向右；随之左腿向左横跨一步；眼看左手。（图 10-3-45）

（4）与（2）动作 相同。（图 10-3-46）

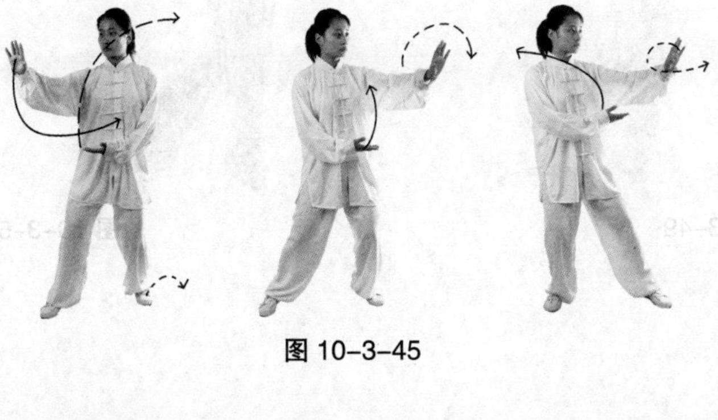
图 10-3-45

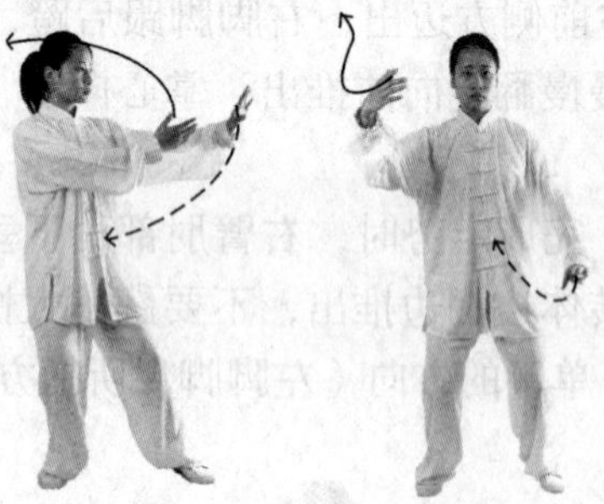

图 10-3-46

（5）与（3）动作相同。（图 10-3-47）

（6）与（2）动作相同。（图 10-3-48）

图 10-3-47

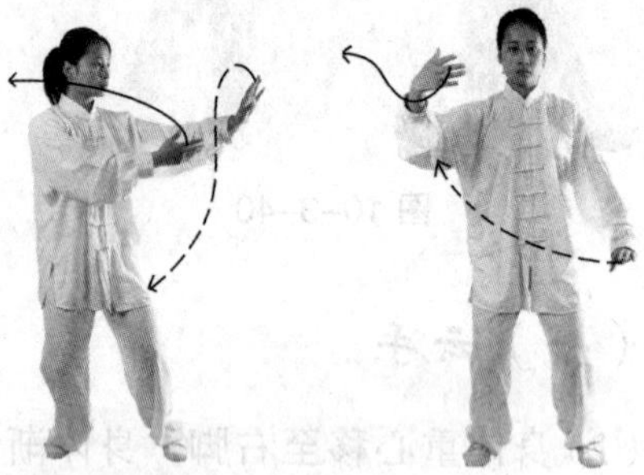

图 10-3-48

要点：身体转动要以腰脊为轴，松腰、松胯，不可忽高忽低。两臂随腰的转动而转动，动作要自然圆活，速度要缓慢、均匀。下肢移动时，身体重心稳定，两脚脚掌先着地再踏实，脚尖向前。视线随左右手的运转而移动。第三个云手的右脚最后跟步时，脚尖微向内扣，便于接“单鞭”动作。

（十一）单鞭

（1）右手随之向右运转，至右侧方时成勾手；左手经腹前向右上画弧至右肩前，掌心向上；身体重心落在右脚上，左脚脚尖点地；眼看右手。（图 10-3-49）

（2）上体微向左转，左脚向左前侧方迈出，右脚脚跟后蹬，成左弓步；在身体重心移向左脚的同时，上体继续左转，左手慢慢翻转向前推出，成“单鞭”式。（图 10-3-50）

要点：与前述“单鞭”相同。

图 10-3-49

图 10-3-50

【第五组】

（十二）高探马

（1）右脚脚跟进半步，身体重心逐渐后移至右脚；右勾手变掌，两手掌心翻掌向上，两肘微屈；同时身体微向右转，左脚脚跟渐渐离地；眼看左前方。（图 10-3-51）

（2）上体微向左转，面向前方；右掌经右耳旁向前推出，掌心向前，手指与眼同高；左手收至左侧腰前，掌心向上；同时左脚微向前移，脚尖点地，成左虚步；眼看右手。（图 10-3-52）

要点：上体自然挺直，两肩要下沉，右肘微下垂。跟步移换身体重心时，不要有起伏。

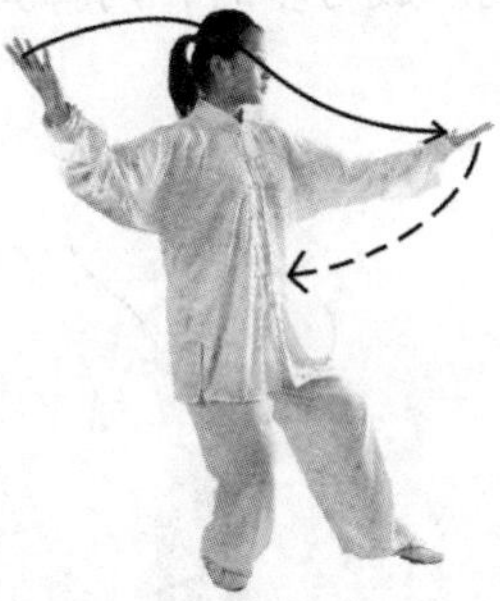

图 10-3-51

图 10-3-52

（十三）右蹬脚

（1）左手掌心向上，前伸至右手腕背面，两手相互交叉，随即向两侧分开并向下画弧，掌心斜向下；同时左脚提起向左前方迈步（脚尖略外撇）；身体重心前移，右腿自然蹬直，成左弓步；眼看前方。（图 10-3-53）

（2）两手由外圈向里圈画弧，两手交叉合抱于胸前，右手在外，两手掌心均向内；同时右脚向左脚靠拢，脚尖点地；眼平看右前方。（图 10-3-54）

（3）两臂左右画弧分开平举，肘部微屈，掌心均向外；同时右腿屈膝提起，右脚向右前方慢慢蹬出，眼看右手。（图 10-3-55）

要点：身体要稳定，不可前俯后仰。两手分开时，腕部与肩平。蹬脚时，左腿微屈，右脚脚尖回勾，力达脚跟。分手与蹬脚须协调一致。右臂和右腿上下相对。如面向南起势，蹬脚方向应为正东偏南约 30°。

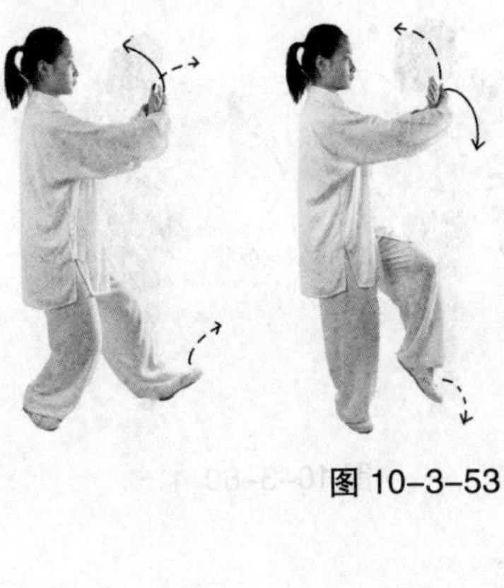

图 10-3-53

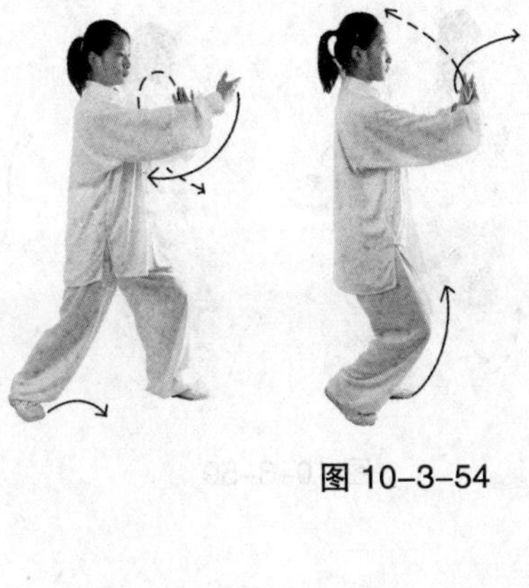

图 10-3-54

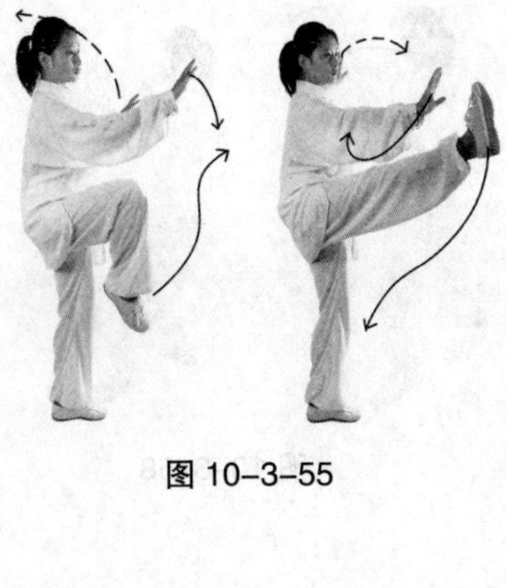

图 10-3-55

（十四）双峰贯耳

（1）右腿收回，屈膝平抬，左手由后向上，向前下落至体前，两手掌心均翻转向上，两手同时向下画弧分落于右大腿两侧；眼看前方。（图 10–3–56）

（2）右脚向右前方落下，身体重心渐渐前移，成右弓步，面向右前方；同时两手下落，慢慢变拳，分别从两侧向上、向前画弧至肩部前方，成钳形状，两拳相对，高与耳齐，拳眼都斜向下（两拳距离 10～20 厘米）；眼看右拳。（图 10–3–57）

要点：完成定势时，头颈挺直，松腰、松胯，两拳松握，沉肩垂肘，两臂均保持弧形。“双峰贯耳式”的弓步和身体方向与“右蹬脚”方向相同。成弓步时，两脚脚跟的横向距离约为 10 厘米。

图 10–3–56

图 10–3–57

（十五）转身左蹬脚

（1）左腿屈膝后坐，身体重心移至左脚，上体左转，右脚脚尖内扣；同时两拳变掌，两臂由上向左右画弧分开平举，掌心向前；眼看右手。（图 10–3–58）

（2）身体重心再移至右脚，左脚收到右脚内侧，脚尖点地；同时两手由外圈画弧合抱于胸前，左手在外，两手掌心均向内；眼平看左方。（图 10–3–59）

（3）两臂左右画弧分开平举，肘部微屈，两手掌心均向外；同时左腿屈膝提起，左脚向前方慢慢蹬出；眼看左手。（图 10–3–60）

要点：与“右蹬脚”相同，只是左右相反。左蹬脚方向与右蹬脚方向成 180°，即正西偏北约 30°。

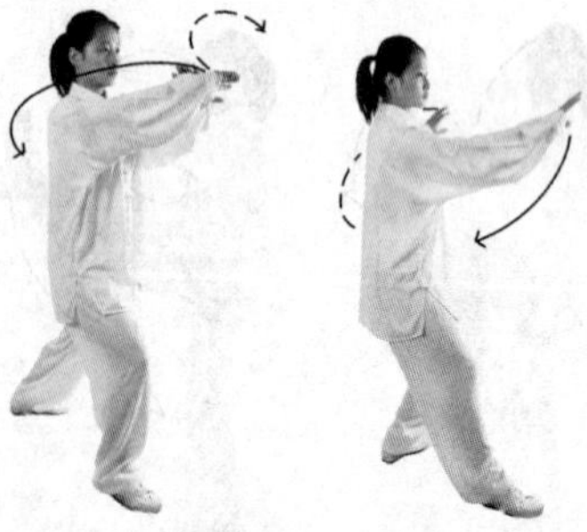

图 10–3–58

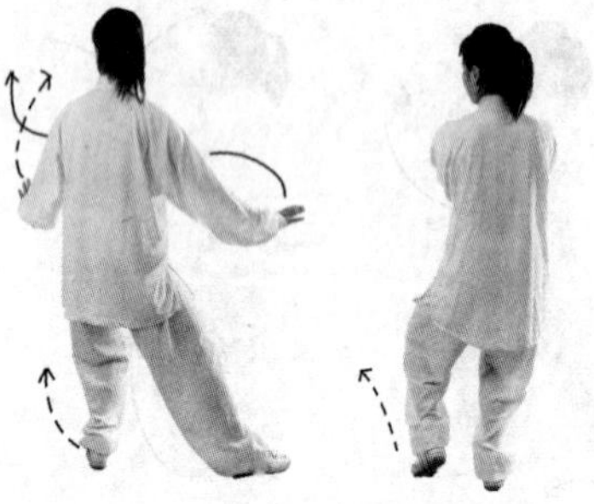

图 10–3–59

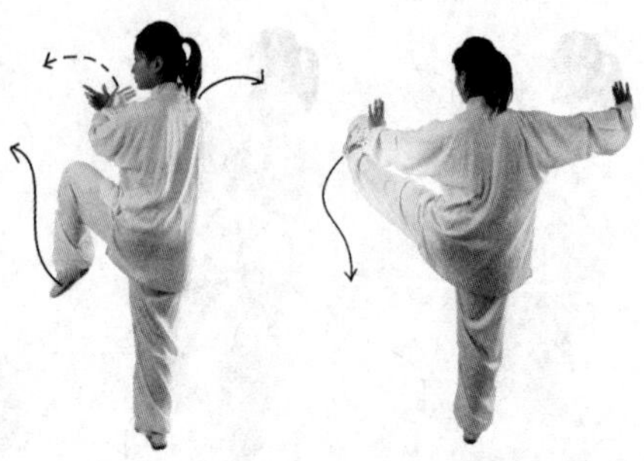

图 10–3–60

【第六组】

（十六）左下势独立

（1）左腿收回平屈，上体右转；右手变勾手，左手向上、向右画弧下落，立于右肩前，掌心斜向后；眼看右手。（图 10–3–61）

（2）右腿慢慢屈膝下蹲，左腿由内向左侧（偏后）伸出，成左仆步；左手下落（掌心向外），向左下顺左腿内侧向前穿出；眼看左手。（图 10–3–62）

要点：右腿全蹲时，上体不可过于前倾。左腿伸直，左脚脚尖须向内扣，两脚全脚掌着地。左脚脚尖与右脚脚跟踏在中轴线上。

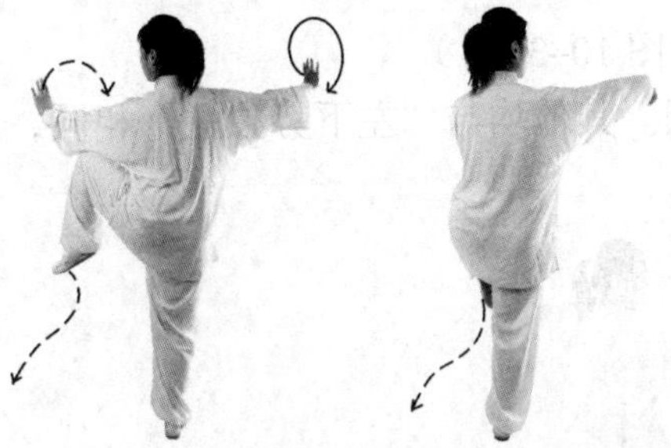
图 10–3–61

图 10–3–62

（3）身体重心前移，左脚脚尖尽量向外撇，左腿前弓，右腿后蹬，右脚脚尖内扣，上体微向左转并向前起身；同时左臂继续向前伸出（立掌），掌心向前，右勾手下落，勾尖向后；眼看左手。（图 10–3–63）

（4）右腿慢慢提起平屈，成左独立式；同时右勾手变掌，并由后下方顺右腿外侧向前弧形摆出，屈臂立于右腿上方，肘与膝相对，掌心向左；左手落于左髋旁，掌心向下，指尖向前；眼看右手。（图 10–3–64）

要点：上体要挺直，独立的腿要微屈，右腿提起时脚尖自然下垂。

图 10–3–63

图 10–3–64

（十七）右下势独立

（1）右脚下落于左脚前，前脚掌着地，然后以左脚前脚掌为轴转动脚跟，身体随之左转；同时左臂向后平举，左掌变勾手，右掌随着转体向左侧画弧，立于左肩前，掌心斜向后；眼看左手。（图 10–3–65）

（2）与“左下势独立”动作相同，只是左右相反。（图 10–3–66）

（3）与“左下势独立”动作相同，只是左右相反。（图 10–3–67）

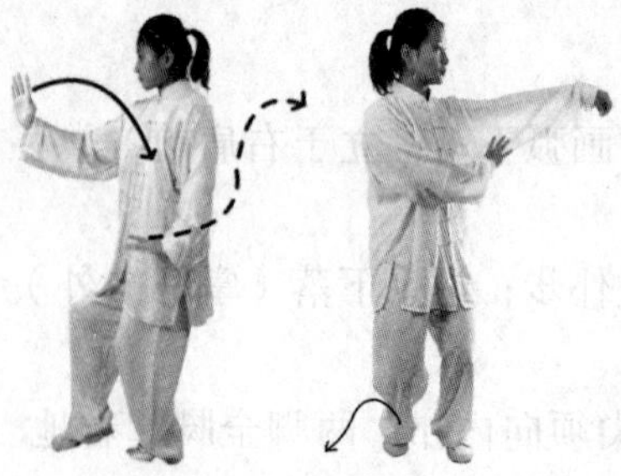

图 10–3–65

图 10–3–66

图 10–3–67

（4）与“左下势独立”（4）动作相同，只是左右相反。（图 10–3–68）

要点：右脚脚尖触地后必须稍微提起，然后再向下仆腿。其他均与“左下势独立”相同，只是左右相反。

图 10–3–68

【第七组】

（十八）左右穿梭

（1）身体微向左转，左脚向前落地，脚尖外撇，右脚脚跟离地，两腿屈膝成半坐盘式；同时两手在胸前成抱球状（左上右下）；然后右脚收到左脚的内侧，脚尖点地；眼看左前臂。（图 10–3–69）

（2）身体右转，右脚向右前方迈出，屈膝弓腿，成右弓步；同时右手由肩前向上举并翻掌停在右额前，掌心斜向上；左手先向左下再经体前向前推出，高与鼻尖平，掌心向前；眼看左手。（图 10–3–70）

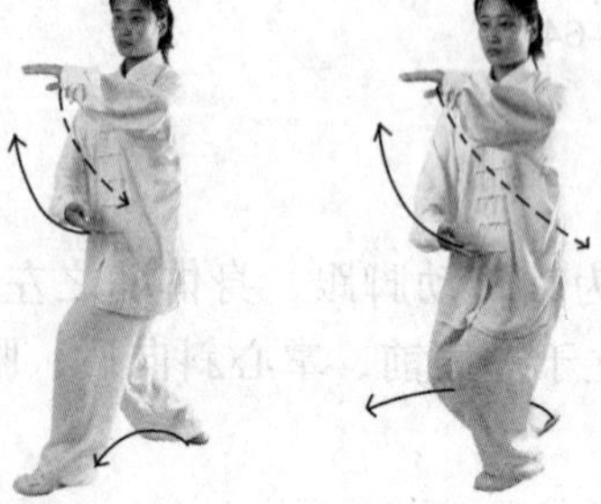

图 10–3–69

图 10–3–70

（3）身体重心略向后移，右脚脚尖稍向外撇，随即身体重心再移至右脚，左脚跟进，停于右脚内侧，脚尖点地；同时两手在胸前成抱球状（右上左下）；眼看右前臂。（图 10-3-71）

（4）与（2）动作相同，只是左右相反。（图 10-3-72）

要点：完成姿势面向斜前方（如面向南起势，左右穿梭方向分别为正西偏北和正西偏南，均约 30°），手推出后，上体不可前俯。手向上举时，防止引肩上耸。一手上举一手前推，要与弓腿松腰上下协调一致。做弓步时，两脚脚跟的横向距离同“左右搂膝拗步”式。

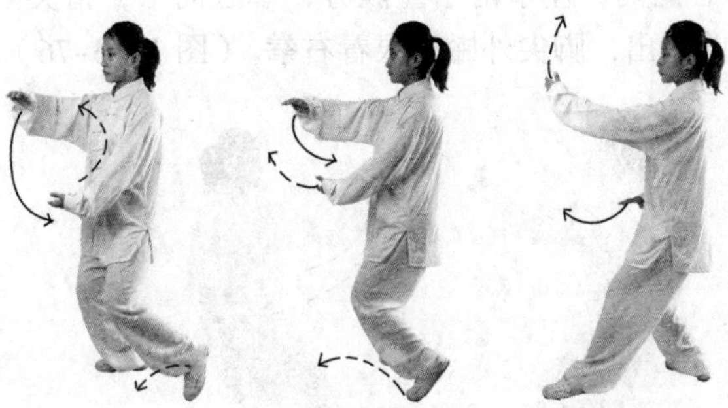
图 10-3-71

图 10-3-72

（十九）海底针

右脚向前跟进半步，身体重心移至右脚，左脚稍向前移，脚尖点地，成左虚步；同时身体稍向右转，右手从右耳旁斜向下方插出，掌心向左，指尖斜向下；与此同时，左手向前，向下画弧落于左髋旁，掌心向下，指尖向前；眼看前下方。（图 10-3-73）

要点：身体要先向右转，再向左转。完成定势后，面向正西。上体不可太前倾，避免低头和臀部外凸。左腿要微屈。

（二十）闪通臂

上体稍向右转，左脚向前迈出，屈膝弓腿成左弓步；同时右臂由体前屈臂上举，停于右额前上方，掌心翻转斜向上，拇指朝下；左手上起经胸前推出，高与鼻尖平，掌心向前；眼看左手。（图 10-3-74）

要点：完成定势时，上体自然挺直，松腰、松胯；左臂不要完全伸直，背部肌肉要伸展开。推掌、架掌与弓腿动作要协调一致。成弓步时，两脚脚跟的横向距离约为 10 厘米。

图 10-3-73

图 10-3-74

【第八组】

（二十一）转身搬拦捶

（1）上体后坐，身体重心移至右脚，左脚脚尖内扣，身体向右后转，然后身体重心再移至左脚；与此同时，右手随着转体向右、向下（变拳）经腹前画弧至左肋旁，拳心向下；左手上举于额前，掌心斜向上；眼看前方。（图 10–3–75）

（2）向右转体，右拳经胸前向前翻转撇出，拳心向内；左掌落于左髋旁，掌心向下，指尖向前；同时右脚收回后（不要停顿或脚尖点地）即向前迈出，脚尖外撇；眼看右拳。（图 10–3–76）

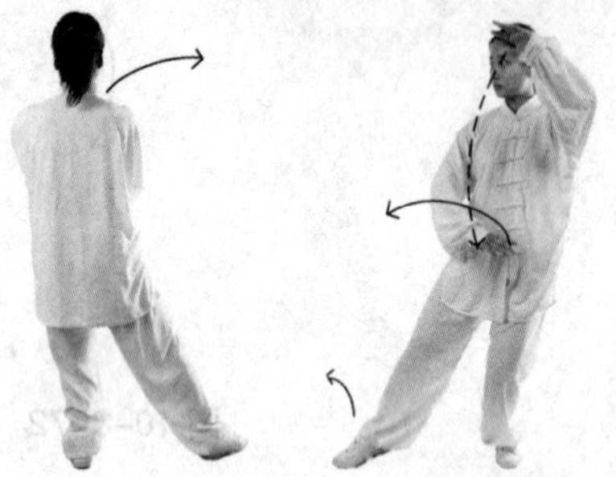

图 10–3–75

图 10–3–76

（3）身体重心移至右脚，左脚向前迈一步；左手经左侧向前、向上画弧拦出，掌心向前下方；同时右拳向右画弧收到右腰旁，拳心向内；眼看左手。（图 10–3–77）

（4）左腿前弓成左弓步，同时右拳向前打出，拳眼向上，高与肩平，左手附于右前臂里侧；眼看右拳。（图 10–3–78）

要点：右拳不要握得太紧。右拳回收时，前臂要慢慢内旋画弧，然后再外旋停于右腰旁，拳心向内。向前打拳时，右肩随拳略向前引伸，沉肩垂肘，右臂要微屈。成弓步时，两脚的横向距离约为 10 厘米。

图 10–3–77

图 10–3–78

（二十二）如封似闭

（1）左手由右手腕下向前伸出，右拳变掌，两手掌心逐渐翻转向前慢慢分开回收；同时身体后坐，左脚脚尖翘起，身体重心移至右脚；眼看前方。（图 10–3–79）

（2）两手在胸前翻掌，向下经腹前再向上、向前推出，腕部与肩平，掌心向前；同时左腿前弓成左弓步；眼看前方。（图 10–3–80）

要点：身体后坐时，上体避免后仰，臀部不可凸出。两臂随身体后坐回收时，肩部、肘部略向外松开，不要直臂抽回。两手推出时，两手间距不要超过两肩。

图 10-3-79

图 10-3-80

（二十三）十字手

（1）屈膝后坐，身体重心移向右脚，左脚脚尖内扣，向右转体；右臂随着转体向右平摆画弧，与左臂成两臂侧平举，掌心向前，肘部微屈；同时右脚脚尖随着转体稍向外撇，成右侧弓步；眼看右手。（图 10-3-81）

（2）身体重心慢慢移至左脚，右脚脚尖内扣，随即向左收回，两脚间距与肩同宽，两腿逐渐蹬直，成开立步；同时两手向下经腹前向上画弧交叉合抱于胸前，两臂撑圆，腕部略高与肩平，右手在外，成十字手，掌心均向内；眼看前方。（图 10-3-82）

要点：两手分开和合抱时，上体不要前俯。站起后，身体自然挺直，头要微微上顶，下颌稍向后收。两臂环抱时须圆满舒适，沉肩垂肘。

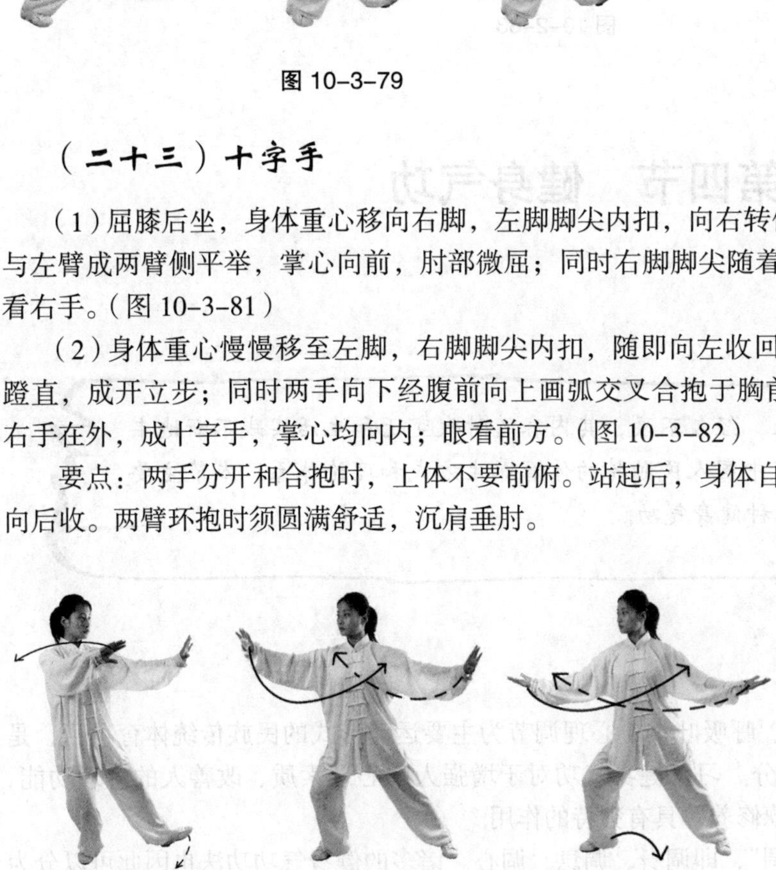

图 10-3-81

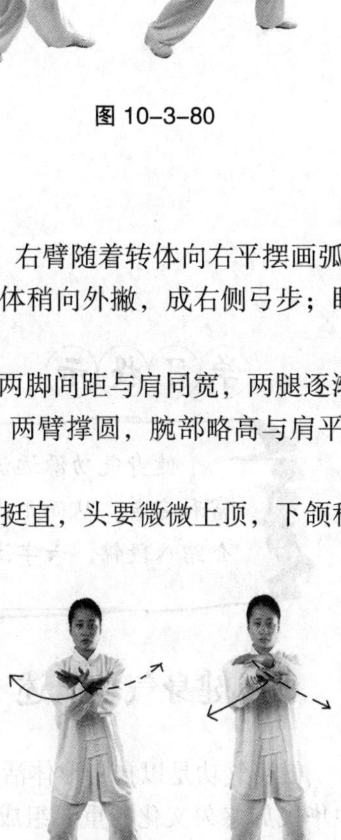

图 10-3-82

（二十四）收势

两手向外翻掌，掌心向下，两臂慢慢下落，停于身体两侧；眼看前方。（图 10-3-83）

要点：两手左右分开下落时，全身放松，同时气徐徐下沉（呼气略加长）。呼吸平稳后，左脚收到右脚旁。

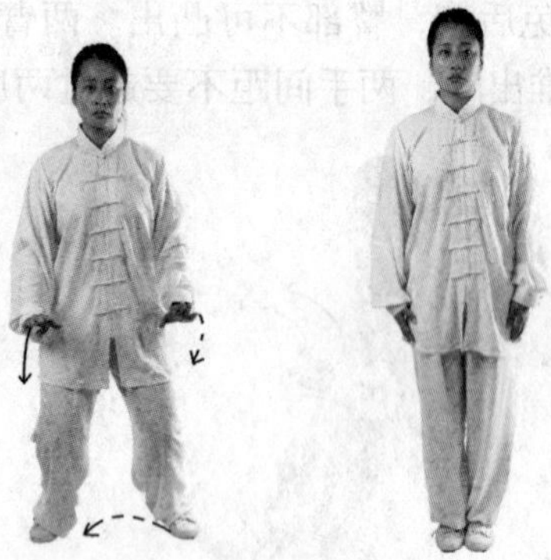

图 10-2-83

第四节　健身气功

学习提示

健身气功源远流长，经久不衰，其内容随时代变迁和生活实践不断地丰富和完善，从而形成了中国人民独特的体育养生方式和理论体系。本节主要介绍八段锦、六字诀两种健身气功。

一、健身气功概述

健身气功是以自身形体活动、呼吸吐纳、心理调节为主要运动形式的民族传统体育项目，是中华民族悠久文化的重要组成部分。习练健身气功对于增强人的心理素质、改善人的生理功能、提高人的生活质量、培养人的道德修养等具有独特的作用。

健身气功的操作活动是“三调”，即调身、调息、调心。诸多的健身气功功法也因此可以分为以调身为主、调息为主、调心为主的三大类。健身气功的目的是健身，三调活动中最贴近于健身的是调身。因此，以调身为主的健身气功中受到大众的广泛青睐。

从健身的目的出发，健身气功舍去了原本内容中比较激烈和有对抗性质的部分，留下了较为和缓和养颐自身的部分；从保持修炼的特色出发，健身气功舍去了体育运动中身体锻炼的“三调”分离身心状态，趋向于“三调”合一。因此，健身气功的运动形式是比较和缓的、趋向于“三调”合一身心状态的身体活动。

二、八段锦

（一）八段锦简介

八段锦由八节动作组成，因简便易学而深受人们喜爱，其动作舒展优美，被比喻成“锦”（精美的丝织品），故名八段锦。八段锦是中国古代导引术的一个重要组成部分，是一套针对一定脏腑症状而设计的健身气功。八段锦中的每一句歌诀都明确提出了动作的要领、作用和目的。八段锦中的伸展、前俯、后仰、摇摆等动作，分别作用于人体的三焦、心肺、脾胃、肾腰等部位和器官，有利于预防心火、五劳七伤等病症，并有滑利关节、发达肌肉、增长气力、强健筋骨、促进消化和调节神经系统的功能。

（二）八段锦动作说明

1. 预备动作

动作一：两脚并步站立；两臂自然垂于体侧；身体中正，目视前方。（图 10–4–1）

动作二：随着松腰沉髋，身体重心移至右脚；左脚向左侧开步，两脚间距约与肩同宽；目视前方。（图 10–4–2）

动作三：两臂内旋，两掌分别向两侧摆起，约与髋同高，掌心向后；目视前方。（图 10–4–3）

动作四：上个动作不停。两膝稍屈，两臂外旋，向前合抱于腹前，成圆弧形，两掌与脐同高，掌心向内，两掌指尖斜向下，间距约为 10 厘米；目视前方。（图 10–4–4）

图 10–4–1

图 10–4–2

图 10–4–3

图 10–4–4

2. 两手托天理三焦

动作一：接上式。两臂外旋微下落，两掌在腹前十指交叉，掌心向上；目视前方。（图 10–4–5）

动作二：上个动作不停。两腿徐缓挺膝伸直；两掌上托至胸前，随后两臂内旋向上托起，掌心向上；抬头，目视两掌。（图 10–4–6）

动作三：上个动作不停。两臂继续上托，肘关节伸直；下颌内收，动作略停；低头，目视前方。（图 10–4–7）

动作四：身体重心缓缓下降；两膝微屈；十指慢慢分开，两臂分别向身体两侧下落，两掌捧于腹前，掌心向上，指尖相对；目视前方。（图 10–4–8）

本式托举、下落为 1 遍，共做 6 遍。

图 10-4-5

图 10-4-6

图 10-4-7

图 10-4-8

3. 左右开弓似射雕

动作一：接上式。两腿自然伸直；两掌向上交叉于胸前，右掌在外，两手掌心向内；目视前方。（图 10-4-9）

动作二：上个动作不停。两腿徐缓屈膝半蹲，成马步；右掌屈指成爪，向右拉至肩前；左掌成八字掌，左臂内旋，向左侧推出，与肩同高，坐腕，掌心向左，犹如拉弓射箭之势；动作略停；目视左掌。（图 10-4-10）

动作三：身体重心右移；右手五指伸开成掌，向上、向右画弧，与肩同高，指尖朝上，掌心向外；左手五指伸开成掌，掌心向外；目视右掌。（图 10-4-11）

动作四：上个动作不停。身体重心继续右移；左脚回收，成并步站立；两掌分别由两侧下落，捧于腹前，指尖相对，掌心向上；目视前方。（图 10-4-12）

动作五至八同动作一至四，只是左右相反。（图 10-4-13 至图 10-4-16）

本式一左一右为 1 遍，共做 3 遍。做完第三遍最后一个动作后，身体重心继续左移；右脚向右侧迈步，成开步站立，两脚间距与肩同宽，膝关节伸直；目视前方。（图 10-4-17）

图 10-4-9

图 10-4-10

图 10-4-11

图 10-4-12

图 10-4-13

图 10-4-14

图 10-4-15

图 10-4-16

图 10-4-17

4. 调理脾胃须单举

动作一：接上式。左掌上托，左臂内旋经面前上穿，随即上举至头部左上方，肘关节微屈，力达掌根，掌心向上，指尖向右；右掌微上托，随即右臂内旋下按至右侧髋旁，肘关节微屈，力达掌根，掌心向下，指尖向前，动作略停；目视前方。（图 10–4–18）

动作二：松腰沉髋，身体重心缓缓下降；两膝微屈；同时，左臂屈肘外旋，左掌经面前落于腹前，掌心向上；右臂外旋，右掌向上捧于腹前，两掌指尖相对，相距约 10 厘米，掌心向上；目视前方。（图 10–4–19）

动作三、动作四同动作一、动作二，只是左右相反。（图 10–4–20、图 10–4–21）

本式一左一右为 1 遍，共做 3 遍。做完第三遍最后一个动作后，两腿微屈，两臂屈肘，两掌分别下按于同侧髋旁，掌心向下，指尖向前；目视前方。（图 10–4–22）

图 10–4–18

图 10–4–19

图 10–4–20

图 10–4–21

图 10–4–22

5. 五劳七伤往后瞧

动作一：接上式。两腿徐缓挺膝伸直；两臂伸直，掌心向后，指尖向下；目视前方。两臂充分外旋，掌心向外；头向左后转。动作略停；目视左斜后方。（图 10–4–23）

动作二：松腰沉髋，身体重心缓缓下降；两膝微屈；两臂内旋，分别按于同侧髋旁，掌心向下，指尖向前；目视前方。（图 10–4–24）

动作三同动作一，只是左右相反。（图 10–4–25）

动作四同动作二。（图 10–4–26）

本式一左一右为 1 遍，共做 3 遍。做完第三遍最后一个动作后，两膝微屈，两掌捧于腹前，指尖相对，掌心向上；目视前方。（图 10–4–27）

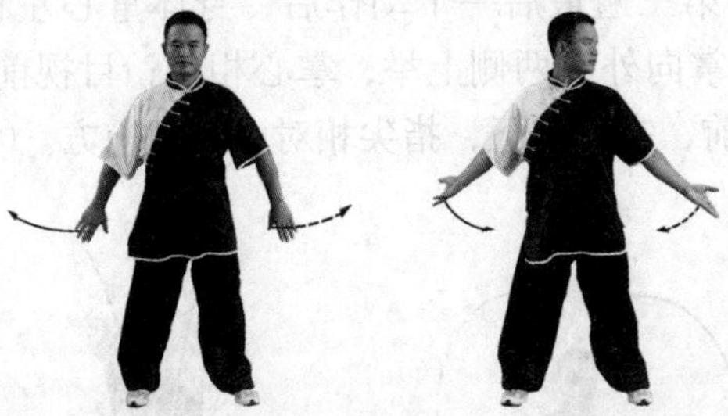
图 10–4–23

图 10–4–24

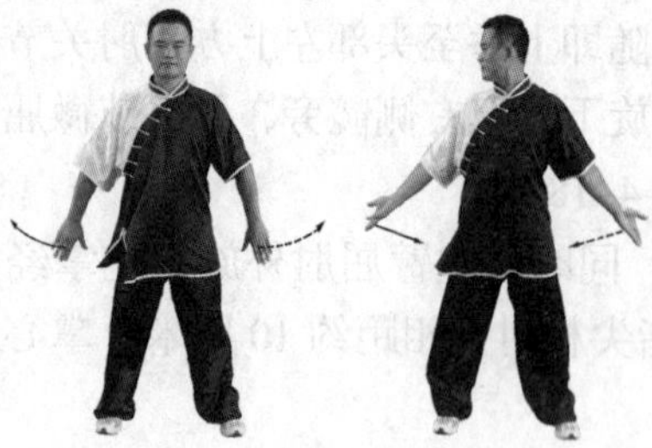
图 10-4-25

图 10-4-26

图 10-4-27

6. **摇头摆尾去心火**

动作一：接上式。身体重心左移；右脚向右开步站立，两腿自然伸直；两掌上托至与胸同高时，两臂内旋，两掌继续上托至头部上方，肘关节微屈，掌心斜向上，指尖斜相对；目视前方。（图 10-4-28）

动作二：上个动作不停。两腿徐缓屈膝半蹲，成马步；两臂向两侧下落，两掌分别扶于同侧髋部，肘关节微屈，小指侧向前；目视前方。（图 10-4-29）

动作三：身体重心稍向上升起，随后右移；上体先向右倾，随即俯身；目视右脚。（图 10-4-30）

动作四：上个动作不停。身体重心左移；上体由右向前、向左旋转；目视右脚。（图 10-4-31）

动作五：身体重心右移，两腿成马步，头转正，上体回正，下颌微收；目视前方。（图 10-4-32）

图 10-4-28

图 10-4-29

图 10-4-30

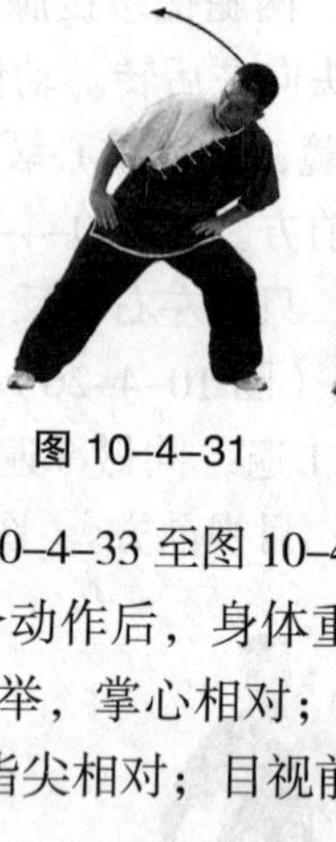
图 10-4-31

图 10-4-32

动作六至动作八同动作三至动作五，只是左右相反。（图 10-4-33 至图 10-4-35）

本式一左一右为 1 遍，共做 3 遍。做完第三遍最后一个动作后，身体重心左移，右脚回收，成开步站立，两脚间距与肩同宽；同时，两掌向外经两侧上举，掌心相对；目视前方。随后松腰沉髋，同时两臂屈肘，两掌经面前下按于腹前，掌心向下，指尖相对；目视前方。（图 10-4-36）

图 10-4-33

图 10-4-34

图 10-4-35

图 10-4-36

7. 两手攀足固肾腰

动作一：接上式。两腿挺膝伸直；两掌指尖向前，两臂向前、向上举起，肘关节伸直，掌心向前；目视前方。（图 10–4–37）

动作二：两臂外旋至掌心相对，屈肘，两掌下按于胸前，掌心向下，指尖相对；目视前方。（图 10–4–38）

动作三：上个动作不停。两臂外旋，掌心向上，随后掌指分别顺同侧腋下向后插；目视前方。（图 10–4–39）

动作四：两掌（掌心向内）沿脊柱两侧向下摩运至臀部；随即上体前俯，两掌继续沿腿后向下摩运，经两脚外侧置于脚背；抬头，动作略停；目视前下方。（图 10–4–40）

动作五：两掌沿地面前伸，上体随手臂上举起立，两臂伸直，掌心向前；目视前方。（图 10–4–41）

本式一上一下为 1 遍，共做 6 遍。做完第六遍最后一个动作后，松腰沉髋，身体重心缓缓下降，两膝微屈；两掌分别下按至同侧髋旁，掌心向下，指尖向前；目视前方。（图 10–4–42）

图 10–4–37

图 10–4–38

图 10–4–39

图 10–4–40

图 10–4–41

图 10–4–42

8. 攒拳怒目增气力

动作一：接上式。身体重心右移，左脚向左开步；两腿徐缓屈膝半蹲，成马步；两手握拳，抱于腰侧，拳眼朝上；目视前方。（图 10–4–43）

动作二：左拳缓慢用力向前冲出，与肩同高，拳眼朝上；瞪目，目视左拳冲出方向。（图 10–4–44）

动作三：左臂内旋，左拳变掌，虎口朝下；目视左掌。左臂外旋，肘关节微屈；左掌向左缠绕，掌心向上，然后握拳；目视左拳。（图 10–4–45）

动作四：屈肘，左拳回收至腰侧，拳眼朝上；目视前方。（图 10–4–46）

图 10–4–43

图 10–4–44

图 10–4–45

图 10–4–46

动作四至动作七同动作二至动作四，只是左右相反。（图 10–4–47 至图 10–4–49）

本式一左一右为 1 遍，共做 3 遍。做完第三遍最后一个动作后，身体重心右移，左脚回收，成并步站立；同时，两拳变两掌，自然垂于体侧；目视前方。（图 10–4–50）

图 10–4–47　图 10–4–48　图 10–4–49　图 10–4–50

9. **背后七颠百病消**

动作一：接上式。两脚脚跟提起；头上顶，动作略停；目视前方。（图 10–4–51）

动作二：两脚脚跟下落，轻震地面；目视前方。（图 10–4–52）

本式一起一落为 1 遍，共做 7 遍。

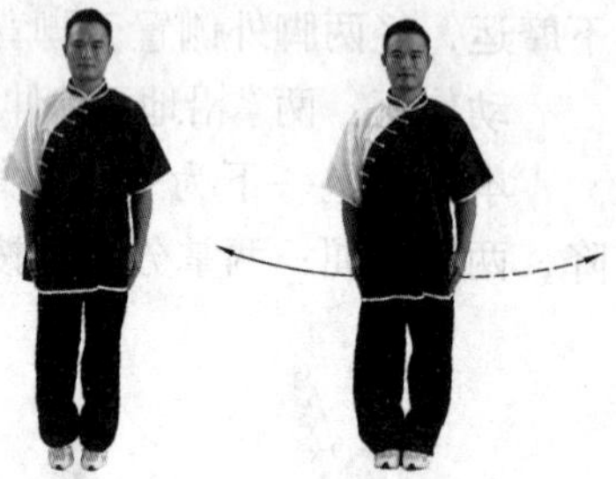

图 10–4–51　图 10–4–52

10. **收势**

动作一：接上式。两臂内旋，向两侧摆起，两手与髋同高，掌心向后；目视前方。（图 10–4–53）

动作二：两臂屈肘，两掌相叠置于丹田处（男性左掌在内，女性右掌在内）；目视前方。（图 10–4–54）

动作三：两臂自然下落，两掌轻贴于大腿外侧；目视前方。（图 10–4–55）

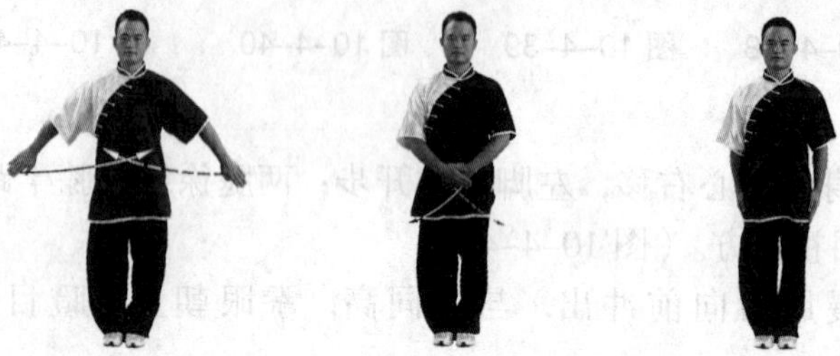

图 10–4–53　图 10–4–54　图 10–4–55

三、六字诀

六字诀养生法是我国古代流传下来的一种养生方法，是一种不同于形体导引的吐纳法，它通过“嘘”“呵”“呼”“呬”“吹”“嘻”六个字的不同发音口型，唇、齿、喉、舌的不同用力，牵动脏腑经络气血的运行。六字诀的最大特点是强化人体内部的组织机能，通过呼吸调息导引，充分诱发和调动脏腑的潜在能力来抵抗疾病的侵袭，延缓衰老。

（一）六字诀功法要点

（1）“嘘”“呵”“呼”“呬”“吹”“嘻”六个字发音要准确。发音时，要先把声母的语音发出，然后发出韵母的语音，并注意在发音吐气的过程中仔细体会口型的变化和定位、气息的流动和所经过的路径，在发音吐气的实践中正确掌握发音吐气方法。开始练发音时一定要出声，在熟练掌握发音吐气方法后可逐步过渡到吐气轻声或无声的状态。

（2）六字诀每个字发音时，通过缓慢、深长、均匀的呼气，加大肺活量，提高氧气的吸收效率，更好地满足人体脏腑对氧气的需求，从而调节对应脏腑的功能，起到保健的作用。

（3）身要正。身正是习练六字诀的基础，身正才能气顺，气顺身体才能轻盈、稳定、舒畅、愉悦。身正的要求是收膝，突臀，松胯，颈部向后靠，头正、颈直，以利于任督二脉和周身气血的畅通。

（4）体要松。习练六字诀时全身节节放松，气随肢体放松下沉。下肢下蹲时要松腰、松胯、臀部后坐，膝关节不超过脚尖，从而起到强壮膝关节的作用。上肢抬举时，做到舒展大方，以肩带肘、带手，深吸气。下落时，松肩、松肘、松腕、松指、深呼气。通过肢体上下起伏伸展配合呼吸，增加肢体的劲力和灵活性，提高身体活动机能。

（5）心要静。在习练六字诀时逐步把思想集中到动作上来，对场地周边事物，做到视而不见、听而不闻，全神贯注，避免杂念丛生，在此基础上把动作做到位。

（6）保持动作的舒缓圆活、动静相兼、协调配合。在整套六字诀的习练中，做到意、气、行相随相融，一气呵成。

（7）按照顺腹式呼吸法，先呼后吸，呼气时读字，同时提肛缩肾，身体重心移至脚跟。每个字读六遍后，调息一次，稍事休息，恢复自然。

（二）六字诀动作说明

1. 预备动作

两脚开立，与肩同宽，头正颈直，含胸拔背，松腰、松胯，两膝微屈，全身放松，呼吸自然。

2. 嘘字功平肝气

（1）嘘（xū）的口型：两唇微合，有横绷之力，舌尖向前并向内微缩，上下齿有微缝。

（2）呼气念嘘字，拇趾轻轻点地，两手自小腹前缓缓抬起，手背相对，经胁肋至与肩平，两臂如鸟张翼向上、向左右分开，掌心斜向上。两眼反观内照，随呼气之势尽力瞪圆。两臂屈肘经面前、胸腹前缓缓下落，垂于体侧，再做第二次吐字。重复此动作 6 次为 1 遍，然后做 1 次调息。

3. 呵字功补心气

（1）呵（hē）的口型：半张，舌顶下齿，舌面下压。

（2）呼气念呵字，拇趾轻轻点地；两手掌心向里由小腹前抬起，经体前到至胸部向外翻掌，上托至眼部。气呼尽，吸气时，翻转掌心向面，两手经面前、胸腹缓缓下落，垂于体侧，再进行第二次吐字。重复此动作 6 次为 1 遍，做 1 次调息。

4. 呼字功培脾气

（1）呼（hū）的口型：撮口如管状，舌向上微卷，用力前伸。

（2）呼气念呼字，拇趾轻轻点地，两手自小腹前抬起，掌心朝上，抬至脐部，左手外旋上托至头顶，同时，右手内旋下按至小腹前。气呼尽，吸气时，左手内旋变为掌心向里，从面前下落，同时，右手回旋掌心向里上穿，两手在胸前交叉，左手在外，右手在里，两手内旋下按至腹前，自然垂于体侧。再以同样要领，右手上托，左手下按，做第二次吐字。如此交替共做 6 次为 1 遍，做 1 次调息。

5. 呬字功补肺气

（1）呬（sī）的口型：开唇叩齿，舌微顶下齿后。

（2）呼气念呬字，两手从小腹前抬起，逐渐转掌心向上，至胸前，两臂外旋，翻转掌心向外成立掌，指尖对喉，然后左右展臂宽胸推掌如鸟张翼。气呼尽，随吸气之势两臂自然下落垂于体侧，重复6次，调息。

6. 吹字功补肾气

（1）吹（chuī）的口型：撮口，唇出音。

（2）呼气读吹字，脚趾抓地。两臂自体侧提起，绕长强穴、肾俞穴向前画弧并经体前抬至与锁骨平，两臂撑圆如抱球，两手指尖相对。身体下蹲，两臂随之下落。气呼尽时两手落于膝关节上部。随吸气之势慢慢站起，两臂自然下落垂于身体两侧。共做6次，调息。

7. 嘻字功理三焦

（1）嘻（xī）的口型：两唇微启，舌稍后缩，舌尖向下。有喜笑自得之貌。

（2）呼气念嘻字，脚趾点地。两手自体侧抬起如捧物状，过腹至胸前，两臂外旋翻转掌心向外，并向头部托举，两手掌心转向上，指尖相对。吸气时，五指分开，由头部循身体两侧缓缓落下并以意引气至次小趾端。重复6次，调息。

第五节　跆拳道运动

学习提示

学习跆拳道的目的是强身健体、防身自卫，从而修身养性，磨炼意志，培养良好的礼仪道德。

一、跆拳道运动概述

跆拳道起源于朝鲜半岛，既是一项能强身健体、防身自卫的传统搏击术，又是一项新兴的集健身、竞技和娱乐为一体的现代竞技体育运动项目。它集力学、兵学、医学和伦理学为一体，以技击格斗为基础，以修身养性为核心，以磨炼人的意志、振奋人的精神、培养良好的礼仪道德为目的。

练习跆拳道不仅能修炼手和脚的功夫，还有助于强身健体和防身自卫。练习者经过长期艰苦的锻炼，在时间和汗水中磨炼意志、健全精神、塑造理想的人格。长期的练习能使练习者培养坚韧向上的品质，讲究礼仪修养，完善人格。因此，练习跆拳道可内修精神、性情，外修技术、身体，培养常人难以达到的意志品质和忍让谦恭的美德。

二、跆拳道基本技术

（一）跆拳道的基本姿势

1. 实战姿势（实战格斗势）

左脚在前称左势实战姿势，右脚在前称右势实战姿势。在实战中，根据不同的对手、战术、距离等实际情况，实战姿势又可以分为高位实战姿势和低位实战姿势。以左势实战姿势为例。两脚前后开立，两脚脚尖朝前侧方约 35°，两脚间距约为两个脚掌宽，胯和两膝稍内收。两手握拳，左拳在前，拳与鼻高，右拳在后，拳眼均朝斜上；左肘关节夹角在 80°～100°；右肘关节夹角小于 80°，右臂靠近右侧肋部。身体侧立，下颌微收，闭嘴合齿，面部和左肩、左拳正对对手，目视对手胸部或眼部。（图 10–5–1）

图 10–5–1

要点：实战姿势是实战时的预备姿势。身体重心控制在两脚之间，要求紧腰、收腹、含胸，两手紧护躯干以上部分，达到防守严密、移动方便、进攻灵活的目的。

2. 站位

（1）开式站位：指与对方体前相对应的站位，包括左势实战姿势对右势实战姿势和右势实战姿势对左势实战姿势两种站位形式。

（2）闭式站位：指与对方体前不相对应的站位，包括左势实战姿势对左势实战姿势和右势实战姿势对右势实战姿势两种站位形式。

（二）跆拳道的基本步法

跆拳道是一种以腿法为主的武技。在实战中，步法的灵活运用对保证充分发挥腿的威力，取得实战的胜利具有极其重要的意义。步法在使用时多以后腿进攻为主。因此，跆拳道的步法具有鲜明的特点，即身体重心落在两脚之间或偏于前腿，而且身体姿势大都是侧向站位，以便保护身体正面的要害部位，同时有利于后腿通过拧腰转髋发力，增加击打的力量和速度。

实战中常用的基本步法包括以下几种。

1. 前滑步

由左势实战姿势开始，右脚后脚掌蹬地，左脚轻擦地面向前滑行 10～20 厘米，右脚随即跟上相同的距离。（图 10–5–2）

2. 上步

由左势实战姿势开始，以左脚脚掌为轴，右脚沿直线离地 2～3 厘米向左脚前方迈上一步，左脚脚掌自然转动 90° 左右，成为右势实战姿势（图 10–5–3）。上步可根据实战需要左右变化，调整与对方的相对距离，准备进行攻击或反击。

图 10–5–2

图 10–5–3

3. 后撤步

由左势实战姿势开始，以右脚前脚掌为轴，左脚蹬地向后撤一步，形成右势实战姿势（图 10–5–4）。后撤步可根据实战需要左右变化，调整与对方的相对距离，准备进行攻击或反击。

4. 后滑步

由左势实战姿势开始，左脚前脚掌用力蹬地，右脚沿地向后滑行一步（10～20厘米），左脚随即向后滑行同样距离，两脚及身体仍保持原来姿势（图10-5-5）。这种步法可以拉开与对方的距离，避开对方的进攻，有助于进行反击。

图10-5-4

图10-5-5

5. 侧移步

由左势实战姿势开始，两脚前脚掌同时向左（右）侧蹬地，使身体向右（左）侧移动，离开原来的位置。向左移称为左移步（图10-5-6），向右移称为右移步（图10-5-7）。侧移步的作用是避开对方有力的攻击，移动到对方的侧面，准备进行反击。

图10-5-6

图10-5-7

6. 跳换步

由左势实战姿势开始，两脚同时蹬地使身体腾空。两脚在空中前后交换，同时转体。落地时成右势实战姿势。（图10-5-8）

图10-5-8

7. 垫步

由左势实战姿势开始，右脚向左脚内侧上步（或并拢）的同时，左脚蹬地抬腿向前迈步，落地仍成左势实战姿势。（图 10–5–9）

图 10–5–9

8. 前冲步

由左势实战姿势开始，右脚向前迈一步，同时身体转正。随即，左脚向前冲一步或多步仍成左势实战姿势（图 10–5–10）。

图 10–5–10

9. 组合步

组合步是指各种步法之间的不同组合。实际上，跆拳道技术在实战运用的过程中，主要是通过各种步法的运用和变化而得到实施的，而且使用的步法都是练习者有意或无意地组合起来综合运用的。运用步法的目的是调整与对手的距离，使自己的动作更加快速灵活，进而达到进退自如、控制节奏、有效攻击和有效防守的目的。步法的组合应根据实际情况的变化而改变。练习者要把攻击和反击的技术与步法紧密结合起来，做到在移动中进攻，在移动中防守，在移动中反击，使步法的运用和拳法、腿法融为一体，成为进攻、防守、反击的有机连接技术，从而达到取得实战胜利的目的。

（三）跆拳道的基本腿法

1. 前踢

由右势实战姿势开始。左脚蹬地，身体重心前移至右脚；左脚蹬地顺势屈膝提起，右脚以前脚掌为轴外旋约 90°。同时，左腿迅速以膝关节为轴伸膝、送髋、顶髋，小腿快速向前踢出，用脚背击打目标。踢击目标后迅速放松弹回，落地成左势实战姿势。（图 10–5–11）

图 10-5-11

2. **横踢**

由右势实战姿势开始。左脚蹬地，身体重心移至右脚，左腿屈膝上提，两拳置于胸前；右脚前脚掌碾地外旋，髋关节右转，右膝内扣；随即右脚掌继续外旋 180°，左腿膝关节向前抬至水平位置，小腿快速向右前弹击；击打目标后迅速收回小腿。左脚落回成左势实战姿势。（图 10-5-12）

图 10-5-12

3. **后踢**

由右势实战姿势开始。右脚脚掌内旋的同时，上体向左旋转，身体重心移到右脚，左腿屈膝随即直线踢出（向后蹬），身体重心前移，左脚落地成左势实战姿势。（图 10-5-13）

图 10-5-13

4. 劈腿（下劈）

由右势实战姿势开始。左脚蹬地，身体重心前移至右脚。同时，左腿以髋关节为轴屈膝上提，两手握拳置于胸前；随即充分送髋，左小腿以膝关节为轴向上伸直，左腿直抬于体前，尽量贴近胸部，左脚过头。然后左腿快速下压，以左脚脚跟（或脚掌）为力点劈击，劈击后放松收回成左势实战姿势。（图 10–5–14）

图 10–5–14

5. 侧踢

由右势实战姿势开始。微向右转身，左脚蹬地，左腿以髋关节为轴屈膝提起，两手握拳置于胸前。随即右脚以前脚掌为轴外旋约 180° 。髋关节向右旋转。左小腿以膝关节为轴向前蹬伸。左脚快速向左前上方直线踢出，力点在脚跟。发力后沿起腿路线收腿，身体重心落下，成左势实战姿势。（图 10–5–15）

图 10–5–15

（四）跆拳道的基本防守技术

在跆拳道实战中，防守的基本形式是格挡防守，几乎很少采用躲闪防守。因此，格挡防守技术就显得非常重要。一个跆拳道爱好者或运动员，如果只注重进攻技术，而忽视防守技术，就很难成为高水平的优秀跆拳道实战家。在实战中，防守技术的实施是根据临场实际情况而定的。影响防守技术实施的原因包括对方的技术程度、力量、速度及与对方相持的距离等。只有在适当的时机运用适当的防守技术，才能达到防守的目的，否则防守就会失去意义。高质量的防守可以为反击对方创造时机和条件。只有有效完成防守技术，才能尽快转入反击，变被动为主动，为战胜对手创造有利条件。

跆拳道实战中最基本的防守技术，根据身体姿势和防守位置可分为上段防守、中段防守和下段防守。上、中、下的区分是以锁骨和髋关节为界限。锁骨以上的部位称为上段，锁骨至髋关节之间的部位称为中段，髋关节以下的部位称为下段。

1. 上段防守

上段防守是一种保护头颈部不受打击的技术方法。

（1）单臂格挡法。

由左势实战姿势开始，当对方的拳或脚攻向自己的头部时，左（右）手拳（刀）自内向外做格挡动作，将来拳或来脚挡在左（右）前臂外面（图 10–5–16）。练习者可根据对方来拳或来脚的方位，选择左手防守还是右手防守；可向左格挡，也可向右格挡。手臂要用力，但动作幅度要小。防守动作完成后要迅速反击或回到实战姿势。

（2）单臂上架法。

由左势实战姿势开始，当对方的上劈拳或上劈腿自上而下击向自己的头顶时，左（右）手臂屈肘自下而上横架于头顶之上，阻挡来拳或来脚的攻击（图 10–5–17）。两臂都可进行单臂上架防守。练习者应根据对方来拳或来脚的方位决定用左臂上架还是右臂上架。

（3）双臂交叉上架法。

由左势实战姿势开始，当对方的劈拳或劈腿自上而下大力下劈时，迅速前弓左腿，两臂交叉自下而上架挡来拳或来腿。（图 10–5–18）

图 10–5–16

图 10–5–17

图 10–5–18

2. 中段防守

中段防守是一种保护锁骨以下至髋关节部位的技术方法。

（1）单臂格挡法。

由左势实战姿势开始，当对方的拳或脚攻向自己中段部位时，用左臂（刀）向内格挡（图 10–5–19）或向外格挡（图 10–5–20）对方的来拳或来脚。练习者应根据来拳或来脚攻击的方位，选择用左臂格挡还是用右臂格挡。

（2）按掌格挡法。

由左势实战姿势开始，左拳变掌屈肘向内快速下按，阻挡对方的拳攻或脚攻（图 10–5–21）。练习者可根据来拳或来腿攻击的方位，选择用左掌或右掌做下按阻挡防守动作。

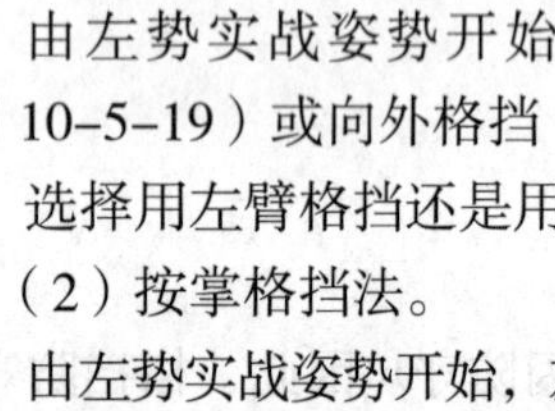

图 10–5–19

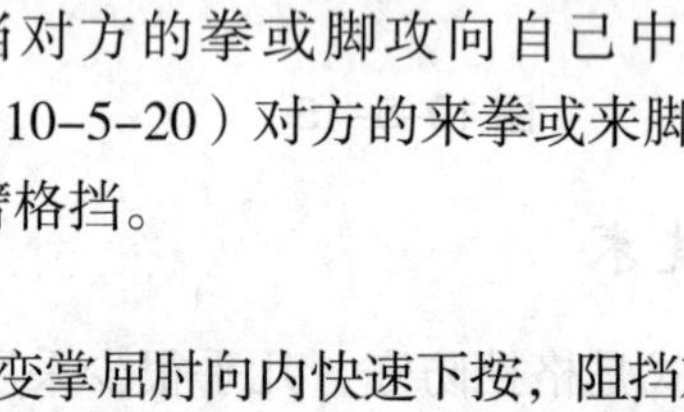

图 10–5–20

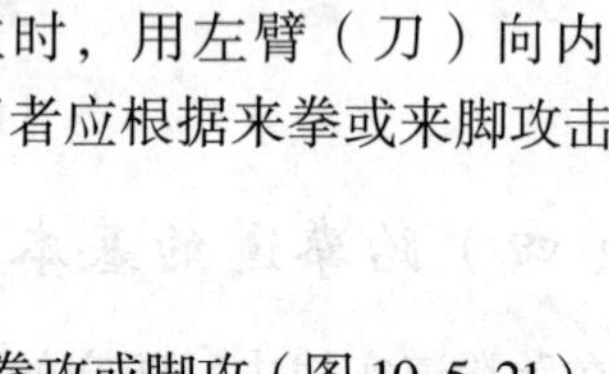

图 10–5–21

3. 下段防守

下段防守是一种保护髋关节以下身体部位的技术方法。

（1）单臂下挡法。

由左势实战姿势开始，右脚向后成左弓步，同时左臂由屈到伸向斜下外截，用手腕格挡；右拳置于腰间（图 10-5-22）。此方法也可采用手刀向斜下外截。练习者可根据具体情况使用左手或手臂（刀）完成动作。

（2）两臂交叉格挡法。

由左势实战姿势开始，左脚前迈落成左弓步，同时两臂于体前屈肘交叉，掌心向内推击，阻挡对方的低腿进攻（图 10-5-23）。格挡时，身体下沉，以增加下截的力量。

图 10-5-22

图 10-5-23

体育思政课堂

民族民间传统运动是中国优秀传统文化的重要组成部分。参加民族民间传统运动，可以激发学生的集体荣誉感，有利于培养学生的集体主义精神和爱国之情，对于树立民族自信、文化自信和制度自信，具有积极的意义。

第十一章 游泳运动

第一节 游泳运动概述和基本功练习

学习提示

中国历史悠久，水域辽阔，据史料记载，游泳始于五千年前。本节主要介绍了游泳运动概述、游泳基本功练习等内容，并带你走进游泳天地。

一、游泳运动概述

（一）游泳的意义

1. 保障生命安全

在进行水中生产作业，或者是遇到失足落水、突发洪水的情况时，如果不会游泳，人的生命安全就可能会受到威胁。如果学会了游泳，就有了生存的希望。因此，世界上有许多国家已将游泳列为中小学生的必修课程。

2. 促进身心健康

游泳是最受欢迎的健身运动项目之一。适当地进行游泳锻炼，不仅能给人带来心理上的愉悦，塑造流畅和优美的体形，还能增强体质，提高协调性。

3. 有利于生产建设和国防建设

游泳在生产建设上有很高的实用价值，许多水上作业，如水利建设、防洪抢险、渔业、水产养殖等，都要求相关人员掌握游泳技能以更好地完成生产建设任务。

在国防建设上，游泳是军事训练的重要项目之一。军人练就过硬的游泳本领以提高水中作战能力，更好地保护自己和打击敌人。

4. 休闲娱乐

随着人民生活水平的提高和空闲时间的增多，越来越多的人喜欢上了游泳运动。通过游泳，人们既锻炼了身体，又达到了娱乐休闲的目的，可谓一举两得。

5. 参加竞赛，争得荣誉

游泳是国际比赛中一个非常重要的项目。我国在奥运会游泳项目上屡获金牌。游泳是奥运会的重点项目，学生学习游泳并努力取得优异成绩，可为国争光，推动中国游泳运动的发展。

（二）游泳技术动作的学习过程

根据运动技能形成的规律和游泳运动自身的特点，游泳技术动作的学习过程一般可以划分为三个阶段。每个阶段的任务及相应的学习要求都有所不同。

1. 粗略掌握动作的阶段

学生在初步熟悉水性后开始学习某种游泳技术，要经历一个粗略掌握动作的阶段。在这一阶段，教师通过示范和讲解，使学生对所学的泳式技术建立初步的印象。

2. 纠正错误，改进动作阶段

这一阶段教学的主要目的是消除各种错误动作，改进学生的技术，提高动作的准确性、协调性和实效性。

3. 巩固和完善动作阶段

在这一阶段，学生大脑皮质的动作定型已经基本形成，兴奋过程在时间和空间上高度集中，能够比较准确、轻松地完成动作。

二、游泳基本功练习

（一）踝关节柔韧性练习

良好的踝关节柔韧性，能使学生较好地完成水面打腿动作，从而使腿部动作更为有效。

（1）踝关节伸展：两腿前伸并拢，两臂后撑；两脚用力前伸，尽力绷脚尖，并停留几秒；然后用力向身体方向勾脚，重复练习。（图 11-1-1）

（2）跪腿练习：跪坐，两手放于大腿上，两脚并拢；臀部跪坐在两脚上，用身体的重量压脚。（图 11-1-2）

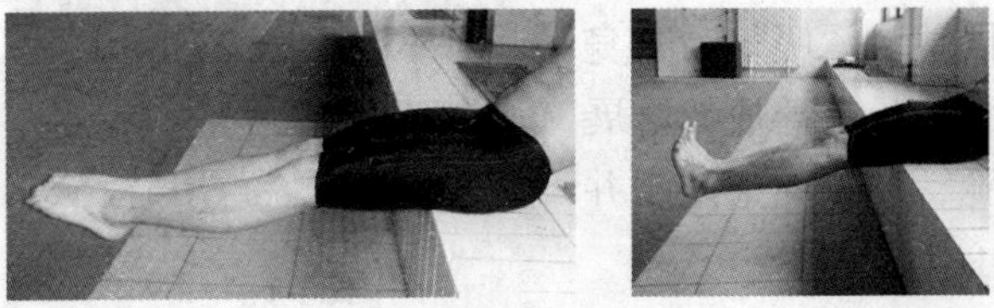

图 11-1-1

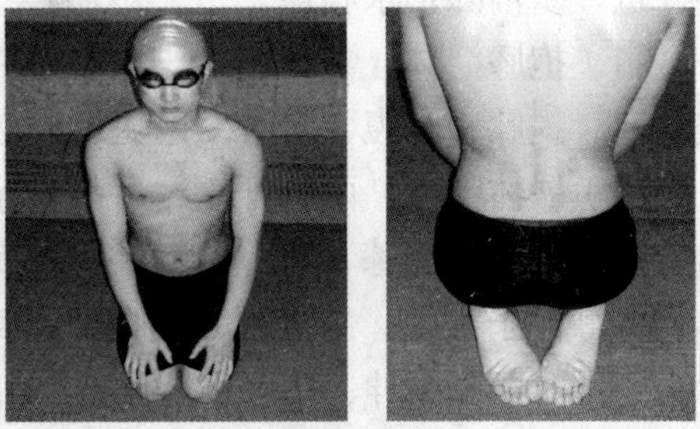

图 11-1-2

（二）呼吸练习

呼吸练习的目的是使学生掌握正确的游泳呼吸技术，防止喝水、呛水现象的出现，帮助学生克服怕水心理。练习要贯穿游泳学习的始终。

（1）伏在岸边，低头用鼻子呼气，抬头张嘴吸气。（图 11-1-3 ①）

（2）闭气练习：手扶池边（池槽）或拉同伴的手，在水面上用口深吸气后闭气，下蹲并将脸没入水中，停留片刻后，脸部出水，再在水面上深吸气。（图 11-1-3 ②）

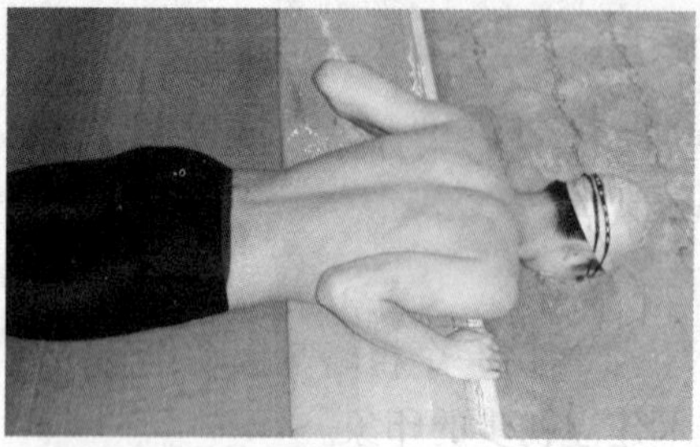

①

②

图 11-1-3

（三）水中睁眼练习

水中睁眼练习的目的是使学生克服怕水心理，纠正其在水中闭眼的错误习惯，充分发挥眼睛的视觉功能，以利于游泳技术的学习和怕水心理的进一步消除。

（1）睁眼呼吸：手扶池边（池槽）或拉同伴的手，在水上吸气后，将头没入水中做缓慢呼气练习。同时，睁开眼睛，眼看气泡上冒，呼气完毕后头出水吸气。

（2）睁眼沉体：睁眼在水中做抱膝浮体。缓慢呼气，身体逐渐下沉，并始终睁着眼睛，看清水面到水底的景物变化。脚触池底后放手、伸膝，两臂向下压水，并抬头、直体站立于水中。

（3）睁眼滑行：睁眼在水中做蹬底或蹬边滑行，并始终睁着眼睛，看清滑行过程中水中景物的变化。

（四）浮体与站立

浮体与站立练习的目的是使学生体会水的浮力，初步掌握在水中浮起、维持身体平衡及由浮体至站立的方法，增强学习游泳的信心，进一步消除怕水心理。

（1）抱膝浮体：并腿站立，深吸气后，低头含胸，同时两脚轻蹬池底，提膝、收腹、团身、抱腿，成抱膝姿势自然漂浮于水中。

（2）展体浮体：两脚开立，手扶着水槽或同伴。深吸气后，身体前倾并低头，屈膝下蹲，两脚轻蹬池底，两腿放松上浮成俯卧展体姿势漂浮于水中。站立时，收腹、屈膝、收腿，前臂向下压水并抬头，同时两腿下伸，脚触底后站立。（图 11-1-4）

图 11-1-4

（五）滑行

滑行练习的目的是使学生体会和掌握游泳时身体的水平位置和流线型姿势。滑行是学习各种泳式出发、转身技术的基础，应作为熟悉水性教学的重点。滑行练习有扶漂蹬底滑行练习（图 11–1–5）和直臂蹬底滑行练习。

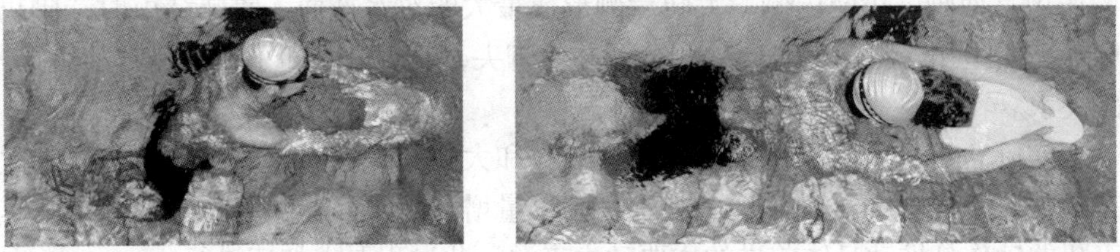

图 11–1–5

第二节　游泳基本技术

学习提示

一般来说，蛙泳是各种泳姿中最简单的一种，初学者应先进行蛙泳的练习，然后根据自身的情况再选择其他泳姿进行练习。本节主要介绍蛙泳和爬泳两种泳姿的基本技术。

蛙泳动作教学

一、蛙泳

（一）蛙泳的基本技术

蛙泳是一种模仿青蛙游泳动作的游泳姿势。蛙泳动作对称，简单易学；游进时省力，利于持久游进；游动时动作全部在水下，声音小；头部经常露出水面，便于观察和掌握方向。因此，蛙泳常用于渔猎、泅渡、水上救护、水上搬运等，也是广大游泳爱好者最喜欢的游泳姿势之一。

1. 身体姿势

身体水平俯卧于水中，稍抬头，头部置于两臂间，掌心朝下，两眼俯视前下方。这时，身体纵轴与水平面成 5° ～ 10° 。吸气时，下颌露出水面，肩部升起。这时，身体与水平面的角度约为 15° 。

2. 腿部动作

蛙泳的腿部动作为身体前进提供主要动力。腿部动作可以简略概括为四个字：“收”“翻”“蹬”“滑”，由四个阶段组成。

（1）收腿。

做收腿动作时会产生较大的阻力，因此收腿动作相对要缓慢、放松、自然。两腿边收边分开，脚跟向臀部靠拢，同时避免收大腿。收腿结束时，大腿与躯干成 110° ～ 140° ，两膝内侧距离与髋关节同宽。

（2）翻脚。

翻脚的作用是使脚、小腿内侧、大腿后侧形成最大的对水截面。收腿结束时，脚仍向臀部靠拢，这时膝关节向里扣，脚掌尽量向外侧分开并勾脚尖，使脚内侧和小腿内侧对准后蹬方向。

（3）蹬夹水。

蹬水动作实际含有夹水动作。蹬腿时应以腰腹和大腿同时发力，先伸髋关节，其次是伸膝关节、踝关节，使蹬水的方向尽量向后。蹬水时应尽量增大蹬水面积，脚掌外翻，小腿尽量处于垂直部位。蹬腿的动作是推动身体前进的主要动力来源。此过程要求加速进行。

（4）滑行。

蹬夹水结束后，前进速度较快，应减小阻力滑行一段时间。此时，两腿并拢伸直，两臂前伸，身体成流线型姿势。

3. 臂部动作

蛙泳臀部动作可以产生较大的推动力和一定的浮力。臀部动作分为抓水、划水、收手和前伸四个连贯动作。

（1）抓水。

紧接滑行的是抓水，肩保持前伸，两臂内旋，使掌心转向斜外下方，屈手腕成 150° ～ 160° 。结束抓水时，两臂与水平面和与前进方向各成 15° ～ 20° 。肘关节仍然是伸直的。此阶段动作速度较慢。

（2）划水。

紧接抓水的是加速划水。两手同时向后下划至与前进方向约成 80° ，划水时，肩部仍向前伸展，保持高肘姿势。整个动作过程肘高于手，肘前于肩，肘关节从屈成 150 ° ～ 160° 划至屈成 120° ～ 130° 。

（3）收手。

收手是划水阶段的继续，也能产生较大的推进力和升力。由上臂带动肘关节，前臂和手向中间收，两肘向内向下靠。收手结束时，两手掌心斜上相对。收手动作要快速、连贯，以不超过两肩延长线为宜。

（4）伸臂。

紧接收手的是伸臂，在伸肩的同时推动伸肘。两手先向前上再向前伸，掌心由朝上逐渐转向下方。伸臂动作要轻快，不能有停顿现象。

4. 动作配合

一个蛙泳周期包括一次蹬腿，一次划臂和一次呼吸。其配合过程是，在两臂外划过程中，两腿保持不动，抬头吸气；两臂内划时收腿，闭气；两臂向前伸直时蹬夹水，头还原，吐气；伸臂、蹬腿结束后，身体伸直向前滑行。

（二）蛙泳的练习方法

1. 腿部练习

学习重点是蹬夹水，学习难点是翻脚。

腿部练习口诀：边收边分慢收腿，两脚外翻对准水，用力向后蹬夹水，两脚并拢漂一会儿。

【陆上练习】

（1）跪撑翻压腿。（图 11-2-1）

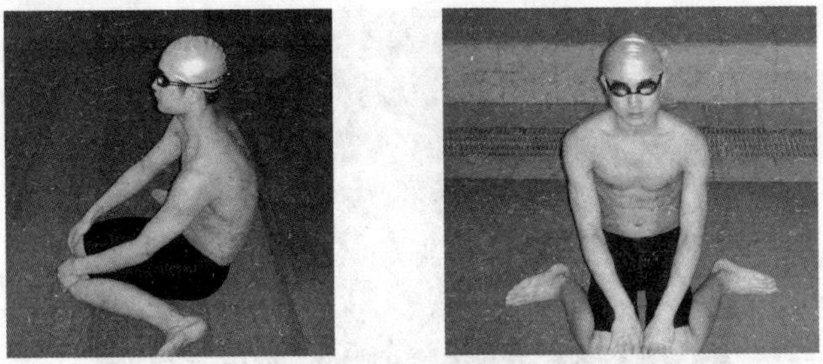

图 11-2-1

（2）坐在池边模仿蛙泳时腿部的收、翻、蹬夹动作。（图 11-2-2）

图 11-2-2

（3）趴在台上或凳子上，两腿做收腿、翻腿、蹬腿动作。（图 11-2-3）

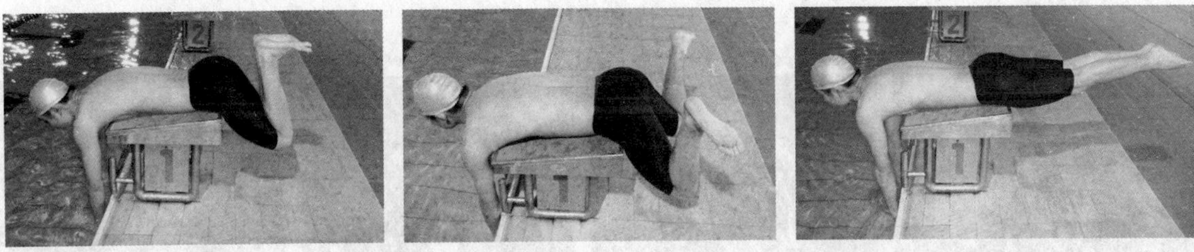

图 11-2-3

（4）同上练习，当练习者蹬腿时，协助者用一定力量压住练习者脚内侧，使其小腿尽量保持垂直。

【水中练习】

（1）练习者两手一上一下扶水槽和池壁，或两手扶板，体会腿部动作。

（2）同上练习，当练习者对动作有体会时，协助者注意纠正练习者翻脚时的错误动作，使练习者保持正确的腿和脚位置（大腿与躯干的角度、两膝宽度和翻脚），使其有正确的肌肉感觉，并用上体抱压住练习者的腿和脚，当其蹬腿时仍用一定力量抱住，使练习者体会小腿内侧推压水的感觉。

（3）两手拿浮板练习腿部动作，也可以在腰背部绑一块浮体，使臀部提高，以利于练习。（图11-2-4）

图 11-2-4

2. 臂部练习

（1）陆上站立，上体前倾，模仿蛙泳臂部动作练习。（图 11-2-5）

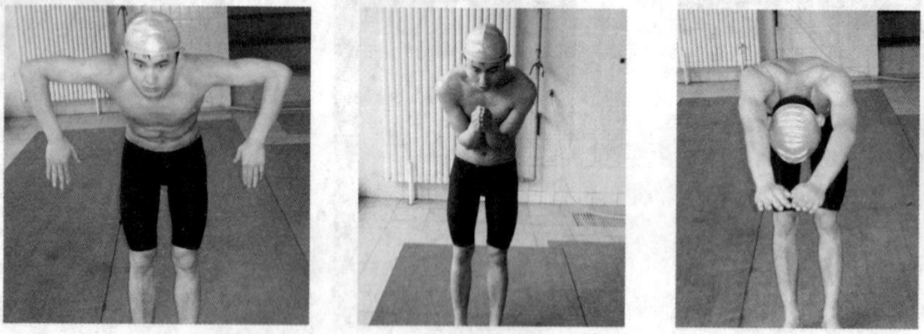

图 11-2-5

（2）上体前倾浸入水中，同上练习。

（3）在水中做臂部划水行进练习。（图 11-2-6）

图 11-2-6

3. 配合练习

学习重点是臂与呼吸配合，学习难点是腿与呼吸配合。

配合口诀：划臂腿不动，收臂又收腿，先伸臂后蹬腿，蹬完腿后漂一会儿。

【陆上练习】

（1）陆上练习蛙泳臂与呼吸配合。

（2）两臂伸直，俯卧在池边，练习收腿抬头、蹬腿低头的配合。

（3）直立练习臂与腿的配合。（图 11-2-7）

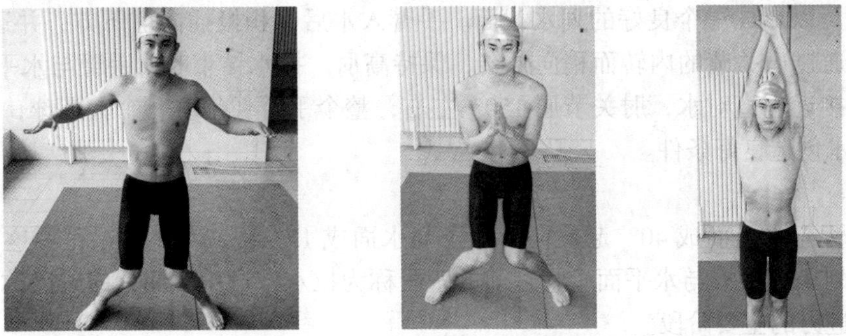

图 11–2–7

【水中练习】

（1）上体前倾浸入水中，做臂与呼吸配合，同时，可以在水中迈步。

（2）手拿浮板、套救生圈，练习腿与呼吸的配合。

（3）套救生圈、背上系小板，练习蛙泳腿臂与呼吸、臂与腿、臂与呼吸配合各一次。

二、爬泳

（一）爬泳的基本技术

在爬泳时，两臂轮换划水，很像爬行，因此这种游泳姿势称为爬泳。在自由泳比赛中，规则规定可以采用任何一种游泳姿势。爬泳的速度最快，人们普遍采用这种姿势进行比赛。因此，人们又把爬泳称为自由泳。

1. 身体姿势

游爬泳时，身体几乎水平俯卧在水面上。稍收腹，脸部和前额浸入水中，臀部接近水面，身体纵轴与水面构成 3° ～ 5° ，头与身体的纵轴成 20° ～ 30° ，眼睛应向斜前方。划臂，转头吸气，身体有节奏地围绕身体纵轴转动，转动角度一般为 35° ～45° 。

2. 腿部动作

两腿自然伸直，两脚稍内扣，以增大打水面积。踝关节放松，髋关节先发力，以大腿带动小腿做鞭状上下交替打水动作。打腿幅度以两脚脚跟的垂直距离为 30 ～ 40 厘米为宜。脚不要打出水面，但可溅起一点浪花。打水效果取决于鞭状发力和踝关节的灵活性。向下打水时，大腿发力开始向下。此时，由于具有惯性，小腿和脚仍继续向上移动，膝关节弯曲成 160° 。一般向下打水作用较大，因此向下打水比向上打水用力。

3. 臂部动作

爬泳的臂部动作是推动身体前进的主要力量来源。臂部动作由入水、抱水、划水、出水和空中移臂五个部分组成。

（1）入水。

臂入水时，肘关节略屈并高于手，手指自然伸直并拢，手指向斜下方切插入水中或掌心稍向外侧切入水中，动作要自然放松。臂的入水点应在肩的延长线上或在身体中线和肩延长线中间。

（2）抱水。

手臂入水后如果立即用力划水，则水对人的反作用力的方向是向上的而不是向前的。因此，要有抱水阶段，以形成一个良好的划水截面。手臂入水后，积极插向前下方，并逐渐开始屈腕、屈肘，肘关节通过肩关节的内转而稍向外转，保持高肘。抱水结束时，手臂与水平面成 40° 时，手和前臂已经接近垂直对水，肘关节屈 150° 左右，整个手臂像抱着一个大圆球，肩带肌群充分伸展开，为划水创造良好条件。

（3）划水。

划水是手臂与水平面成 40° 起，向后划至与水面成 15° ～ 20° 止的过程。这一阶段分两部分：整个臂部划至肩下方与水平面垂直之前的阶段称为拉水；过垂直面后的阶段称为推水。划水过程是产生推进力的主要阶段。

拉水：抱水结束时，肘关节屈 150° 左右。拉水时，前臂速度高于上臂，继续屈肘，当臂划至肩下方时，手在体下靠近身体中线，肘关节屈 90° ～ 120° 。拉水时屈肘使作用力的截面加大，作用力的直线距离加长，产生的向上分力变小。

推水：从拉水到推水，应连贯地完成，中间没有停顿。特别是手臂经过肩下垂直线时，不要失掉手对水的支撑感觉，要使上臂与前臂同时向后划动。同时肩部后移，以加长有效的划水路线。在推水过程中，为了使手掌始终与水面保持垂直，推水时要逐渐放松腕关节，使手伸展开，与前臂成 200° ～ 220° 。

（4）出水。

划水结束后，臂借助推水后的惯性，利用肩三角肌、肩带肌的收缩及身体沿纵轴的转动，将肘关节向上方提起，并迅速将臂部提出水面。这时，臂部和手腕应尽量放松，掌心朝后上方。

（5）空中移臂。

空中移臂是臂部在一个划水周期中的休息放松阶段。因此，臂出水后，要以肩带动臂，上臂、前臂和手都要放松，做高肘的移臂。

4. 两臂配合

初学者可采用前交叉配合。这种配合动作为一臂入水时，另一臂划至与水平面成 30° ～ 45° 。由于身体较平，有一臂在前平伸，能较好利用水的浮力，保持身体平衡和进行呼吸。

5. 呼吸与臂的配合

以向右侧呼吸为例：右手入水后，口和鼻开始慢慢呼气。划臂至肩下向右侧转头，呼气量开始增加。右臂推水即将结束，呼气量进一步加大。右臂出水时，嘴出水将余气快速呼出，并立即吸气。移臂至一半时，吸气结束，并开始转头复原。此时憋气，继续转头和移臂，脸部转向前下方。头部姿势稳定时，右臂又入水，开始下一次呼气。

6. 动作配合

爬泳的配合动作一般是打腿 6 次、划臂 2 次、呼吸 1 次，简称 6 ∶ 2 ∶ 1 的配合游法。此种游法的优点是能保证配合的稳定性，保持臂腿协调配合和保持身体平衡，适用于短距离项目。

爬泳还有 4 ∶ 2 ∶ 1 和 2 ∶ 2 ∶ 1 的配合游法。它们的优点是可以减少腿的负担，适用于中长距离项目。

（二）爬泳的练习方法

1. 腿部练习

学习重点是用大腿发力，学习难点是鞭状打水。

（1）坐在池边，两手后撑，先做直腿打水练习，后逐渐放松踝关节、膝关节，体会鞭水动作。（图 11-2-8）

（2）上体俯撑在池边做打水练习。（图 11-2-9）
（3）两手一上一下扶水槽和池壁做固定打水练习。（图 11-2-10）
（4）做滑行打水练习。
（5）做扶板打水练习。（图 11-2-11）

图 11-2-8

图 11-2-9

图 11-2-10

图 11-2-11

2. **臂部练习**

（1）陆上站立，上体前倾，做单臂或双臂轮流抱水—划水—出水—空中移臂—入水模仿练习。（图 11-2-12）

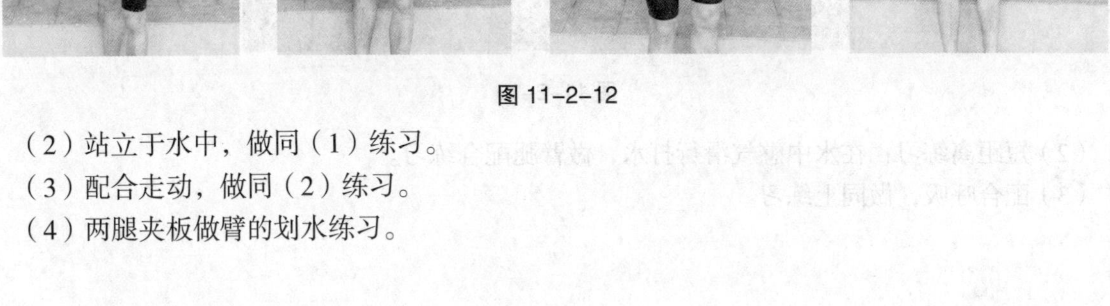
图 11-2-12

（2）站立于水中，做同（1）练习。
（3）配合走动，做同（2）练习。
（4）两腿夹板做臂的划水练习。

3. 臂与呼吸配合练习

学习难点是手臂与呼吸配合。

（1）陆上站立，上体前倾，做臂与呼吸的配合练习。（图 11–2–13）

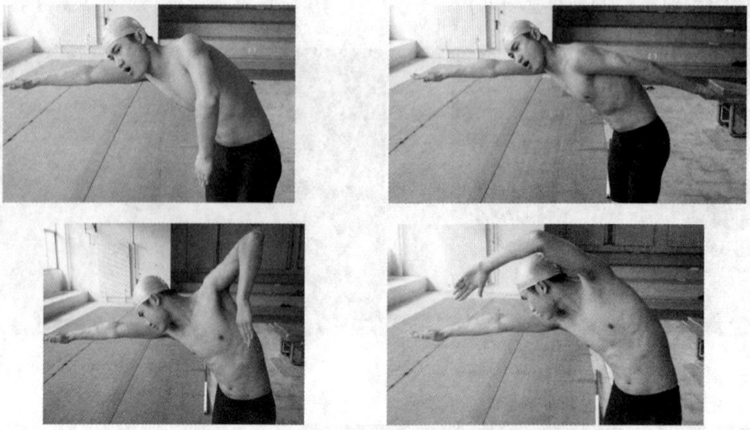

图 11–2–13

（2）水中站立，做臂与呼吸的配合练习，同时还可以行进。（图 11–2–14）

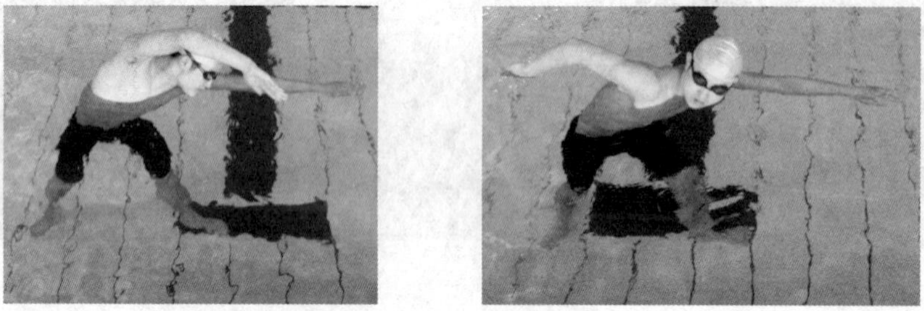

图 11–2–14

（3）两腿夹板做臂与呼吸的配合练习。

4. 完整配合练习

（1）做扶板打腿、划单臂、呼吸配合。（图 11–2–15）

图 11–2–15

（2）短距离练习：在水中憋气滑行打水，做臂腿配合练习。

（3）配合呼吸，做同上练习。

第三节 游泳的安全卫生常识与救生知识

学习提示

对于游泳运动而言，掌握游泳安全卫生常识与救生知识尤为重要。本节着重讲述了游泳的安全注意事项和游泳中身体异常现象的预防与处理，简要介绍了游泳中的基本救生知识。

一、游泳的安全卫生常识

（一）安全注意事项

1. 安全第一

切实确立“安全第一”的思想。俗话说：“人命关天，水火无情。”游泳是与水有关的运动，切记安全第一，不能麻痹大意，必须慎之又慎。

游泳活动最好有组织地进行，或三五人结伴进行，不要独自行动，尤其在天然水域。在游泳时，同伴之间要互相关心、互相照顾、同去同返，中途离开时应有所交代。有组织地游泳，如上游泳课时，教师须严密组织，经常检查人数，措施要落实。

2. 选择安全卫生的游泳场所

首先尽量选择人工游泳场馆。人工游泳场馆的管理比较规范。池水经常消毒、排污和过滤，清晰度较高，且深水和浅水有明显标志。

如果到自然水域游泳或上课，一定要先了解水深，了解水下有无水草、淤泥、旋涡、暗流，了解水质是否清洁等情况。如在海边游泳，则要了解潮汐规律，摸清涨潮、退潮时间，尽量不要远离海边。

3. 游泳前严格体检

游泳前进行身体检查，主要是防止患者游泳时发生事故，同时也避免疾病的互相传染。凡患有心脏病、高血压、癫痫、活动性肺结核、传染性肝炎、皮肤病、急性细菌性结膜炎、中耳炎、发烧、开放性创伤等患者，都不宜游泳。女性月经期游泳要采取卫生措施，未采取措施不宜下水。

4. 饮酒、饱食后和饥饿、过度疲劳时不能游泳

饮酒能刺激中枢神经系统，使之处于过度兴奋或抑制状态。酒后游泳容易发生溺水事故。饱食后游泳会使消化器官的血液供应减少，使消化器官功能降低，影响食物的消化和吸收。另外，水的温度和压力会使胃肠的蠕动功能受到影响，容易引起胃痉挛，使人出现腹痛或呕吐症状。因此，饭后不要马上游泳，一般需相隔半小时到一小时后再下水。饥饿时也不宜游泳，原因是空腹时人体血糖含量下降，游泳时易出现头晕或四肢无力症状，甚至有昏厥的可能。在剧烈运动或大强度体力劳动后，身体已经感觉疲劳，肌肉的收缩及反应能力降低，动作不协调，如果马上游泳就会造成疲劳的积累，容易引起痉挛，发生溺水事故。因此，在剧烈运动或大强度体力劳动后，应休息一会儿，待体力恢复正常后再游泳。

5. 游泳前要做好准备活动

准备活动可提高神经系统的兴奋性，增强心血管系统和呼吸系统的功能，促进血液循环和新陈代谢，可使肌肉的力量和弹性增加，身体各关节的活动范围相应加大，关节灵活性也有所提高。这些变化有利于身体更好、更快地适应游泳运动的需要，同时，对防止痉挛、拉伤也有积极的作用。游泳前的准备活动，一般为广播操、跑步、游泳模仿动作及各种拉伸肌肉和韧带的练习。特别要活动颈、肩、腰、髋、踝、腕各部位的关节。

6. 量力而行，不逞强

下水游泳时，初学者应在浅水区域活动。会游泳者也要量力而行，不要逞强好胜，应合理安排运动量。当自感身体有异常反应时，如头晕、头痛、胃痛、恶心或呕吐时，应立即上岸。擦干身体，待身体恢复正常后再下水。如过高估计自己的体力和技术，因而远游，结果无力返回，容易造成溺水事故。

在游泳时要避免一切危险动作，如在浅水区跳水、互相打闹、长时间地憋气潜水、在湿滑的池边奔跑追逐等。

7. 自救和呼救

游泳时，如遇痉挛，应保持冷静，不要慌张；应立即上岸或在水中自我解救痉挛部位（方法见本节“身体异常现象的预防与处理”）。与此同时，也可呼救，以便周围的人及时来帮助、救护。如发现他人抽筋或溺水时，应迅速过去救护，并大声呼救，让周围的人与你一起抢救。

8. 遵守公共卫生，文明游泳

游泳时应讲文明，不要穿内衣裤下水，不宜穿白色、浅黄色等浅色泳装游泳。应自觉遵守公共卫生，不向水中吐痰、便溺和抛弃杂物，以免污染水质，损害自身和他人的健康。

9. 预防眼、耳疾病

由于水中有杂质和细菌，游泳者容易发生眼、耳疾病。

预防眼病要选择干净的游泳场所进行游泳，游泳后要向眼中点眼药水，切勿用手乱擦眼睛，以防挫伤结膜，或使细菌进入眼内。游泳场所管理人员还要注意维护公共卫生，经常进行游泳池净化处理和水质检查。

游泳时如果有水进入耳内，常常有刺痒、耳鸣等不适感。这时切勿用手指挖耳，以免擦破耳道，造成耳道感染，引起中耳炎。游泳后，应及时冲洗身体，然后擦干身体，穿上衣服，以防感冒。稍做休息后，再进食或进行其他活动。

10. 其他需要考虑的环境因素

一般游泳结束后身体皮肤和头发会感觉发黏。这是由于给池水消毒的氯吸附在皮肤和头发上，而且一旦吸附上就不容易被冲洗下去。头发长时间接触氯还会干枯发黄。因此，应在游泳前先淋浴，这是由于身体刚刚湿的时候，皮肤和头发表面吸附大量的水分，再进入泳池后会显著减少身体表明氯的依附。如果不经淋浴就直接跳入游泳池，头发和皮肤表面将吸附大量的游泳池池水，而池水中氯的含量是自来水中的 2 ～ 10 倍。

（二）身体异常现象的预防与处理

1. 皮肤过敏

在游泳时，有些人下水后受到冷水的刺激或被风吹，会出现皮肤过敏现象。轻者皮肤发红、起疙瘩，严重者会出现头晕、眼花、头痛等现象。如出现上述情况，应及时上岸，洗净并擦干身体，穿好衣服，注意保暖，喝些热水，一般能很快恢复。若反应严重，则应到医院就诊。

2. 头晕、头痛

在游泳中有时会出现头晕的现象，尤在初学者或偶尔下水游泳者中多见。引起头晕的主要原因包括下水后身体受冷水刺激，血管收缩，造成脑部暂时供血不足；人体在水中散热快，体力消耗大，游泳时间过长而造成血糖下降过多；水中呼吸方法不正确，导致脑部缺氧，或进行呼吸练习时过度呼气；等等。以上几种情况都是正常的生理反应，休息片刻便能恢复。如果头晕现象越来越严重，则应到医院做进一步的检查。

3. 呛水

呛水即鼻腔进水，会引起反射性咳嗽和呼吸障碍。初学者游泳时，由于没有掌握正确的水中呼吸方法，很容易发生呛水。即使是会游泳的人，如果没有把握好风浪的规律和呼吸的时机，或者在做滚翻转身等动作时没有用鼻缓慢呼气，也会发生呛水。

要从根本上避免呛水，主要是应多练习水中呼吸，掌握呼吸的要领。一定要用口吸气，用口、鼻呼气，同时注意风浪和游泳池中水波的规律。呛水时，千万不可惊惶失措，胡乱挣扎，否则往往会接二连三地呛水，引起呼吸道梗死，身体将失去平衡而下沉，造成窒息乃至淹溺。呛水时不要紧张，应保持头脑冷静，游泳动作不要乱。可先憋住气，把口中的水吐出或干脆咽下，然后调整呼吸。一般来说，坚持一会儿，呛水引起的难受感觉就会逐渐消失。

4. 外耳道进水

游泳时外耳道进水是正常现象。但如果水滞留耳中，不仅会带来不舒服的感觉，影响听力，还容易引起中耳炎。因此，游泳时应及时将耳内的水排出。以下介绍几种简便而有效地排出耳内积水的方法。

（1）吸水法。

用消毒棉签或卷成细条的柔软干净吸水纸轻轻伸进外耳道，将水吸出。这种方法一般在游泳结束后采用。

（2）压引法。

将头偏向进水耳一侧，使进水的耳朵朝下，用同侧手掌紧压在耳郭上，不留空隙，屏住呼吸，然后迅速拉开手掌。重复几次，水就会被吸引出来。

（3）跳空法。

站在岸上，将头偏向进水耳一侧，使进水的耳朵朝下，口微张开，用同侧腿在原地连跳数次，水就会被震出来。

5. 痉挛

痉挛是在游泳中经常遇到的问题。痉挛指的是肌肉发生不自主的强直收缩，引起局部疼痛和活动障碍。下水前没有做好准备活动、身体过于疲劳、水温过低等，是引发痉挛的主要原因。肌肉过分紧张，体内缺盐等，也容易引起痉挛。

发生痉挛时要保持镇静，不可惊慌失措。一般可用“反向拉伸”的办法将痉挛的肌肉拉长，拍打揉捏痉挛部位使之松弛。轻微的痉挛经此处理一般即可缓解。发生痉挛后一般应就近上岸休息，痉挛严重的应及时呼救。

二、基本救生知识

（一）赴救技术

赴救技术包括直接赴救和间接赴救两种方法。在选择赴救方法时，应遵循一个原则：能间接赴救的，力求间接赴救；不能间接赴救或无法间接赴救的（如与溺水者相距甚远或溺水者已昏迷），应果断地采取直接赴救。

（1）间接赴救是利用现有的救生器材（如救生圈、竹竿、绳子、浮板、球等）对较清醒的溺水者进行施救的一种技术。

（2）直接赴救是救生人员在没有救生器材或溺水者已处于昏迷状态时，由救护者直接救起的一种技术，包括入水、寻找、接近、解脱、拖带、上岸等步骤。

（二）急救技术

急救技术是指将溺水者带上岸后，根据溺水者的症状采取抢救措施的专门技术。岸上急救必须遵循一条原则——施救为准，即在时间上要求争分夺秒，在方法上要求准确无误。岸上急救的程序是呼吸道异物阻塞清除、腹部控水、人工呼吸和心肺复苏。

体育思政课堂

学习游泳的过程是一个克服畏惧心理，战胜自我的过程。游泳可以提升人的自信心和耐力，从而更好地学习和生活。

第十二章

形体运动

第一节　健身健美

学习提示

练习健美就是为了能够通过合理地运用各种器械和训练方法，塑造出匀称的体形，从而不断地提高健康水平和生活质量。

一、健身健美概述

（一）健美的起源与发展

健美运动是 19 世纪末在欧洲兴起的，由德国人尤金・山道首创。尤金・山道于 1901 年在英国举办了世界上第 1 次健美比赛。尤金・山道对健美运动起到了很大的推动作用，被人称为“现代健美之父”。1946 年，加拿大人威德兄弟创建了国际健美联合会。它是国际单项体育联合会排名第 6 位的单项运动联合会。国际健美联合会每年定期举办洲际、世界性的业余和职业健美比赛。

（二）健身健美的锻炼价值

健身健美的一个突出作用是可以有效地发展全身肌肉、增长力量。健身健美训练中要经常使用各种各样的杠铃、哑铃等负重器具，能够使肌肉得到强烈的刺激，从而使肌纤维增粗，肌肉中的毛细血管增多，肌肉的生理横断面增大，肌肉变得丰满、结实而发达。图 12–1–1 为人体部分肌肉及肌群分布图。

健身健美对心血管系统、呼吸系统、消化系统等的机能产生良好的影响；能改善体形、体态，使全身各部位的比例匀称、协调，使肌肉具有优美的线条；能调节心理活动，陶冶美的情操，培养顽强的意志品质。

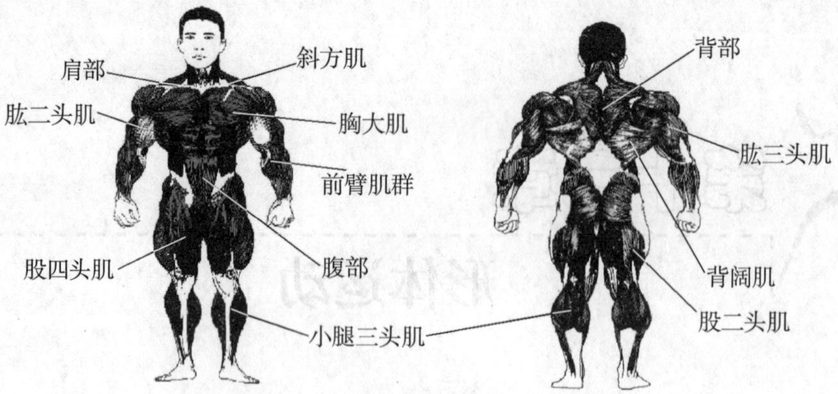

图 12-1-1

二、健身健美入门与基础

以下将详细介绍各主要肌群的训练方法。

（一）胸部肌群

仰卧推举与仰卧飞鸟的长凳可分为上斜板（与地面成 30°）、下斜板（与地面成 15°～20°）、平板。分别适用于锻炼上胸部者、锻炼下胸部者及初学者。

1. 仰卧推举

【器械】杠铃（哑铃）、长凳。

【要领】宽握距（肘关节弯曲至 90°），挺胸、沉肩，推至两臂基本伸直即可。（图 12-1-2）

2. 仰卧飞鸟

【器械】哑铃、长凳。

【要领】下降到极限时，肘关节角度成 100°～120°，在整个动作过程中，要保持肩、肘、腕始终在同一垂直面内。（图 12-1-3）

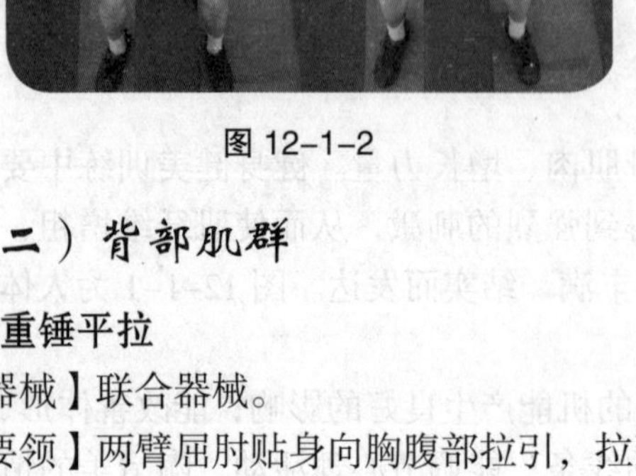

图 12-1-2

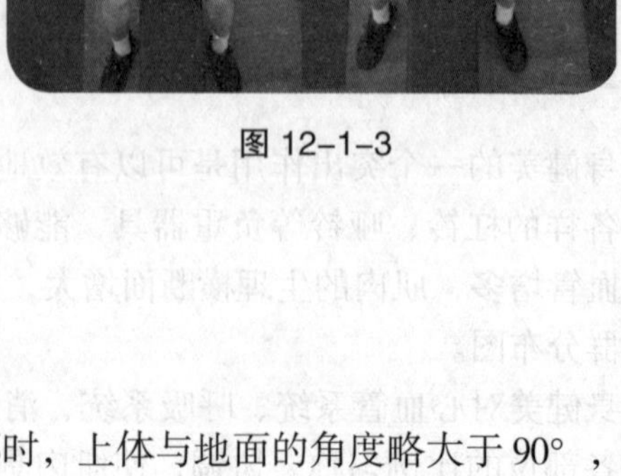

图 12-1-3

（二）背部肌群

1. 重锤平拉

【器械】联合器械。

【要领】两臂屈肘贴身向胸腹部拉引，拉到小腹部时，上体与地面的角度略大于 90°，同时挺胸收腹。（图 12-1-4）

2. **重锤下拉**

【器械】联合器械。

【要领】分为向前拉和向后拉。向前拉至胸前，同时上体稍后仰，尽量抬头挺胸；向后拉至极限，尽量低头。（图 12–1–5）

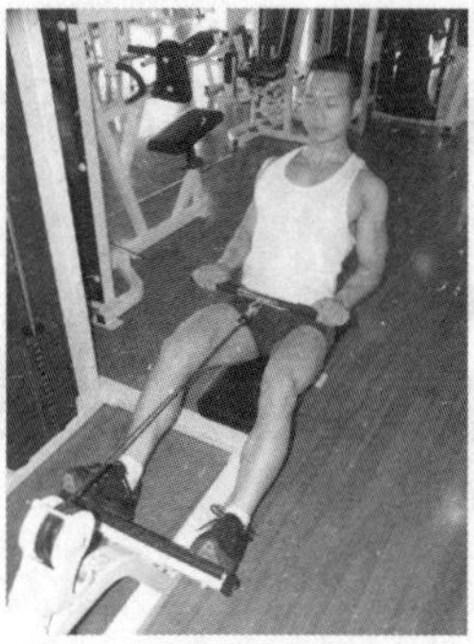

图 12–1–4

图 12–1–5

（三）肩部肌群

1. **坐姿推举**

【器械】杠铃、推举架。

【要领】垂直向上推至两臂完全伸直（图 12–1–6）。可分为颈前推举（锻炼三角肌前、中束）和颈后推举（锻炼三角肌后束）。

2. **立正划船**

【器械】杠铃。

【要领】沿体前上拉，拉至锁骨处时，两臂尽量向耳部靠拢（图 12–1–7）。窄握距锻炼三角肌前束；宽、中握距锻炼三角肌中束。

图 12–1–6

图 12–1–7

（四）腹部肌群

1. **上腹部**

锻炼上腹部的技术动作主要是各种各样的仰卧起坐。（图 12–1–8）

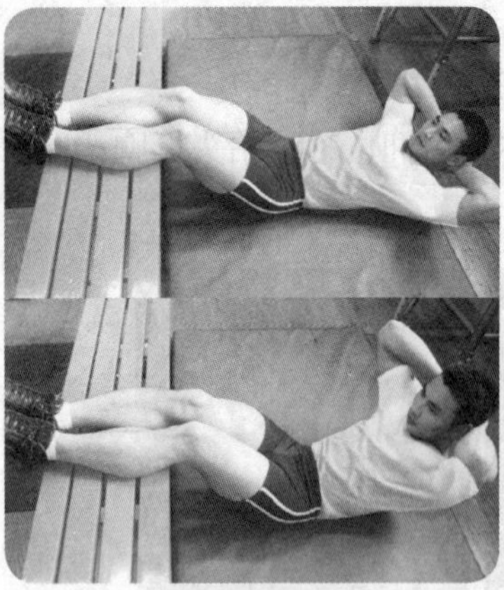

跪姿屈体

搁凳仰卧起坐　　踏地仰卧起坐

图 12-1-8

2. 下腹部

锻炼下腹部的技术动作主要是各种各样的举腿。（图 12-1-9）

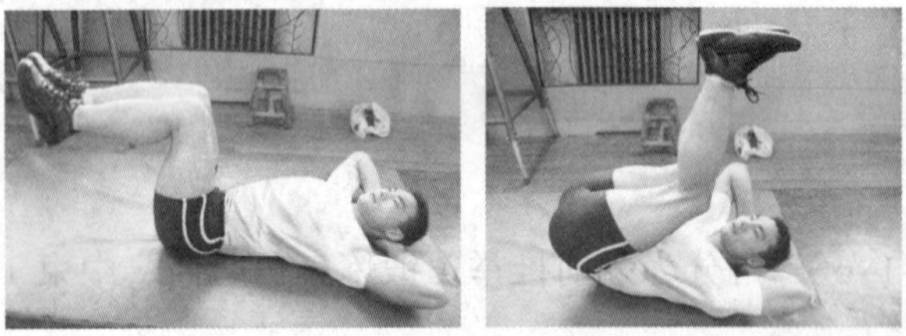

仰卧举腿

坐姿举腿

图 12-1-9

（五）上臂部肌群

1. 肱二头肌

（1）站立弯举。

【器械】哑铃、杠铃。

【要领】上臂保持固定不动，以肘关节为轴屈起前臂。（图 12-1-10）

> ◎ 肱二头肌的最佳收缩角度为肘间角度 50° ～ 55° 。
> ◎ 上臂保持空间位置相对固定。
> ◎ 手腕平直，切勿屈、伸手腕，以避免前臂肌群紧张。

（2）俯坐弯举。

【器械】哑铃。

【要领】上体前俯，持铃臂的肘关节顶在同侧大腿内侧靠近膝关节处，前臂与大腿成 45° ，以肘关节为轴屈起前臂。（图 12-1-11）

图 12-1-10

图 12-1-11

2. 肱三头肌

（1）站立臂屈伸。

【器械】杠铃、哑铃。

【要领】窄握距，两臂伸直上举，上臂与地面垂直，并始终保持靠近耳侧。向颈后弯曲，直至极限后，伸直手臂。（图 12-1-12）

（2）俯立臂屈伸。

【器械】哑铃。

【要领】俯立（或站在凳边一侧，一腿跪凳上，同侧手支撑），屈肘持铃，上臂紧贴体侧，持铃向后上方举起直至手臂完全伸直。（图 12-1-13）

图 12-1-12

图 12-1-13

（六）大腿肌群

1. 股四头肌（颈后深蹲）

【器械】杠铃（应在脚后跟垫 3 ～ 5 厘米高的垫木）。

【要领】始终保持抬头、挺胸、紧腰的身体姿势，下蹲至大腿与地面平行。蹲起时，杠铃要始终保持垂直向上运动。（图 12-1-14）

2. 股二头肌（腿弯举）

【器械】举腿架。

【要领】躯干紧贴凳面，两手抓住固定物，脚后跟钩住脚托，将小腿向上弯起，尽量靠近臀部。（图 12-1-15）

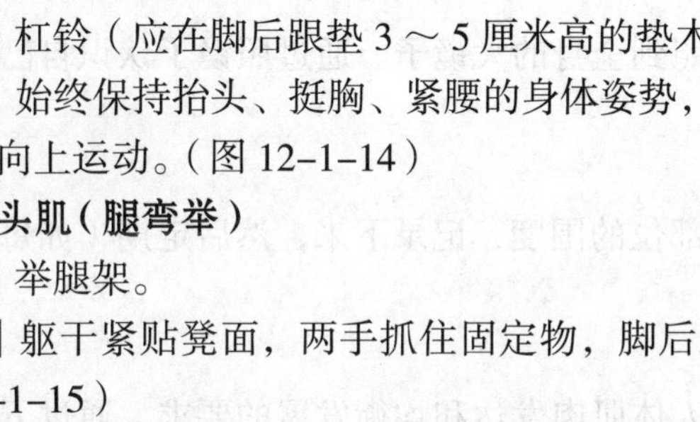

图 12-1-14

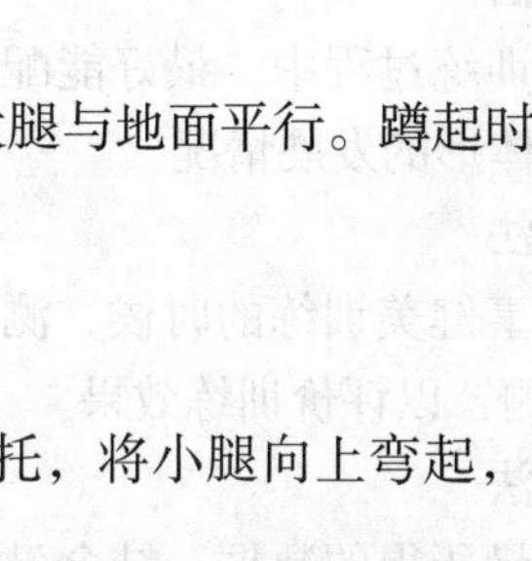

图 12-1-15

（七）小腿肌群

锻炼小腿肌群的技术动作主要是各种各样的举踵，可利用联合器械、杠铃、哑铃等。

举踵注意事项

◎ 两腿保持自然伸直。

◎ 为使小腿三头肌充分拉长，在举踵时，脚下应垫 7 ～ 10 厘米高的垫木。

◎ 在小腿三头肌充分收缩时（即用力踮起脚尖时），停留 4 ～ 5 秒。

三、健身健美的评价与欣赏

（一）健身健美的评价

经过科学的健美形体训练，男性应体现出体格魁梧、肌肉壮实的特征。女性则应体现出丰满圆润、曲线优美的特征；现在介绍几种常用的自我评价的方法。

1. 拍照法

在自我健美训练前，分别拍摄自己的全身体形照片数张，包括正面、侧面和背面。男子要求赤膊、穿短裤，女子要求穿比基尼泳装，这样可看清全身肌肉和脂肪的分布情况。之后每隔 3 个月或半年再拍摄一次，将前后拍摄的照片对照比较，即可直观形象地看出全身肌肉和体形的变化情况。

2. 照镜法

在健美训练过程中，最好能配上一面能照到全身的大镜子。通过照镜子认识自己的体形，随时观察自己体形的发展情况。

3. 测量法

开始从事健美训练的时候，测量身体各部位的围度，记录下来，然后定期（如每隔 3 个月或 5 个月）复测，以评价训练效果。

4. 计算法

根据测量所得的数据，结合健美运动对人体肌肉发达和均衡发展的要求，通过下列公式进行自我评价。

（1）全身肌肉群发达程度的计算法：

A＝（两上臂围＋两大腿围＋两小腿围＋胸围）÷ 2÷ [（两腕围＋两膝围＋两踝围）÷ 2]

A 值越大，说明全身各部位肌肉群越发达，体态越健美。

（2）全身肌肉群均衡发展的计算法 。

计算两上臂围差、两大腿围差和两小腿围差，得出的值越小越好。围度差值越小，说明身体的各部位比例越趋于协调、匀称，肌肉也越趋于均衡、饱满、健美。

5. 健美体形参数

男性健美爱好者身高、胸围、腰围、体重的理想指数见表 12–1–1。

表 12-1-1 健美体形参数

身高 / 厘米	160	165	170	175	180	185	190
胸围 / 厘米	107	110	113	117	120	123	127
腰围 / 厘米	71	73	75	78	80	82	85
体重 / 千克	70	75	80	85	90	95	100

（二）欣赏健美比赛

一场健美比赛，是展示运动员完美体形的过程，也是展现人体艺术美的表演。在比赛中，观众和裁判员不仅要欣赏健美运动员的肌肉、体形、线条，还要对健美运动员展示完美体格的各种艺术造型进行评判。

1. 男子评分标准

男子评分标准依次是肌肉、匀称度、造型、肤色。

男子 7 个规定动作：要求根据规定的技术动作规格，充分展现重点部位的肌肉，并显示其他各部位的肌肉群。（图 12-1-16）

自选动作：能运用控制肌肉的能力，展示肌肉块，整套动作过渡、衔接合理，并运用艺术造型的表演技能，配合音乐节奏体现出完美的表演水平。

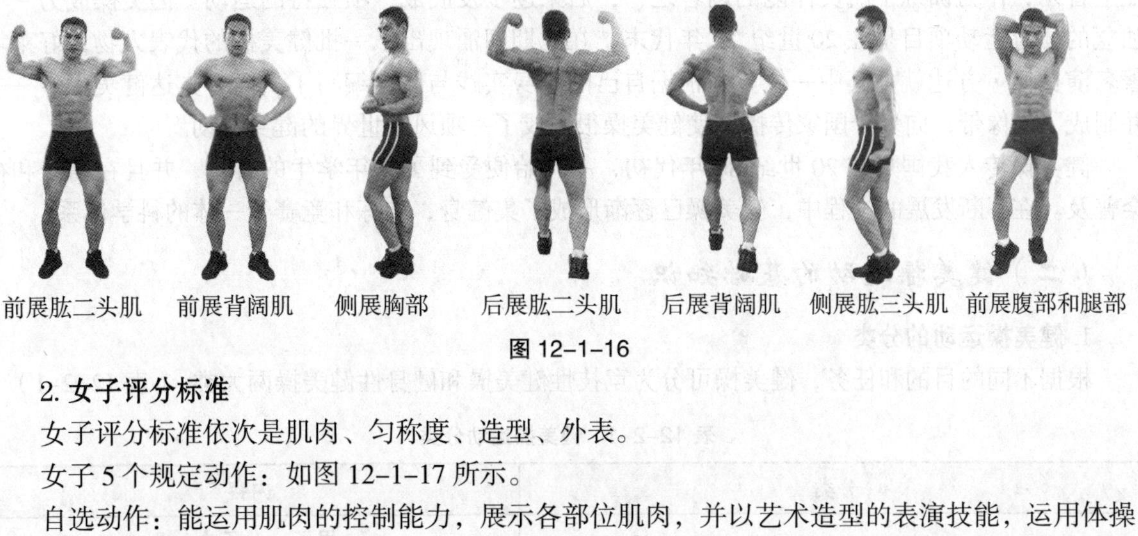

前展肱二头肌　前展背阔肌　侧展胸部　后展肱二头肌　后展背阔肌　侧展肱三头肌　前展腹部和腿部

图 12-1-16

2. 女子评分标准

女子评分标准依次是肌肉、匀称度、造型、外表。

女子 5 个规定动作：如图 12-1-17 所示。

自选动作：能运用肌肉的控制能力，展示各部位肌肉，并以艺术造型的表演技能，运用体操、芭蕾和舞蹈的手势与步法，配合音乐旋律，使整套动作的过渡、衔接与音乐节奏协调一致，体现出完美的表演技能。

前展肱二头肌　侧展胸部　后展肱二头肌　侧展肱三头肌　前展腹部和腿部

图 12-1-17

第二节　健美操

学习提示

学习健美操的目的是提高心肺有氧代谢的功能，塑造健康的形体，保持愉悦的心情，使生活充满激情与活力。

一、健美操运动概述

（一）健美操运动的起源与发展

现代健美操运动起源于20世纪60年代末的美国，最早是由医学博士库珀设计了一些动作，配上音乐，作为训练宇航员体能的内容之一，后来逐步发展成一项独特的运动。健美操成为一项独立的体育运动项目是在20世纪70年代末，在此期间涌现出了一批健美操的代表人物，好莱坞著名演员简·方达就是其中一位。她根据自己的亲身实践与体会编写了《简·方达健美术》一书并制成了录像带，向多个国家传播，使健美操很快成了一项风靡世界的健身运动。

健美操传入我国是在20世纪80年代初，一开始便受到了青年学生的喜爱，并且在高校和社会普及。在不断发展的过程中，健美操已逐渐形成了集健身、训练和竞赛于一体的科学体系。

（二）健美操运动的基础知识

1. 健美操运动的分类

根据不同的目的和任务，健美操可分为竞技性健美操和健身性健美操两大类。（表12-2-1）

表12-2-1　健美操运动分类

分类		内容
竞技性健美操	自编竞技健美操	男子、女子单人操 混合双人操 三人、六人操
	规定竞技等级健美操	成年组 青少年组
健身性健美操	一般健美操	传统有氧健美操
	不同风格健美操	搏击操、拉丁操、街舞健身操
	器械健美操	踏板操、哑铃操、橡皮筋操、健身球操
	特殊场地健美操	水中健美操、固定器械健美操

2. 健美操的锻炼价值

经常参加健美操运动，可提高关节的灵活性，增强肌肉的力量，提高韧带、肌腱等结缔组织的柔韧性，提高心肺系统的耐力水平，有利于改善和提高人的协调能力。

长期进行健美操锻炼能消耗多余的脂肪，有益于肌肉的匀称、骨骼、关节的协调发展；有利于改善不良的身体姿势，塑造优美的体态；可以缓解人的精神压力，增强人的社会交往能力。

健美操不仅具有良好的健身效果，还具有娱乐的功能，健美操可使人在锻炼中得到精神上的享受，满足人们的心理需要。

健美操锻炼三要素

科学的锻炼方法、循序渐进的原则、持之以恒的毅力是健美操锻炼取得成效的关键。

（三）健美操锻炼效果的评价

进行健美操练习，要学会对自己的身体状况进行自我监督与评价。这将有助于科学地选择锻炼内容和运动强度，使健美操锻炼获得更好的效果。

1. 自我感觉

（1）自我感觉：正常练习者应该精神饱满，体力充沛，渴望参加活动，每次练习后稍有疲劳和肌肉酸累感，但经过休息能很快恢复。若感到精神不振、头晕、胸闷、气短、腹胀、腹痛，甚至恶心、呕吐等则说明运动强度过大，应调整锻炼计划。

（2）排汗量：排汗量在气温、饮水量、锻炼强度等外界条件相同的情况下，随着练习水平的提高而减少。若排汗量增加，甚至出现夜间盗汗，则表明身体极度疲劳，应调整运动量。

（3）食欲：正常练习者在一次大运动量活动后，食欲可能会暂时下降，但很快就能恢复。反之，就得考虑运动量和运动强度是否安排不当。

（4）睡眠：良好的睡眠状态应当是入睡快，醒后感到精力、体力旺盛。若经常失眠，夜间易醒或第二天睡醒后仍感疲劳，可能是运动过度引起的，应调整锻炼计划。

2. 客观评价

（1）形态测量：参加健美操锻炼前要将自己的身高、体重、围度及身体质量指数进行测量、计算，经过一段时间的锻炼后再测量和计算，并进行比较，比较的结果则反映锻炼的效果。

（2）机能测量：长期坚持健美操锻炼的人，安静时的脉搏频率呈现递减的趋势、剧烈运动后的即时脉搏频率呈现递增趋势为正常或良好；运动后，由即时脉搏恢复到正常时脉搏的时间呈现递减的趋势为正常或良好。

二、健美操基本动作

（一）健美操基本步法

基本步法是健美操动作中的最小单位，是组成组合动作和成套动作的基础。练习者通过基本步法的练习，可以提高协调性、节奏感和韵律感。

健美操基本步法分为无冲击力步法、低冲击力步法和高冲击力步法。

1. 无冲击力步法

步法特点：两脚始终接触地面。（图 12-2-1）

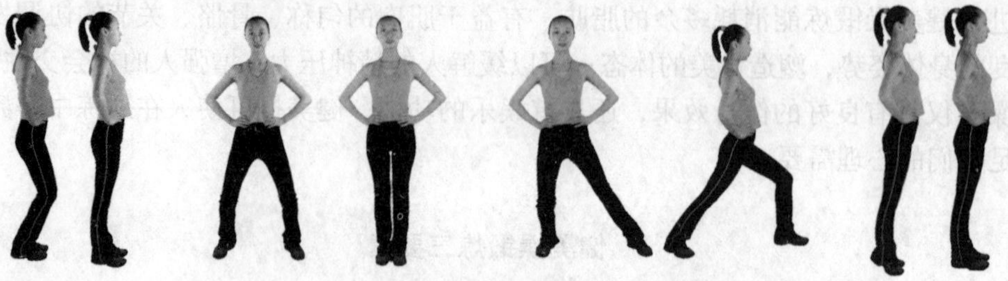

弹动　半蹲　弓步　提踵

图 12-2-1

2. 低冲击力步法

步法特点：有一只脚始终接触地面。

（1）踏步类步法。（图 12-2-2）

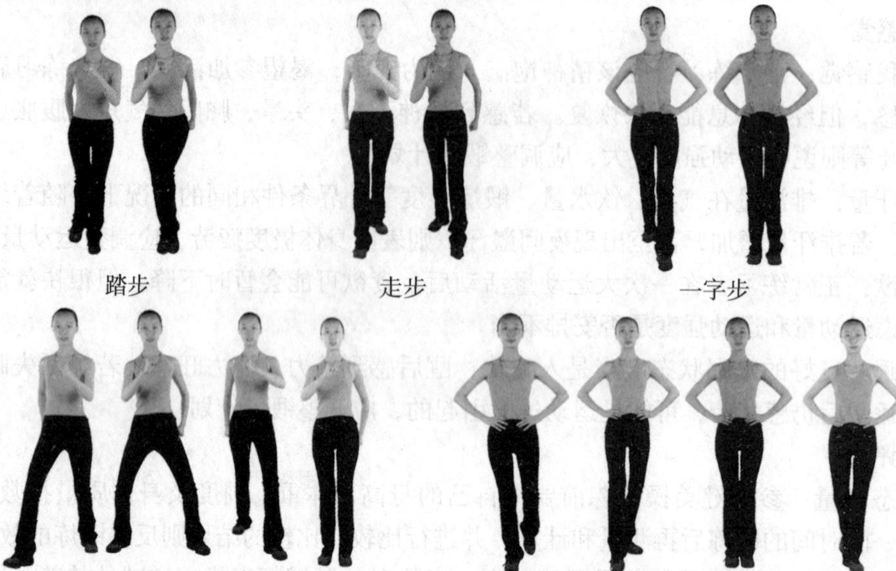

踏步　走步　一字步　V 字步　漫步

图 12-2-2

（2）点地类步法。（图 12-2-3）

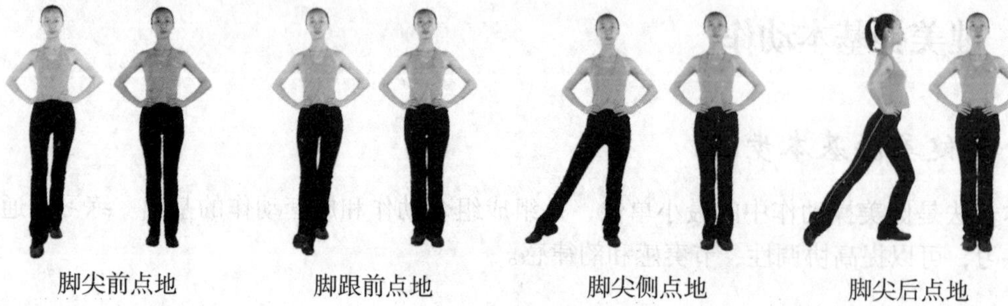

脚尖前点地　脚跟前点地　脚尖侧点地　脚尖后点地

图 12-2-3

（3）迈步类步法。（图 12-2-4）

图 12-2-4

（4）单脚抬起类步法。（图 12-2-5）

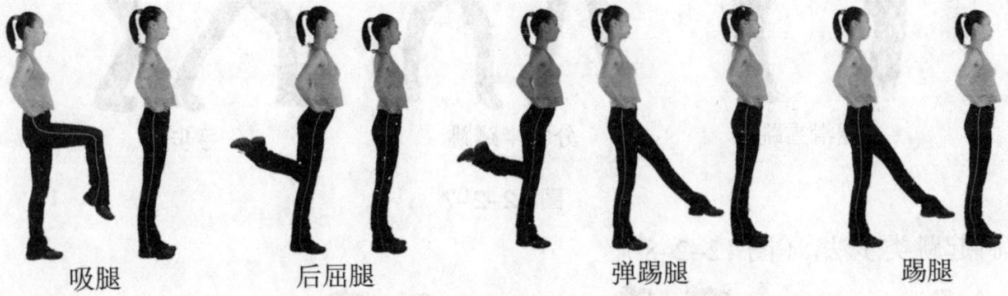

图 12-2-5

3. **高冲击力步法**

步法特点：两脚同时离地，有腾空的动作。

（1）迈步起跳类步法。（图 12–2–6）

并步跳　迈步吸腿跳　迈步后屈腿跳

图 12–2–6

（2）双脚起跳类步法。（图 12–2–7）

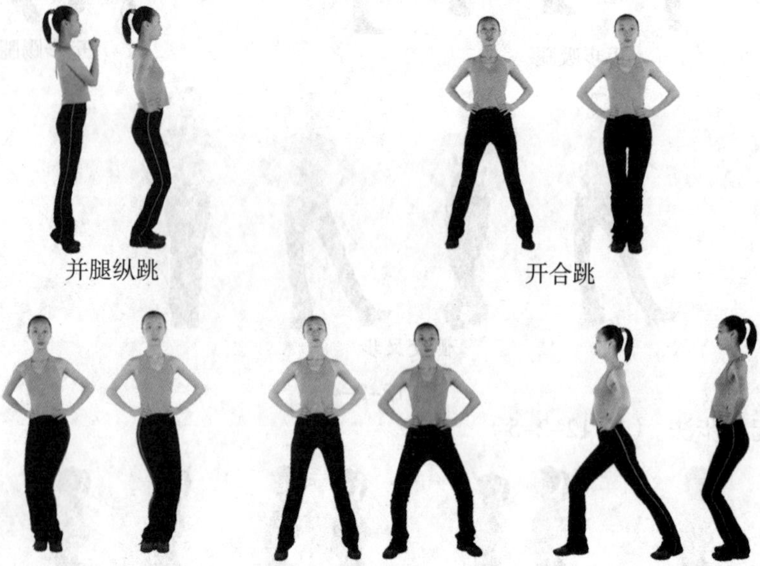

并腿纵跳　开合跳

并腿滑雪跳　分腿半蹲跳　弓步跳

图 12–2–7

（3）单脚起跳类步法。（图 12–2–8）

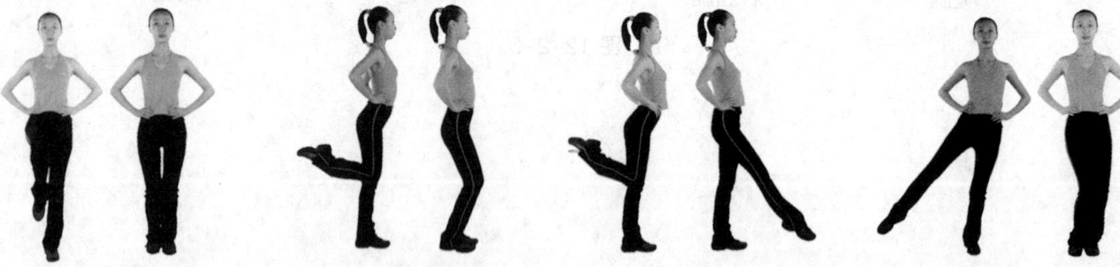

吸腿跳　后屈腿跳　踢腿跳　摆腿跳

图 12–2–8

（4）后踢腿跑。（图 12-2-9）

后踢腿跑

图 12-2-9

（二）健美操上肢基本动作

（1）自然摆动：屈肘前后摆动，可以同时或依次摆动。（图 12-2-10 ①）
（2）臂屈伸：上臂固定，肘屈伸。臂屈时肱二头肌收缩，臂伸时肱三头肌收缩。（图 12-2-10 ②）
（3）直臂上摆：手臂由下摆至前平举或侧平举。（图 12-2-10 ③）
（4）冲拳：手握拳由腰间冲至各位置。（图 12-2-10 ④）
（5）屈臂提拉：手臂由下举至胸前平屈。（图 12-2-10 ⑤）
（6）推：手掌由肩侧推至各位置。（图 12-2-10 ⑥）

① ② ③ ④ ⑤ ⑥

图 12-2-10

（三）健美操基本手型

健美操基本手型如图 12-2-11 所示。

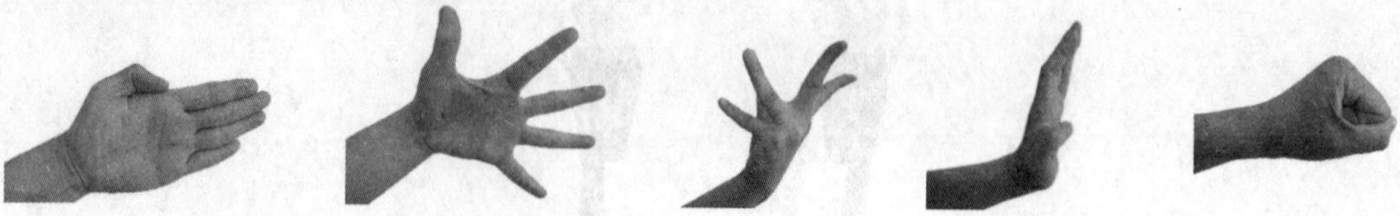

并掌　开掌　花掌　立掌　拳

图 12-2-11

三、健美操基本动作的变化规律

健美操动作大都是在基本动作的基础上演变而来的。基本动作看似简单，其实变化无穷。

（1）改变身体的方向，如转体 90° 或 180° 的开合跳，不同方向的连续踏步或带转体的踏步等。

（2）改变出脚的方向，如前、后弓步跳成左、右弓步跳等。

（3）改变动作速度或强度，如不同高度的踢腿跳等。

（4）上下肢动作相互组合，如相同的步法、不同的上肢动作，或者相同的上肢动作、不同的步法等。

（5）不同步法相互组合，如吸腿跳与踢腿跳，开合跳与弓步跳等。

（6）复合变化，如在改变身体方向的同时改变出脚的方向，改变速度的同时改变身体方向等。

四、第三套《全国健美操大众锻炼标准》（三级）

第三套《全国健美操大众锻炼标准》（三级）动作图解如下。

组合一

<table>
<tr><td colspan="2">动作</td><td colspan="2">
1　2　3　4　5　6　7　8</td></tr>
<tr><td colspan="2">节拍</td><td>下肢步法</td><td>上肢动作</td></tr>
<tr><td colspan="2">预备姿势</td><td>站立</td><td>两手成并掌，两臂自然垂于体侧</td></tr>
<tr><td rowspan="2">一</td><td>1～4</td><td>右脚开始向侧迈步后屈腿 2 次，2 拍时右转 90°</td><td>1～2 拍右臂摆至侧平举，左臂摆至胸前平屈，3～4 拍同 1～2 拍，但方向相反</td></tr>
<tr><td>5～8</td><td>向右迈步后屈腿 2 次，6 拍时右转 180°</td><td>两手叉腰</td></tr>
</table>

<table>
<tr><td colspan="2">动作</td><td colspan="2">
1　2　3～4　5　6～7　8</td></tr>
<tr><td colspan="2">节拍</td><td>下肢步法</td><td>上肢动作</td></tr>
<tr><td rowspan="2">二</td><td>1～2</td><td>1/2 V 字步</td><td>1 拍右臂侧上举，2 拍左臂侧上举</td></tr>
<tr><td>3～8</td><td>做 6 拍漫步，8 拍时右转 90°</td><td>随脚的动作自然前后摆动</td></tr>
<tr><td colspan="2">动作</td><td colspan="2">
1　2　3　4　5　6　7　8</td></tr>
<tr><td colspan="2">节拍</td><td>下肢步法</td><td>上肢动作</td></tr>
<tr><td>三</td><td>1～8</td><td>右脚开始交叉步 2 次，4 拍时右转 90° ，两脚成 L 形</td><td>1 拍两臂前举，2 拍胸前平屈，3 拍同 1 拍，4 拍击掌。5～8 拍同 1～4 拍</td></tr>
<tr><td colspan="2">动作</td><td colspan="2">
1　～　2　3～4　5～6　7～8</td></tr>
<tr><td colspan="2">节拍</td><td>下肢步法</td><td>上肢动作</td></tr>
<tr><td rowspan="2">四</td><td>1～4</td><td>1～2 拍右脚侧并步跳，3～4 拍 1/2 后漫步</td><td>1～2 拍两臂侧上举，3～4 拍右臂摆至体前，左臂摆至体后</td></tr>
<tr><td>5～8</td><td>5 拍时左转 90° ，左脚开始小马跳 2 次</td><td>5～6 拍右臂上举，7～8 拍左臂上举</td></tr>
<tr><td colspan="4">第五至第八个八拍，动作相同，但方向相反</td></tr>
</table>

组合二

<table>
<tr><td colspan="2">动作</td><td colspan="2">
1　2　3　4　5　～　6　7　8</td></tr>
<tr><td colspan="2">节拍</td><td>下肢步法</td><td>上肢动作</td></tr>
<tr><td rowspan="3">一</td><td>1～4</td><td>右脚向右前上步吸腿 2 次</td><td>两臂自然摆动</td></tr>
<tr><td>5～6</td><td>左脚开始向后交换步</td><td>两臂随下肢动作自然摆动</td></tr>
<tr><td>7～8</td><td>右脚上步吸腿</td><td>两臂自然摆动</td></tr>
</table>

动作		 1 2 3 4 5～6 7～8	
节拍		下肢步法	上肢动作
二	1～4	左脚开始侧交叉步两次	两臂随步法向反方向屈伸
	5～8	右转 45°，左脚漫步	5～6 拍两臂侧屈外展，7～8 拍两臂经体前下摆至体侧
动作		 1 2 3 4 5 ～ 6 7 ～ 8	
节拍		下肢步法	上肢动作
三	1～4	左脚开始十字步，3 拍时左转 180°	两臂自然摆动
	5～8	左脚开始侧迈步并步跳 2 次	两臂自然摆动
动作		 1 2 3 4 5 6 7 8	
节拍		下肢步法	上肢动作
四	1～8	左脚开始漫步 2 次，4 拍时右转 90°	两臂自然摆动
第五至第八个八拍，动作相同，但方向相反			

组合三

动作		 ～ 1 2 3 4 5 6 7 8	
节拍		下肢步法	上肢动作
一	1～6	右脚开始做侧点地 3 次	1～2 拍右臂向下屈伸，3～4 拍左臂向下屈伸，5～6 拍同 1～2 拍动作
	7～8	左脚开始向前走 2 步	击掌 2 次

<table>
<tr><td colspan="2">动作</td><td colspan="2">
1 2 3 4 5 6 7 8</td></tr>
<tr><td colspan="2">节拍</td><td>下肢步法</td><td>上肢动作</td></tr>
<tr><td rowspan="2">二</td><td>1～4</td><td>左腿吸腿跳 2 次</td><td>1 拍两臂侧上举，2 拍两臂胸前平屈，3 拍同 1 拍，4 拍叉腰</td></tr>
<tr><td>5～8</td><td>吸右腿跳，向后落地，7 拍时转体 180°，吸左腿</td><td>两手叉腰</td></tr>
<tr><td colspan="2">动作</td><td colspan="2">
1 2 3 4 5 6 7 8</td></tr>
<tr><td colspan="2">节拍</td><td>下肢步法</td><td>上肢动作</td></tr>
<tr><td rowspan="2">三</td><td>1～4</td><td>1～3 拍左脚开始向前走 3 步，4 拍右腿吸腿跳，4 拍时左转体 180°</td><td>1～3 拍叉腰，4 拍击掌</td></tr>
<tr><td>5～8</td><td>5～7 拍右脚开始向前走 3 步，8 拍左腿吸腿</td><td>5～6 拍两臂同时经前下摆，7～8 拍经前侧屈外展至体前击掌</td></tr>
<tr><td colspan="2">动作</td><td colspan="2">
1 2 3 4 5 6 7 8</td></tr>
<tr><td colspan="2">节拍</td><td>下肢步法</td><td>上肢动作</td></tr>
<tr><td>四</td><td>1～8</td><td>左脚开始并步 4 次，6 拍时右转 90°</td><td>两臂做屈臂提拉 4 次</td></tr>
<tr><td colspan="4">**第五至第八个八拍，动作相同，但方向相反**</td></tr>
</table>

组合四

<table>
<tr><td>动作</td><td>
1 2 3 4 5 6 7 8</td></tr>
</table>

节拍		下肢步法	上肢动作
一	1～4	右腿上步吸腿	两臂做向前冲拳、后拉 2 次
	5～8	5～7 拍左脚开始向前走 3 步，8 拍吸右腿	5～6 拍两臂同时经前向下摆，7～8 拍经前侧屈外展至体前击掌
动作		 1　2～3　4　5～6　7～8	
节拍		下肢步法	上肢动作
二	1～4	右脚向侧迈步，2～3 拍向右前 1/2 漫步，4 左脚向侧迈步	1 拍侧上举，2～3 拍随脚的动作自然摆动，4 拍同 1 拍
	5～8	右脚向左前方做漫步	两臂自然摆动
动作		 1　2　3　4　5　6　7　8	
节拍		下肢步法	上肢动作
三	1～6	右脚开始上步吸腿 3 次	1 拍肩侧屈外展，2 拍击掌，3～6 拍同 1～2 拍
	7～8	左脚做 1/2 漫步	两臂自然摆动
动作		 1　2　3　4　5　6　7　8	
节拍		下肢步法	上肢动作
四	1～8	1 拍左转 90°，2～3 拍向左做侧交叉步，4 拍时转体 180°，5～7 拍同 1～3 拍，但方向相反，8 拍左转 90°，两腿并拢	1～4 拍两臂做外展、内收、外展、击掌，5～8 拍同 1～4 拍
第五至第八个八拍，动作相同，但方向相反			

五、健美操比赛规则简介

竞技性健美操比赛以夺标和提高技术水平为目的。因此，比赛要求参赛者必须具备一定的身体素质和专项技术水平，参赛人数和年龄受到一定的限制，并严格执行竞赛规则。

（一）比赛项目与比赛时间

正式的健美操比赛（如健美操世界锦标赛）包括 7 个项目：女子单人、男子单人、混合双人、三人、集体五人、有氧舞蹈和有氧踏板。

健美操成套动作的时间都为 1 分 20 秒，有加减 5 秒的宽容度（不包括提示者）。

（二）比赛场地

竞技健美操比赛要求赛台高 80 ～ 140 厘米，后面有背景遮挡，赛台不得小于 14 米 × 14 米。竞赛地板的规格必须是 12 米 × 12 米，并清楚地标出 10 米 ×10 米的成年组各项目比赛场地。标记带为 5 厘米宽的黑色带。标记带是场地的一部分。所用地板必须符合国际体联的标准，并由国际体联认可，只有经国际体联认可的地板方可用于比赛。

（三）比赛着装

女运动员必须身着一件带有肉色或透明裤袜的比赛服或连体衣（连体衣从颈部到脚踝是一体的），头发必须固定在头上，只有女运动员才可以化妆，且必须是淡妆。男装袖口处不得在肩胛骨下有开口（无袖）。服装上禁止佩戴松散或多余的饰物。禁止佩戴珠宝首饰。

（四）裁判员组成

正规系列赛的裁判组由 14 人组成。其中，艺术裁判 4 人；完成裁判 4 人；难度裁判 2 人；视线裁判 2 人；计时裁判 1 人；裁判长 1 人。

（五）评分

艺术分总分为 10 分，由艺术裁判根据音乐和乐感、操化内容、主体内容、空间运用、艺术表现力 5 个标准进行评价。10 分的艺术分按照以上 5 项均分，每项 2 分。

完成分是从 10 分起评，由完成裁判根据技术技巧及合拍与一致性给予评判，对每个完成错误给予减分。

难度分由难度裁判使用国际体联官方速记符号记录全部成套动作的难度动作，并计算出全部难度动作的数量。按照加分的方法评分，从 0 分起评。

艺术分、完成分与难度分相加后，再减去难度裁判、视线裁判与裁判长的减分，所得分数即为最后得分。

第三节　啦啦操

学习提示

啦啦操是一种以团队形式开展的运动，它充分体现了朝气蓬勃、合作互助的精神。本节主要介绍啦啦操的基本技术和花球啦啦操规定动作。

一、啦啦操概述

（一）啦啦操的起源与发展

啦啦操是体育运动中的一个新兴项目，起源于美国，至今已经有100多年的历史。啦啦操最初是为美式足球呐喊助威的活动，发展到现在，已成为世界范围内的一项体育运动。

20世纪初，扩音器在啦啦操运动中开始被广泛使用。20世纪20年代，女性开始积极参加啦啦操运动。20世纪30年代，中学和大学开始表演花球套路，使用纸质绒球表演啦啦操。20世纪70年代，啦啦操发展迅速，除了为传统的橄榄球队和篮球队助威之外，啦啦队还开始为其他的学校体育运动服务。

（二）啦啦操的分类

我国啦啦操的分类方式较多，分类的方法也各有不同，较为常见的是将啦啦操分为竞赛性啦啦操和表演性啦啦操。其中，竞赛性啦啦操分为技巧啦啦操和舞蹈啦啦操。其中，技巧啦啦操又分为集体技巧啦啦操、五人配合技巧啦啦操和双人配合技巧啦啦操；舞蹈啦啦操又分为花球啦啦操、街舞啦啦操、爵士啦啦操等。

（三）啦啦操的特点

1. 啦啦操运动的团队精神

啦啦操运动是以集体形式展开活动的。啦啦操运动需要队员间的技术、经验交流，以达到配合的默契。啦啦操运动在托举、抛接、金字塔组合中彰显队员的团结协作精神，强调成员之间的相互激励、相互配合，以使队伍的整体机能得到最大限度的发挥，争取团队目标的实现。

2. 啦啦操运动的动感活力

啦啦操运动充分体现着一种朝气蓬勃、健康向上的精神。因此，啦啦操队员需要拥有青春的形象、健康的体魄和健美的体形。男运动员要有明显的肌肉线条，体型匀称；女运动员要具有肌肉曲线美，上、下肢比例匀称，皮肤色泽光亮。所有的啦啦操队员要五官端正、仪态端庄、青春靓丽，具有当代青少年的青春美和健康美。

3. 啦啦操运动的技术特点

技术特点是指啦啦操运动所特有的技术风格。啦啦操运动的技术特点不同于健美操和舞蹈，它更加强调肢体类动作通过短暂加速和定位制动来实现其特有的力度感。运用啦啦操基本手位、步法、跳跃，并结合多种舞蹈元素、口号等，通过空间、方向、队形、节奏的多种变化展示啦啦操运动的项目特征。

4. 啦啦操运动的培养价值

啦啦操运动能培养个人综合能力、领导能力。啦啦操队员的英文为“cheerleader”，直译为“欢呼的领导者”，他们在观众面前欢呼雀跃，激起观众的热情，赢得观众的尊敬并领导观众，使观众和他们一样富有激情。

二、啦啦操基本技术

（一）基本手位

啦啦操运动的基本手位 32 个，均有统一的动作规格、速度和力度。进行手位练习时应注意：手臂移动快速并有控制；手臂运动选取最短路径，短杠杆发力；下肢扎实，髋关节向前微倾，腰、腹收紧。啦啦操的基本手位如图 12-3-1 所示。

图 12-3-1

图 12-3-1（续）

（二）常用手型

手型是手臂动作的延伸和表现。手型运用得好，会使啦啦操动作更加丰富多彩、生动活泼，更具有感染力。

（1）并握式：除拇指外其余四指伸直并拢。拇指微屈，第一指关节贴于食指旁。（图 12-3-2）

（2）分开式：五指用力伸直，充分张开。（图 12-3-3）

（3）芭蕾手式：五指微屈，后三指并拢、稍内收，拇指内扣。（图 12-3-4）

（4）拳式：握拳，拇指在外，指关节弯曲，紧贴于食指和中指。（图 12-3-5）

（5）立掌式：五指伸直，手掌用力上翘。（图 12-3-6）

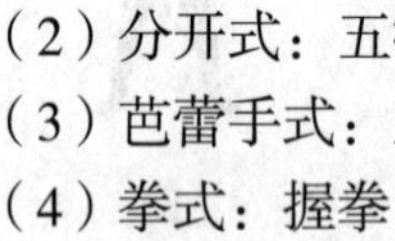
图 12-3-2

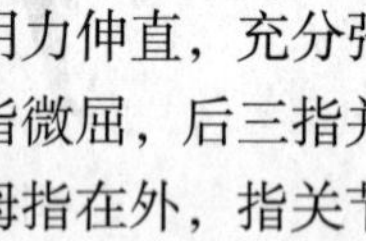
图 12-3-3

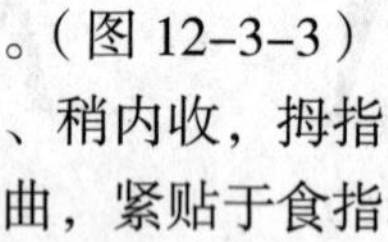
图 12-3-4

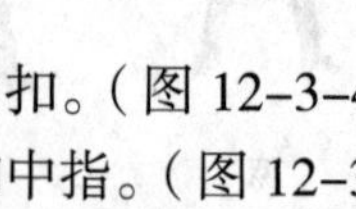
图 12-3-5

图 12-3-6

（三）下肢基本动作

啦啦操下肢基本动作如图 12-3-7 所示。

直立　开立　弓步　侧弓步　小弓步　锁步　吸腿

图 12-3-7

三、花球啦啦操规定动作示范

组合一（4×8 拍）

第一个八拍动作

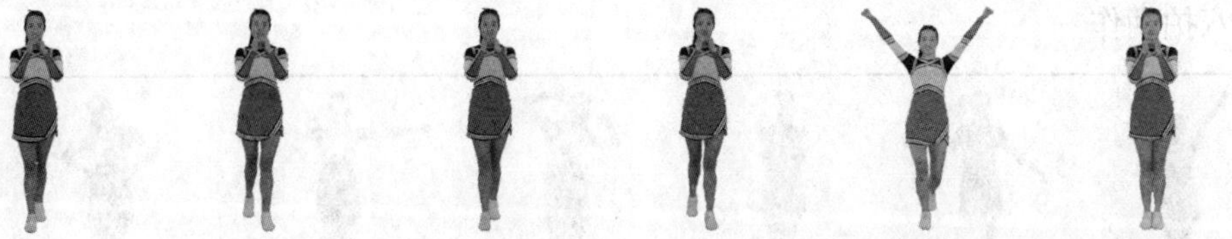

1　2　3　4　5、6　7、8

节拍		1	2	3	4	5	6	7	8
步法		右脚开始向前走四步				右脚在前小弓步		并腿站立	
手臂	右	加油				高 V		加油	
	左								
手型	右	拳							
	左								

第二个八拍动作

1　2　3、4　5　6　7、8

节拍		1	2	3	4	5	6	7	8
步法		右脚开始侧迈并左右摆髋				马步		并腿站立	
手臂	右	侧上冲拳两次				向内绕环一周		短 T	
	左	叉腰				叉腰			
手型	右	拳							
	左								

第三个八拍同第一个八拍，动作相同，方向相反。
第四个八拍同第二个八拍，动作相同，方向相反。

组合二（4×8 拍）

第一个八拍动作

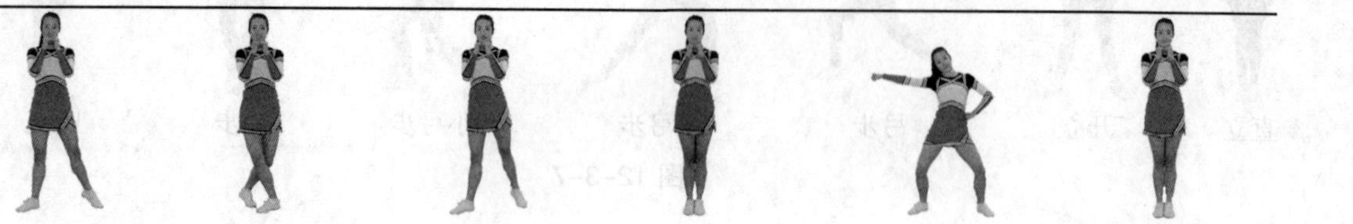

1　2　3　4　5、6　7、8

节拍		1	2	3	4	5	6	7	8
步法		后交叉步				右脚侧迈成马步		并腿站立	
手臂	右	加油				向侧直臂绕环		加油	
	左					叉腰			
手型	右	拳							
	左								

第二个八拍动作

1　2　3　4　5、6　7、8

节拍		1	2	3	4	5	6	7	8
步法		右脚向后漫步		并腿站立		并腿半蹲		并腿半蹲	
手臂	右	两手两侧画圆		加油	上 M	T		下 M	
	左								
手型	右	拳							
	左								

第三个八拍同第一个八拍，动作相同，方向相反。

第四个八拍同第二个八拍，动作相同，方向相反。

组合三（4×8 拍）

第一个八拍动作

1、2　3、4　5　6　7　8

节拍		1	2	3	4	5	6	7	8
步法		右脚侧点地		并腿站立		左脚侧迈	并腿	左脚侧迈	并腿
手臂	右	R		加油		上 A	加油	上 A	加油
	左								
手型	右	拳							
	左								

第二个八拍动作

1 2 3 4 5 6 7 8

节拍		1	2	3	4	5	6	7	8
步法		吸右腿	并腿	踢右腿	并腿	吸左腿	并腿	踢左腿	并腿
手臂	右	T				下 M			
	左								
手型	右	拳							
	左								

第三个八拍同第一个八拍，动作相同，方向相反。

第四个八拍同第二个八拍，动作相同，方向相反。

组合四（4×8 拍）

第一个八拍动作

1 2 3 4 5 6 7 8

节拍		1	2	3	4	5	6	7	8
步法		右脚开始向前走四步				分腿站立		马步	并腿站立
手臂	右	从低 V 到高 V				下 M		下 M	下 H
	左								
手型	右	拳							
	左								

第二个八拍动作

1、2 3、4 5、6 7、8

节拍		1	2	3	4	5	6	7	8
步法		右脚侧迈成马步		并腿站立		左脚侧迈成马步		并腿站立	
手臂	右	斜线		下 H		斜线		下 H	
	左								
手型	右	拳							
	左								

第三个八拍同第一个八拍，动作相同，方向相反。

第四个八拍同第二个八拍，动作相同，方向相反。

组合五（4×8 拍）

第一个八拍动作

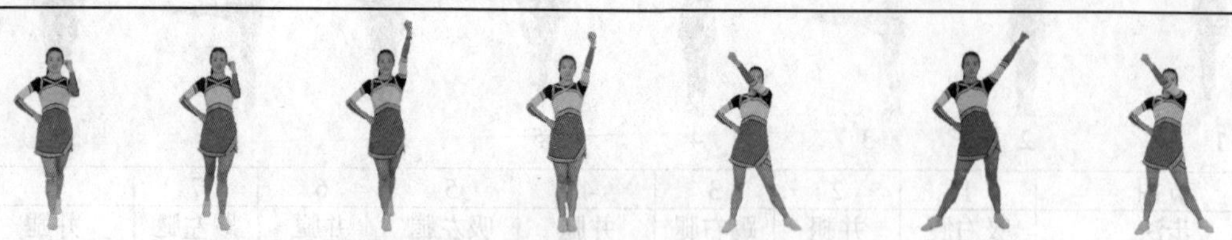

1　2　3　4　5　6　7、8

节拍		1	2	3	4	5	6	7	8
步法		右脚开始向前走三步			左脚并于右脚	分腿站立左右摆髋		分腿站立	
手臂	右	短剑		高冲拳		斜上冲拳	侧上冲拳	斜上冲拳	
	左								
手型	右	拳							
	左								

第二个八拍动作

1、2　3、4　5、6　7、8

节拍		1	2	3	4	5	6	7	8
步法		右脚侧迈成侧弓步		左脚侧迈成侧弓步		马步		并腿站立	
手臂	右	下 L		下 L		T		下 H	
	左								
手型	右	拳							
	左								

第三个八拍同第一个八拍，动作相同，方向相反。
第四个八拍同第二个八拍，动作相同，方向相反。

组合六（共 4×8 拍）

第一个八拍动作

1　2　3　4　5、6　哒拍　7　哒拍　8

节拍		1	2	3	4	5	6	7	8
步法		右脚并步后点		左脚并步后点		分腿顶右胯		顶胯两次	
手臂	右	T	斜下冲拳	T	斜下冲拳	侧下冲拳		侧下冲拳	
	左								
手型	右	拳							
	左								

第二个八拍动作

1、2　3、4　5　6　7　8

节拍		1	2	3	4	5	6	7	8
步法		右脚向前上步		分腿站立		右脚向前上步	并腿站立	右脚向前上步	分腿站立
手臂	右	向后绕环		前平举		向后绕环	前平举	向后绕环	加油
	左	前平举							
手型	右	拳							
	左								

第三个八拍动作

1、2　3、4　5、6　7、8

节拍		1	2	3	4	5	6	7	8
步法		分腿站立		分腿站立		小弓步		并腿站立	
手臂	右	前平举		加油		放于右腿上		下 H	
	左								
手型	右	拳							
	左								

第四个八拍动作

1、2　3、4　5、6　7、8

节拍		1	2	3	4	5	6	7	8
步法		右脚向前小弓步		立转一周		分腿站立		并腿站立	
手臂	右	L		短 T		高 V		下 H	
	左								
手型	右	拳							
	左								

组合七（共 4×8 拍）

第一个八拍动作

1、2　　3、4　　5、6　　7、8

节拍		1	2	3	4	5	6	7	8
步法		分腿站立		分腿站立		分腿站立		移动身体重心	
手臂	右	短 T		高 V		放花球		叉腰	
	左							肩侧屈	
手型	右	拳							
	左								

第二个八拍动作

1　　2　　3　　4　　5、6　　7、8

节拍		1	2	3	4	5	6	7	8
步法		右脚开始走三步			左脚并于右脚	小弓步		并腿站立	
手臂	右	低 V				侧 K		下 H	
	左								
手型	右	拳							
	左								

第三个八拍动作

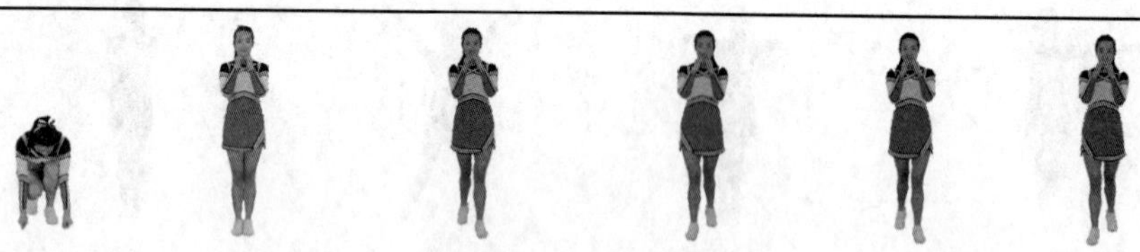

1、2　　3、4　　5　　6　　7　　8

节拍		1	2	3	4	5	6	7	8
步法		全蹲		并腿站立		左脚开始走四步			
手臂	右	捡花球		加油					
	左								
手型	右	拳							
	左								

第四个八拍动作

1、2　　3、4　　5、6　　7、8

节拍		1	2	3	4	5	6	7	8
步法		并腿半蹲		并腿站立		分腿半蹲		并腿站立	
手臂	右	扶膝		加油		扶膝		加油	
	左								
手型	右	拳							
	左								

组合八（共 4×8 拍）

第一个八拍动作

1　2　3　4　5　6　7　8

节拍		1	2	3	4	5	6	7	8
步法		右脚开始走四步				分腿站立			并腿站立
手臂	右	下 M				前平举	短 T	前平举	短 T
	左								
手型	右	拳							
	左								

第二个八拍动作

1、2　　3、4　　5、6　　7、8

节拍		1	2	3	4	5	6	7	8
步法		并腿站立		半蹲		分腿小跳		并腿站立	
手臂	右	T		放于腿上		高 V		下 H	
	左								
手型	右	拳							
	左								

第三个八拍同第一个八拍，动作相同，方向相反。
第四个八拍同第二个八拍，动作相同，方向相反。

第四节 瑜 伽

学习提示

瑜伽起源于古印度，是一种古老的东方强身术，也是一种健身运动。本节主要介绍瑜伽的入门知识和初级套路。

一、瑜伽概述

瑜伽能以其独特的、温和的运动方式达到显著的、极佳的健身效果。在平静的心境下练习瑜伽，练习者能排除杂念，放松肌肉，舒展肢体，塑身美体，调节身心。

经常进行瑜伽锻炼，能有效地保护和增强心肺功能，特别是有意识的呼吸法练习能降低血压，减缓心率，对控制高血压、防止心血管疾病的发生与发展有显著效果。练习瑜伽能有效增强和保持肌肉、骨骼、关节等的功能，预防骨质疏松症，并能调节神经系统，还能增强免疫系统的功能，从而提高人体抵抗疾病的能力。

二、瑜伽基本技术

（一）瑜伽入门与基础

1. 瑜伽的基本坐姿

（1）简易坐。

坐于地面，两腿向前伸直。两腿屈膝，两腿小腿交叉，两手抓住脚尖向后拉，膝关节下沉。

（2）半莲花坐。

在简易坐的基础上，保持上体位，将左脚放于右大腿根部。

（3）莲花坐。

在半莲花座的基础上，保持上体位，将右脚抽出，放于左大腿根部。

2. 瑜伽常用手印

（1）智慧手印。

两手食指抵住拇指中段，其余手指自然伸直。

（2）能量手印。

两手无名指、中指与拇指相抵，其余手指自然伸展。

（3）合十印。

十指并拢，两手合掌，拇指相扣。

3. 瑜伽呼吸法

（1）腹式呼吸。

仰卧，左手或右手放于腹部。吸气，使腹部鼓起。呼气，腹部朝脊柱方向内收。

（2）胸式呼吸。

仰卧，吸气，将空气吸入肺，使胸部区域扩张，腹部向内收。呼气，气息下沉。

（3）完全式呼吸。

将腹式呼吸与胸式呼吸方法结合起来完成。

（二）瑜伽套路

1. 热身套路

动作名称及顺序：头部运动—肩部练习—肘部练习—半莲花膝部练习—脚踝练习—脚趾练习—动物放松功。

2. 初级瑜伽套路

（1）动作名称及顺序。

山式—风吹树式—三角伸展式—三角侧伸展式—战士一式和战士二式—蹲式—简化脊柱扭动式—圣哲玛里琪第一式—猫伸展式—虎式—上抬腿式—犁式系列（犁式、侧犁式、双角犁式）—大休息。

（2）动作详解。

· 山式。

并腿站立，两脚并拢。目视前方，两臂垂于体侧，指尖朝下（图 12–4–1），保持姿势 1 分钟。

要点：踝关节、膝关节、大腿内侧、臀部和腹部收紧，腹部回收。脊柱立直，两肩松沉，立颈。

功效：拉长身体线条，使体态更加挺拔，消除腹部和臀部的多余脂肪。

· 风吹树式。

接上体位，两脚分开，间距与肩同宽。两臂于头顶合掌。（图 12–4–2）

呼气，身体右侧屈（图 12–4–3）。转头看上方，保持数秒，反侧练习。

要点：身体侧屈时，下半身不动，髋部前推，背部保持在一个平面上。

功效：消除腰部、腹部的多余脂肪，增强身体的灵活性。

· 三角伸展式。

山式站立，两脚间距略宽于肩，右脚外展约 90°，左脚内扣约 30°，两臂侧平举。（图 12–4–4）

呼气，身体右侧屈，右手指尖触地，两臂成一直线，转头看左手（图 12–4–5）。呼气，左手放下，左臂贴近耳侧（图 12–4–6）。保持数秒，反侧练习。

要点：身体侧屈，髋部向前推，上体避免前倾。

功效：有益于锻炼胸部、腿部肌肉；促进消化；减少腰部多余脂肪。

图 12-4-1　图 12-4-2　图 12-4-3　图 12-4-4　图 12-4-5　图 12-4-6

· 三角侧伸展式。

两脚分开约 3 个肩宽的距离站立，右腿屈膝，大腿平行于地面。两臂侧平举。

呼气，身体右侧屈，右手手掌于右脚外缘扶地，左臂贴近耳侧（图 12-4-7），转头看上方，保持数秒。身体还原，反侧练习。

要点：保持姿势时，胸、髋、臂形成一条直线；还原时，手、躯干、脚依次回到基本站立位。

功效：同“三角伸展式”。

· 战士一式和战士二式。

战士一式：准备姿势同“三角侧伸展式”。

上体右转（图 12-4-8）。呼气，头后仰，目视指尖。两臂于头顶上方合掌（图 12-4-9），保持数秒。呼气，上体前倾（图 12-4-10），保持数秒。还原站姿，反侧练习。

战士二式：接战士一式。从基本站立姿势开始，呼气，转头看右手指尖（图 12-4-11），保持数秒。还原站姿，反侧练习。

要点：在战士一式中，上体前倾时，背部伸展，手臂、背部、后腿在一条直线上。

功效：加强两踝、两膝、两髋和两肩的力量；扩展胸部，增加呼吸深度，对肺部有益。

图 12-4-7　图 12-4-8　图 12-4-9　图 12-4-10　图 12-4-11

· 蹲式。

山式站立，两脚间距宽于肩。两手于腹前十指相交，两臂下垂。（图 12-4-12）

呼气，两腿屈膝下蹲（图 12-4-13）。每降低一个高度，先恢复直立，再下蹲，身体重心比前次略低，最后下蹲到两手略微高于地面（图 12-4-14），重复练习。

要点：下蹲时，呼气；起身时，吸气。

功效：加强两踝、两膝、两大腿内侧和髋部的力量。

· 简化脊柱扭动式。

坐姿，两腿伸直并拢，绷脚背；立腰，目视前方；两手于体侧分开。（图 12-4-15）

右腿屈膝，右脚放于左膝外侧（图 12-4-16）。左肘抵住右膝内侧，身体右转，两手于体侧分开（图 12-4-17），屏息数秒。还原坐姿，反侧练习。

要点：上体右转时，脊柱保持立直。

功效：按摩腹部，减少腰腹部多余脂肪；改善肾上腺的功能，调整内分泌和新陈代谢，对肾脏有益处；按摩脊神经，减轻脊柱的不适；锻炼背部、肩部、臀部和腿部的肌肉。

图 12-4-12 图 12-4-13 图 12-4-14 图 12-4-15 图 12-4-16 图 12-4-17

· 圣哲玛里琪第一式。

接上体位，右腿屈膝，右脚脚跟靠近臀部。（图 12-4-18）

上体前倾，右手由内向外抱住右腿，两手背后相扣（图 12-4-19），保持数秒。呼气，上体前屈，额头贴近左膝（图 12-4-20），保持数秒。还原坐姿，反侧练习。

要点：初学者很难弯身，不要勉强，达到自己能力所及的位置即可，但尽量保持脊柱立直。

功效：使内脏保持健康；预防支气管炎或肠胃疾病；强健背部、肩部、两臂和两腿。

图 12-4-18 图 12-4-19 图 12-4-20

· 猫伸展式。

跪立。两膝、两手着地成四脚板凳式。目视前方。（图 12-4-21）

吸气，抬头挺胸，沉腰、翘臀（图 12-4-22），屏息数秒。呼气，低头含胸，拱背、收腹（图 12-4-23），保持数秒，重复练习。

要点：做四脚板凳式时，两臂、大腿与地面垂直，上体与地面的平行。

功效：有效消除腰、腹部多余脂肪；增强脊柱的灵活性；按摩腹部脏器，促进消化。

· 虎式。

接上体位。右腿向后上方抬起，保持数秒。（图 12-4-24）

呼气，右腿屈膝，膝关节向前靠近胸部。低头拱背，鼻尖触膝（图 12-4-25），保持数秒。重复几次，反侧练习。

要点：抬起腿向前屈膝时，脚背、膝关节离地。

功效：强健脊神经和坐骨神经；减少腹部和大腿区域的多余脂肪。

图 12-4-21

图 12-4-22

图 12-4-23

图 12-4-24

图 12-4-25

· 上抬腿式。

仰卧，两腿伸直并拢，两臂放于体侧。（图 12-4-26）

两臂向上摆至头两侧，两腿离地，依次控腿使之与地面成 30° 、60° 、90° （图 12-4-27 至图 12-4-29），每个高度保持数秒。两腿缓慢还原，勿猛然落下。休息片刻，重复练习。

要点：抬腿时，膝关节伸直，头部和身体其余部分平贴地面。

功效：增强腿、背部力量；消除腰部多余脂肪；强健腹部脏器，促进消化，缓解便秘。

图 12-4-26

图 12-4-27

图 12-4-28

图 12-4-29

· 犁式。

仰卧，两腿伸直并拢。两臂放于体侧，掌心朝下。

两掌按地，两腿抬起至垂直于地面（图 12-4-30）。呼气，两脚摆至头后，脚趾触地（图 12-4-31），两臂置于头部两侧（图 12-4-32）。保持数秒，缓慢还原。

要点：两脚摆至头后时，臀部和下背部离地，头部和上背部不要离开地面。

功效：强健脊神经，消除肩部和肘部的僵硬感；促进消化，消除胃胀，改善月经失调等。

图 12-4-30

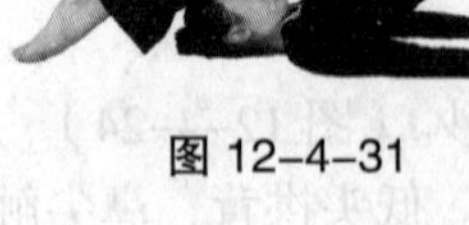
图 12-4-31

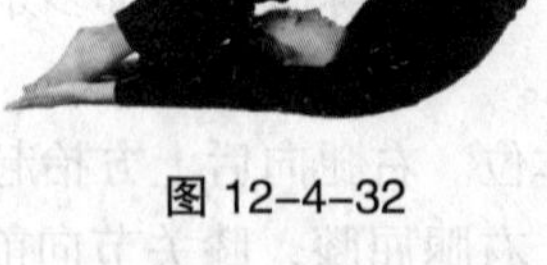
图 12-4-32

· 侧犁式。

接上体位。两手推背，使背部垂直于地面，屈膝，大腿与地面平行，小腿与地面垂直（图 12-4-33）。呼气，两腿伸直，摆至头后右方（图 12-4-34），保持数秒。呼气，两腿转向左方，保持数秒，恢复犁式。

要点：两腿转向一侧时，胸部和两肩保持不动。

功效：同“犁式”，还可以缓解便秘。

· 双角犁式。

接上体位。两腿向两侧最大限度分开（图 12-4-35），保持数秒，恢复犁式。

要点：脚跟尽量向上，使下背部抬起更高些，伸展两腿肌肉群。

功效：同“犁式”。

· 大休息式。

放松姿势。仰卧，两腿自然放于地面，两臂放于体侧，掌心朝下。（图 12-4-36）

要点：闭上两眼，放松全身，调整自己的呼吸，使自己平静、自然地呼吸。

功效：消除神经紧张，放松身心。

图 12-4-33

图 12-4-34

图 12-4-35

图 12-4-36

体育思政课堂

形体运动可以使练习者获得心理满足感，产生积极的成就感，有助于改善体形，培养个人气质，提高个人的艺术修养和思想品德。在参加形体运动过程中，需要长期坚持锻炼，可以磨炼练习者的意志。

第十三章

田径运动

第一节　田径运动概述

学习提示

田径运动对学生身体健康的综合影响显著，在我国各类高等院校的体育教学中被广泛采用，它体现了国家和社会对大学生身体素质的要求；工作中也经常通过跑、跳、投等方式来衡量员工的健康水平。因此，它对所有人群而言都是一项适宜的运动。

一、田径运动的起源与发展

田径运动是古老的体育运动之一。人们在长期的生产和生活实践中，为了生存和获得生活资料，必须走或跑相当长的距离、跳过沟渠等自然障碍物或投掷石块。在同大自然的斗争中，人们逐步发展、掌握了快速奔跑、敏捷跳跃和准确投掷的技能。为了提高这些技能，并将其传授给下一代，人们在生活中经常重复这些动作，就逐渐形成了走、跑、跳跃、投掷等技能。随着工农业生产和科学、文化事业发展的需要，以及社会生活发展的需要，田径运动的雏形逐步形成，开始由自发性的比赛，如工匠投掷铁锥、士兵推炮弹的比赛，逐渐发展到有组织的田径比赛。

公元前 776 年，在希腊奥林匹亚村举行的第 1 届古代奥运会上，第一次有了田径运动的正式比赛。1896 年，在希腊雅典举行的第 1 届现代奥运会上，田径运动的走、跑、跳跃、投掷的一些项目，被列为大会的主要比赛项目。1912 年，根据田径运动发展的需要，国际田径联合会（简称“国际田联”）成立。它在确定比赛项目、拟定规则、组织比赛、审批世界纪录及促进国际交流等方面发挥了很大的作用。进入 21 世纪以来，田径运动已发展成为有组织、有目的的国际社会活动。当前国际田径比赛主要有奥运会田径比赛、田径世界杯、世界田径锦标赛等。

我国现代田径运动约在 19 世纪末开始在一些学校中开展。中华人民共和国成立后，各级体育组织都很重视开展田径竞赛活动，从而使中国田径运动员的运动水平不断提高。2015 年，苏炳添在国际田联钻石联赛男子 100 米中跑出 9 秒 99 的成绩，成为真正意义上第一位进入 10 秒关口的亚洲本土选手，并带领中国男子 4×100 米接力队在世锦赛决赛中夺得亚军，创造了亚洲田径的历史。2021 年，在东京奥运会男子 100 米半决赛中，苏炳添以 9 秒 83 的成绩成功闯入决赛并创造了亚洲纪录，成为中国首位闯入奥运男子百米决赛的运动员。

二、田径运动的特点及锻炼价值

（一）田径运动的主要特点

1. 项目内容丰富多样

田径是人们从生活技能中发展起来的竞技性运动，项目繁多，内容丰富。它包括竞走、跑、跳跃、投掷和全能运动，共有男、女项目 40 多项，是大型综合运动会中奖牌最多的运动项目。

2. 是各项运动的基础

田径能全面提高身体素质，其他各项运动都把田径训练作为提高该项运动水平的手段。因此，田径运动是各项运动的基础，是衡量一个国家体育运动发展水平的主要标志。

3. 项目以个人为主体

在众多的田径项目中，除少数几项接力项目为集体项目外，其他大多数都是个人项目。个人可根据自己的条件、特长和爱好来参加活动、训练和比赛。

4. 有广泛的群众基础

田径锻炼形式多样，所需场地、器材较简单，不受人数、年龄、性别、气候等条件的限制，便于广泛开展。

（二）田径运动的锻炼价值

1. 改善内脏机能

人们经常系统地参加田径锻炼，有利于增强自身的新陈代谢，协调神经系统与运动器官之间的联系，提高心血管系统、呼吸系统及其他内脏器官的机能。

2. 大力发展体能

人们经常参加田径运动，有利于大力发展自身的力量、速度、耐力、灵敏性、柔韧性等身体素质，全面提高人的体能。

3. 培养良好品质

人们长期从事田径运动，不仅可以培养吃苦耐劳、坚忍不拔、勇于克服困难的良好品质，还可以陶冶情操。

田径运动的特点

◎ 走、跑、跳、投是人类生活的重要技能，它们都被发展为田径运动项目。

◎ 田径运动既具有个体性，又具有广泛的群众性。

◎ 参加田径运动很少受条件限制，可因地制宜地举行基层比赛。

第二节 跑 步

学习提示

跑步是一种关节和肌群反复活动的全身性有氧运动。跑步时，大量的能量物质被消耗以给肌肉活动供能，因此，跑步有助于减少体脂和控制体重，从而使人保持优美体形和良好的健康状况。

一、短跑

在田径运动的成人组比赛中，短跑包括100米跑、200米跑、400米跑等项目。短跑通常是观众关注的焦点项目。

短跑一般可以分为四个阶段：起跑阶段、加速跑阶段（身体前倾，通过后蹬提供最大的加速度）、途中跑阶段（保持身体直立、放松，并保持最大速度全力奔跑）、终点冲刺阶段（手臂后摆，头部和肩部向终点线前倾）。

（一）起跑阶段

起跑时，运动员以保持身体的平衡和获得最大速度为目的。（图13–2–1）

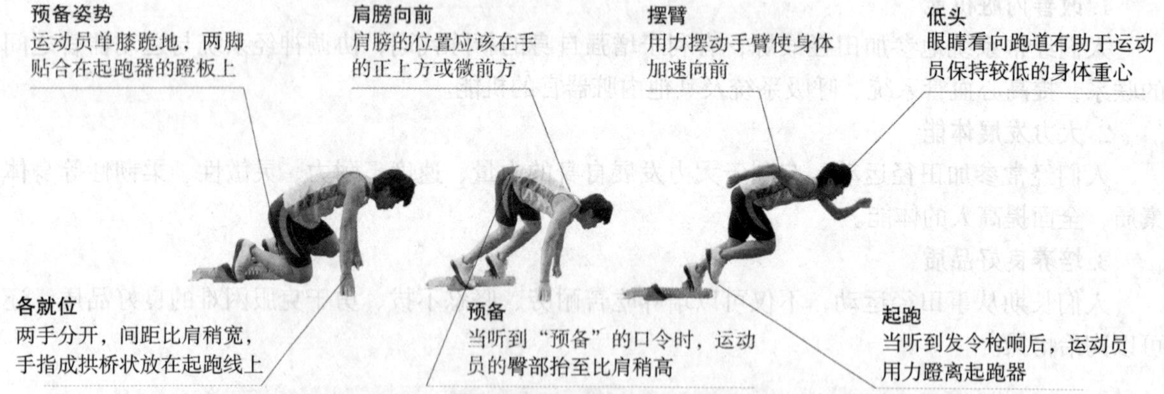

图13–2–1

（二）加速跑阶段

起跑后的加速跑阶段，运动员步幅逐渐加大，上体逐渐抬起，在跑出30米左右后完全抬起。

（三）途中跑阶段

途中跑时，运动员支撑腿前脚掌落地支撑，迅速有力蹬直；摆动腿大腿有力地向正前摆平

(与地面平行);两臂用力大幅度摆动;身体保持正直,目视前方;跑动中注意放松。

(四)终点冲刺阶段

运动员一般在距终点线 15 ~ 20 米处开始冲刺。上体略前倾,加强摆臂幅度和后蹬力量。离终点线一步距离时,上体急速前倾,两臂后摆,以胸部或肩部撞终点线。跑过终点后,逐渐降低跑速。

二、接力跑

接力跑(图 13–2–2)集短跑的激烈性与交接棒的配合于一身。比赛中,4 名运动员中的前 3 名必须均在规定的接力区内将接力棒传递给下一名运动员。常见的接力比赛为 4 × 100 米和 4 × 400 米两个项目。男子和女子都有这两个项目。男子 4 × 400 米接力比赛一般是大型赛事中径赛项目的最后一项。

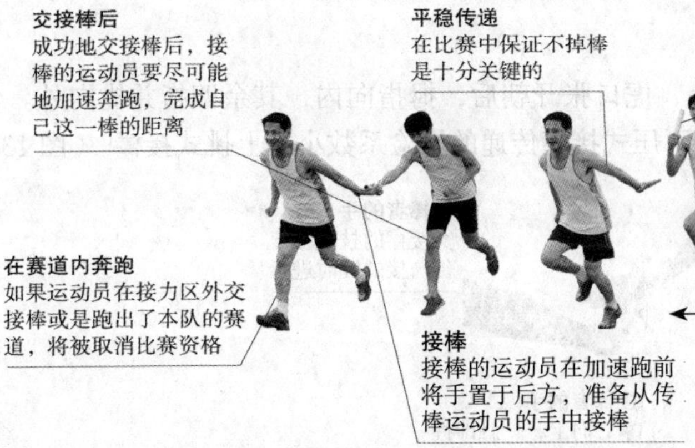

图 13–2–2

接力跑通常在常规的赛道中进行(图 13–2–3)。由于径赛跑道内道周长与外道周长是不相等的,无论是 4 × 100 米接力还是 4 × 400 米接力,起跑线都是前后交错分布的。最内道的运动员在终点线起跑,而其他运动员则在外道指定位置起跑。在 4 × 400 米比赛中,起跑线交错间距更大。

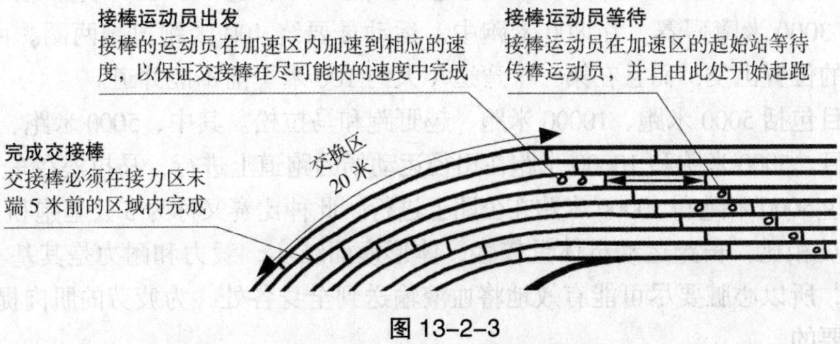

图 13–2–3

接力赛是一项极其讲究战术技巧的比赛。选手应该高度注意队员顺序与接力棒的交接。通常跑得最快的选手跑最后一棒。

4 × 100 米比赛中,运动员自始至终都要在自己的赛道内奔跑,交接棒也要在规定的区域内完成。在 4×400 米的比赛中，运动员可在第二棒的 100 米后进行混道比赛；最后的两次接棒，裁判员会根据该队当时的排名，安排不同的接棒位置。

（一）上挑式接棒

接棒者的手臂自然向后伸出，掌心向后，虎口朝下，传棒者将棒由下向上送入接棒者手中。（图 13-2-4）

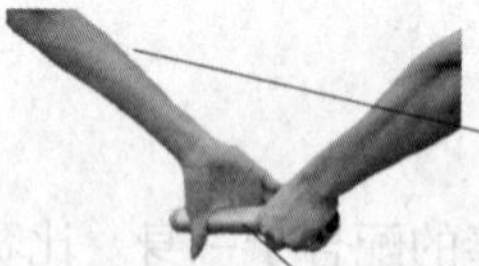

图 13-2-4

（二）下压式接棒

接棒者的手臂后伸，掌心向上，虎口张开朝后，拇指向内，其余四指并拢向外。传棒者将棒的前端由上向下放入接棒者手中。下压式接棒传递的风险系数小于上挑式接棒。（图 13-2-5）

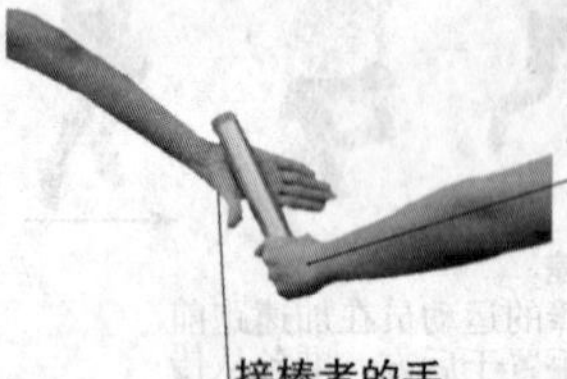

图 13-2-5

三、中长距离跑

中长距离跑简称中长跑，最常见的中距离跑项目是 800 米跑和 1500 米跑。在田径运动比赛中，通常也包括 3000 米障碍赛。在 800 米跑中，运动员要绕 400 米跑道跑两圈。由于道次的不同，选手从不同的位置出发，而且在第一个弯道（大约 100 米）前不能并道。

长距离跑项目包括 5000 米跑、10000 米跑、越野跑和马拉松。其中，5000 米跑、10000 米跑和马拉松是奥运项目。5000 米跑和 10000 米跑在田径运动场的跑道上进行，马拉松在东道主城市的街道上举行。有一些 5000 米跑和 10000 米跑在公路上进行，此种比赛又称为 5 公里跑和 10 公里跑。

与短跑运动员相比，长跑运动员体重较轻，体形瘦而结实，毅力和耐力是其基本素质。因为长跑属有氧运动，所以心脏要尽可能有效地将血液输送到全身各处，为疲劳的肌肉提供更多的氧。这一点是非常重要的。

（一）起跑

中距离跑的起跑采用半蹲踞式或站立式起跑，长距离起跑采用站立式起跑。

（二）合理的呼吸

中长跑技术中很重要的一点是合理的呼吸。正常跑速，3 步 1 呼，3 步 1 吸；跑速增加，2 步 1 呼，2 步 1 吸；冲刺时，1 步 1 呼，1 步 1 吸。

（三）途中跑

上体的姿势：正确的上体姿势是正直或稍前倾，头部自然，两眼平视前方，面部和颈部的肌肉要放松。脚步要尽量减少腾空时间，以后脚掌先落地，迅速向前脚掌滚动；步幅适中。

（四）摆臂动作

中长跑时，两臂稍微离开躯干，肘关节自然弯曲，两臂以肩为轴前后自然摆动，摆幅要适当。（图 13-2-6）

图 13-2-6

跟随跑

跟随跑是中长跑的主要战术之一。在紧紧跟随对手的同时，尽量保存实力，以便进行决定性的冲刺，同时要防止被对手裹在中间。跟随跑中最重要的技巧就是调整好速度。运动员跟随领跑者，并调整自己的速度。如果运动员跑得相对较慢以保存体能，那么就无法超越前面的对手；如果运动员跑得过快，形成短暂的领先，则往往由于无法保持优势而在冲线前掉队。长跑技术高的运动员会迫使对手犯战术错误。

四、怎样提高跑的能力

（一）快跑能力

1. 提高快跑能力的方法

为了提高快跑能力，锻炼者可以从以下几个方面入手。

（1）提高步频。步频就是一定时间内的步数。步频越高，速度越高。青少年可以通过练习适当提高步频。例如，改进动作、增加力量、身体放松都可以提高步频。

（2）提高步幅。步幅就是指步子的大小。提高快跑的能力其实就是提高大步幅、高步频奔跑的能力。步幅的大小与腿摆动的幅度和蹬地的力量有关。通过提高前腿摆动与后腿蹬地的力量和技术进行步幅的练习。

（3）发展大、小腿力量和臂膀的力量。无论是步频还是步幅，都与腿部和臂部的力量有直接的关系。快速的步频、积极的前摆腿、充分的后蹬腿的基础是大小腿的力量和臂膀的力量。从某种意义上说，提高快跑的能力就是增强这些部位的力量。

速度潜能

速度受天赋的影响很大，特别是速度的核心——爆发力，仅通过一般训练几乎很少有提高的可能。人体有很多远高于我们想象的潜能可以开发，关键在于要找到正确的方式和方法。据报道，有一位游泳运动员在海边训练，突然遭到鲨鱼的袭击。他在生命受到威胁的情况下，奋力回游的速度竟然可以与世界冠军相媲美。这表明，人在绝境或遇险时产生的爆发力，是人们难以想象的，这或许也是“置之死地而后生”的道理。因此，无论是在运动还是在生活的竞技场上，每个人都存在着尚未被开发的力量潜能。你是否对开发速度潜能已经有了自己的可行办法了呢？

2. 提高快跑能力的练习

（1）快速反应练习。以不同姿势准备，听到口令或击掌声后迅速向指定的方向跑出。

（2）最快频率的高抬腿跑（持续时间为 5 ～ 10 秒）。大腿抬平，小腿自然下垂，然后大腿积极下压，前脚掌落地，支撑腿膝关节伸直。（图 13-2-7）

（3）最快频率的小步跑、半高抬腿跑（距离为 30 ～ 40 米）。上体保持正直，摆动腿大腿抬起，然后积极下压。小腿随大腿下压而自然伸直，前脚掌着地，做扒地动作。

（4）快速后蹬跑（距离为 50 ～ 100 米）。上体稍前倾，支撑腿快速有力地蹬伸，摆动腿向前摆出，然后大腿积极下压，前脚掌着地。要求身体重心平稳，速度快。

图 13–2–7

（二）中长跑能力

1. 提高中长跑能力的方法

为了提高中长跑能力，锻炼者可以从以下几个方面入手。

（1）中长跑练习。对大多数人来说，中长跑是一项既枯燥又艰苦的运动，但是它也是锻炼综合素质的最好方法。一般来说，采取跑步健身的人，要想达到一定的训练效果，须达到三个基本指标：持续时间 20 分钟以上；心率 120 次 / 分以上（成年人）；频率每周 3 次以上。

（2）掌握正确的呼吸方法。初次参加中长跑练习的人，应掌握正确的呼吸方法。刚开始跑时，锻炼者可以在自然情况下加深呼吸，呼吸的节奏要与跑的节奏相配合，一般是跑两三步一呼气，跑两三步一吸气，并且呼气深度适宜。随着疲劳的出现，呼吸的频率有所增高，锻炼者应着重将气呼出。

2. 提高中长跑能力的练习

（1）快跑 200 米、走 100 米为 1 组，做 5 组。

（2）以中等速度跑 3 ～ 5 分钟或 600 ～ 1000 米。

（3）1000 米变速跑（快跑 100 米与慢跑 100 米交替进行）。

（4）快跑 200 米、300 米或 400 米距离后，休息 3 ～ 5 分钟再练习。

第三节　跳　跃

学习提示

跳跃运动反映人的爆发力、协调性、速度和力量。经常参加跳跃项目的锻炼，不仅能提高弹跳力，还能有效地提高灵敏性和动作的协调能力。

一、跳远

跳远是古老的田径运动项目，包括男子跳远和女子跳远。跳远是技术含量较高的比赛，比试的是谁在助跑后腾空跳跃的距离最远。跳远有五大要素：快速的助跑、对最后两个跨步精确的测量、爆发性的起跳、空中飞跃和平衡落地。（图 13–3–1）

图 13–3–1

跳远的三种主要姿势是蹲踞式、挺身式和走步式。姿势不分好坏，选择其中最适合自己的一种是最重要的。

（一）蹲踞式跳远

蹲踞式跳远是跳远最基础的技术。一旦跳跃起来，这种技术对人在空中通过手臂摆动而维持身体平衡很重要。手臂动作顺序是向下、向后、向上、向前。在最后落地时，运动员应使身体尽量前倾，这样就能保证落地点尽可能远。（图 13–3–2）

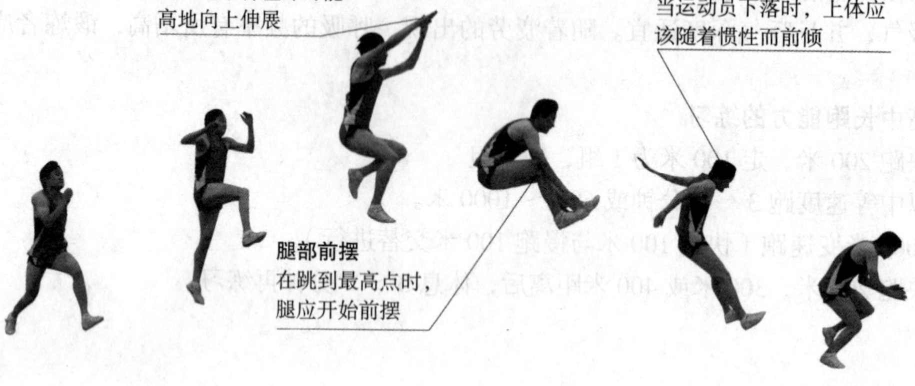

图 13–3–2

（二）挺身式跳远

挺身式跳远中，运动员从起跳至到达最高点时，四肢要始终展开。这是防止身体后仰并取得好成绩的重要保证。（图 13–3–3）

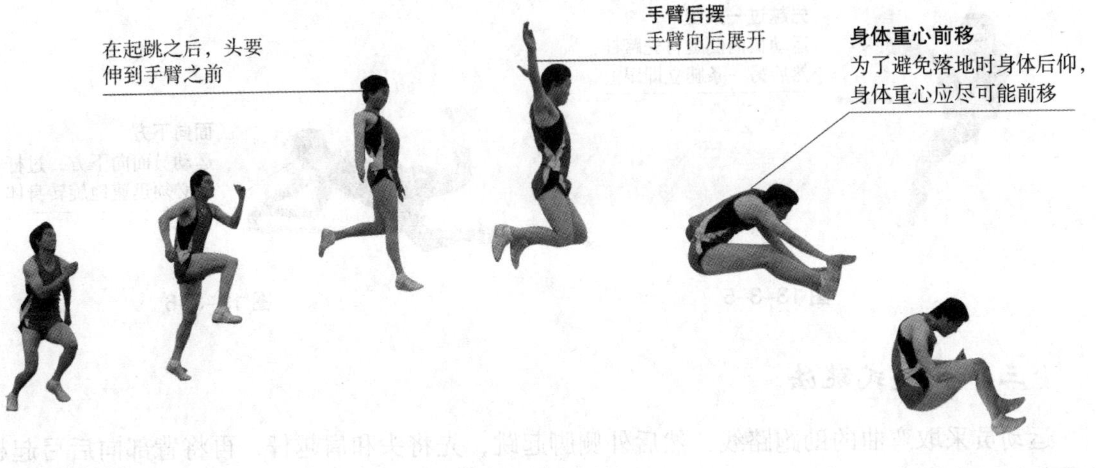

图 13–3–3

（三）走步式跳远

走步式跳远技术：运动员通过两腿在空中摆动，使身体尽量向上形成弧线，落地时，脚先着地，然后上体前倾，以防身体入坑后向后仰。（图 13–3–4）

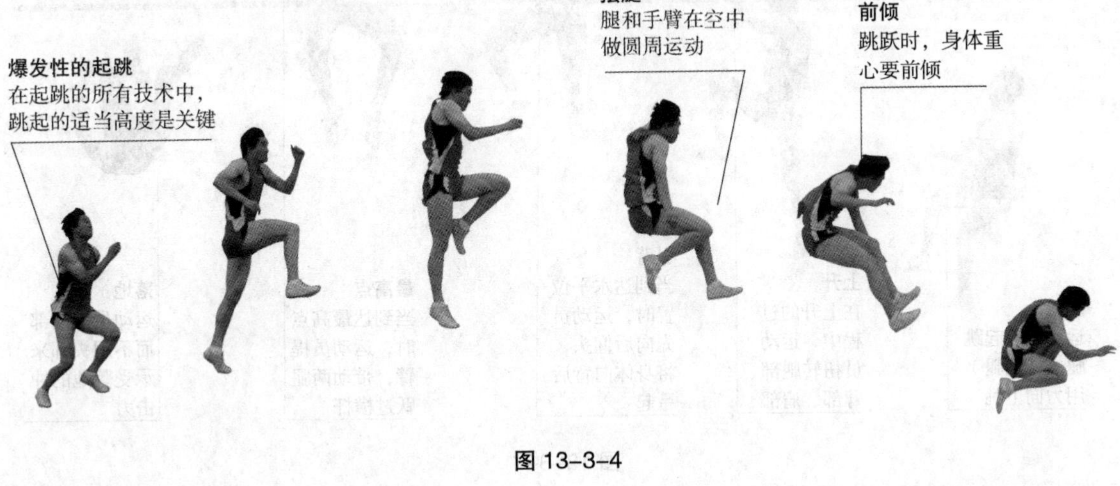

图 13–3–4

二、跳高

跳高是一项在田径运动赛事中必设的比赛项目。运动员通过助跑、起跳等技术动作越过横杆。跳高对运动员的身体素质和技术都有很高的要求，较高的速度、良好的柔韧性和协调性对于运动员来说都是非常重要的素质。

（一）跨越式跳法

跨越式跳法是跳高过杆技术中最早采用和最简易的一种方法。（图 13–3–5）

（二）俯卧式跳法

当达到跃起的最高点时，运动员旋转身体，面向下方，越过横杆。（图 13–3–6）

图 13-3-5

图 13-3-6

（三）背越式跳法

运动员采取弯曲的助跑路线，然后外侧脚起跳，先将头和肩越杆，再将背部向后弓起越杆。当臀部越过横杆时，上体在下降。是用肩部而非颈部落地。（图 13-3-7）

跳高规则规定，比赛选手只能单脚起跳越过横杆，绝不能将横杆碰掉（碰杆是允许的）。

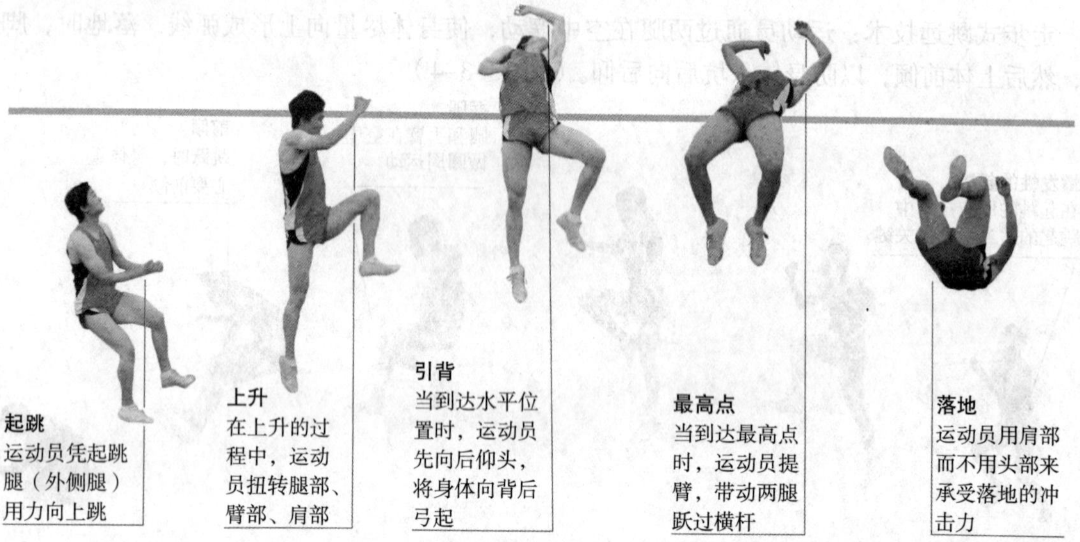

图 13-3-7

三、怎样提高跳的能力

为了提高跳的能力，锻炼者可以从以下几个方面入手。

（1）提高大腿、小腿和腰腹力量。跳跃能力主要取决于腿部的力量。以向前为主的跳跃对踝关节的力量要求更高一些；以向上为主的跳跃对膝关节的力量要求更高。有些运动的跳跃，如篮球运动，既要向上又要向前，不仅对膝关节、踝关节的力量要求高，对腰腹力量也有较高的要求。

（2）提高协调性。虽然走、跑、跳是人类最基本的活动能力，但是运动中的许多跳跃动作是日常生活中少有发生的。因此，为了提高跳跃能力，除了提高腿部等的力量外，锻炼者还须做一定的协调性练习。

（3）发展跳跃能力，还须与专项运动练习相结合。不同运动有不同的跳跃方法，在用力的先后顺序上、身体的配合上、动作结构上都有变化。锻炼者采用与专项技术结构相同的练习，就能有效地发挥自身潜能。

（一）提高跳远能力的练习

1. 2 ～ 3 步助跑踏跳板接跳箱

距跳板 2 ～ 4 米站立，上 2 或 3 步，一脚踏上跳板，另一脚踏上跳箱，两腿用力蹬伸跳起，成挺身姿势后两腿迅速并拢，收腹，举腿，落地。（图 13–3–8）

2. 原地弓步并腿跳

弓步站立，两臂向前上方摆起，两脚用力蹬地向上跳起，两腿迅速并拢，收腹，落地。（图 13–3–9）

图 13–3–8

图 13–3–9

3. 原地立定跳杆

杆高度为 30 厘米左右，锻炼者在距杆 60 厘米处站立，起跳后尽量使两腿向胸前靠，使两腿越过杆。越过杆后，两腿向前伸，落入沙坑。（图 13–3–10）

图 13–3–10

4. 连续跳踏跳箱

连续进行跳踏跳箱动作。（图 13–3–11）

图 13-3-11

5. 向前单脚跳

左腿（或右腿）连续向前大幅度单脚远跳，两臂配合前后摆动。练习时，左右腿交换数次。（图 13-3-12）

6. 负重杠铃半蹲跳

负重 30 ～ 60 千克的杠铃进行连续蹲跳。

7. 多级跳

全蹲或半蹲，上体伸直，两腿用力蹬地向前跳进（图 13-3-13）。连续进行练习。

图 13-3-12

图 13-3-13

8. 立定跳远

（1）上步挺身跳。

跑 1 或 2 步，两腿起跳，空中做直腿挺身动作，髋关节完全打开，身体成背弓，落地时屈膝缓冲。（图 13-3-14）

（2）团身收腹跳。

从原地开始起跳，空中做屈腿抱膝动作或两手在腿前击掌，落地时一定要屈膝缓冲。越过一定高度和远度。（图 13-3-15）

（3）原地两级蛙跳。

原地两脚开立，协调预摆几次，两腿用力蹬伸，两臂配合腿部动作用力摆动，收腹，举腿前伸，落地，接着连续蹬伸进行第二次跳跃。（图 13-3-16）

图 13-3-14

图 13-3-15

图 13-3-16

（二）提高跳高能力的练习

1. 原地蹲起跳

半蹲或全蹲，两臂先后摆，再迅速用力向上快速摆动，两腿用力向上蹬伸，尽可能地获得最大的腾空高度。

2. 连续跳跃跳箱

在距跳箱 50 ～ 80 厘米处，两腿起跳越过跳箱。（图 13-3-17）

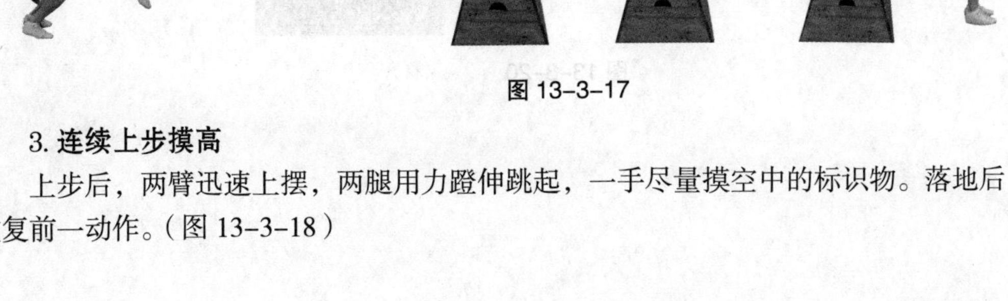

图 13-3-17

3. 连续上步摸高

上步后，两臂迅速上摆，两腿用力蹬伸跳起，一手尽量摸空中的标识物。落地后，上跨一步，重复前一动作。（图 13-3-18）

图 13-3-18

4. **单跳双落后弓步跳**

一腿前迈，另一腿用力蹬伸跳起，两腿并拢落地，接着两腿用力蹬伸向上跳起，空中成弓步，然后两腿并拢，落地缓冲。(图 13-3-19)

图 13-3-19

5. **过杆和落垫**

背对垫子，原地向后上方跳起，同时倒体、挺髋、展体成背弓姿势，然后以肩、背落垫。(图 13-3-20)

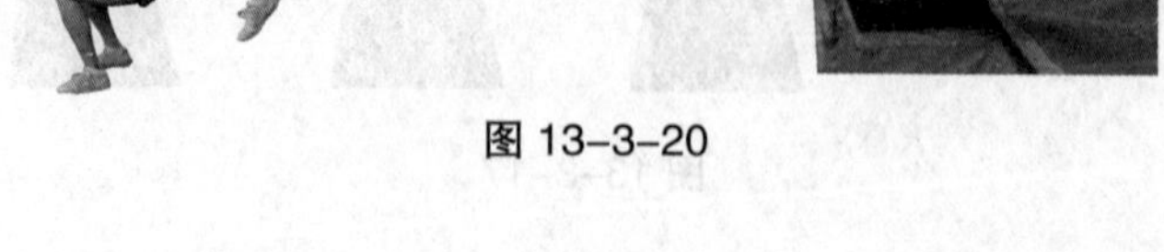

图 13-3-20

第四节 投 掷

学习提示

投掷运动对人的力量素质和灵敏协调能力要求很高。经常参加投掷练习，对发展上肢、躯干和腿部力量有积极的作用，可以有效地发展力量素质，有助于塑造健美的体形。

一、推铅球

推铅球是田赛投掷项目之一。运动员要在遵守规则的前提下，力争将铅球投掷得更远。铅球运动员身体强壮而高大。铅球运动对运动员的速度、柔韧性、协调性和力量要求较高。推铅球的方法主要有滑行式和旋转式两种。

（一）滑行投掷法

运动员先弯腰，屈膝，侧对（背对）抵趾板，背对投掷方向，然后一条腿有力地蹬离地面，使身体转至面对正前方并把铅球推出。（图 13-4-1）

图 13-4-1

（二）旋转投掷法

旋转投掷法的旋转非常类似于铁饼投掷的旋转。这种旋转能使铅球更容易达到最大的出手速度。旋转投掷法成为当今铅球运动员使用最广的一种方法。

二、掷实心球

（一）原地双手前抛实心球

两脚开立。两手持球于头后上方，两腿弯曲，手臂自然伸直，两腿用力蹬伸（图 13–4–2），带动手臂向前上方抛球。

（二）原地双手后抛实心球

两脚开立。背对抛球方向，两腿弯曲，两手下摆于大腿内侧（图 13–4–3），然后两腿快速蹬伸，躯干后摆，两手用力将球向后抛出。

（三）仰卧起坐接上抛实心球

屈膝并腿坐。两手持球于头上，然后上体后仰，成仰卧姿势，随后迅速坐起，两臂同时向前抛球（图 13–4–4），抛出的球由同伴接住。

（四）原地正面上手抛实心球

两脚前后站立。两手持球于头上方，后腿弯曲，上体后仰，然后后腿快速蹬伸，上体前摆，带动手臂向前上方将球抛出。（图 13–4–5）

图 13–4–2

图 13–4–3

图 13–4–4

图 13–4–5

三、怎样提高投掷的能力

（一）提高投掷的能力

提高投掷的能力，主要是发展投得远和投得准的能力。锻炼者可从以下几个方面入手。

（1）要想投得远，除了必须发展腕、肘、肩、背的爆发力外，还要发展下肢、腰腹的爆发力。

大多数投掷项目在技术上多有形成背弓的特点。因此，发展肩、背力量和膝、髋、腹等肌群的力量是非常重要的。

（2）要想投得远，还要发展身体协调用力的能力。大多数投掷动作都是先由下肢发力，带动腰腹用力，然后才是肩、肘、腕依次用力；有不少投掷动作还需要助跑、滑步、预摆、旋转等辅助动作。因此，除了力量外，还要发展协调用力的能力。每种投掷由于动作结构的不同，对身体不同部位的用力要求是不一样的。锻炼者多做一些专门的模仿练习，是提高协调用力能力的好方法。

（3）有些投掷不但要求运动员投得快或投得远，还要求投得准。掌握正确的挥臂方法，尤其是手腕对器械精确控制的方法，发展手、眼配合能力十分重要。一般这类投掷练习多与设立投掷目标相配合，通过不断强化，最终提高投掷准确性。

（二）发展投掷能力的练习

（1）卧推 30 ～ 60 千克的杠铃。（图 13-4-6）

（2）站立姿势，快速推举 15 ～ 30 千克的杠铃。

（3）原地向上推球。两脚开立，右手持球于肩部，掌心朝上托住铅球，两腿用力蹬伸，将球向上推出。（图 13-4-7）

（4）原地向下推球。两脚左右开立，上体前屈，左手在胸前托住铅球，右手掌心朝下，然后迅速向下用力推球。（图 13-4-8）

（5）原地半侧向推铅球。持球后，上体稍后仰，右臂向后引伸，右腿蹬伸，向前送髋，带动手臂向投掷方向用力将球推出。（图 13-4-9）

图 13-4-6

图 13-4-7

图 13-4-8

图 13-4-9

体育思政课堂

田径运动中的长跑可以磨炼学生的意志；跳高可以培养学生不怕困难、敢于挑战自己的精神。通过观看田径比赛，学生可以提高规则意识。田径运动中的接力跑可以使学生学会相互配合和协作。

第十四章

休闲运动

第一节 跳 绳

学习提示

跳绳是一人或多人在一根环摆的绳中做各种跳跃动作的运动，是一种古老的民俗娱乐活动。跳绳能够强身健体，是一种简便易行的健身活动。

一、跳绳运动的起源与发展

跳绳在中国已有几千年的历史。在唐代，人们称跳绳为“透索”；在宋代，人们称跳绳为“跳索”，南宋以来，每逢佳节都跳绳；在明代，人们称跳绳为“跳白索”；在清代，人们称跳绳为“绳飞”；清末以后，人们才称其为“跳绳”。跳绳原属于庭院类游戏，后发展成民间竞技运动。明代《帝景物略》中记载：“二童子引索略地，如白光轮，一童子跳光中，曰跳白索。”这段话的意思是两个孩童摇绳配合得很熟练，把长绳摇得犹如一轮白色光轮，在中间跳绳的孩童就好像在光轮中跳。此句非常形象地将两人摇长绳、一人在中间跳的场景描述了出来。

二、短绳跳

（一）基本技术

1.握绳的方法

拇指与四指分开握在绳把上，用力不可过大，手腕不宜过分紧张，以保证摇绳的灵敏性。

2.摇绳的方法

（1）正摇：两手握绳，两臂自然屈曲，将绳置于体后，两腕、前臂协调用力，将绳向上、向前摇。当绳被摇至头以上位置时，两臂不停顿继续向下、向后摇绳，将绳绕身体循环摇动。开始时，以两肩为轴，两臂、两腕同时用力，手臂抡绳动作幅度比较大。技术熟练后，手臂抡绳动作幅度可逐渐减小，以两肘为轴，用两前臂、两腕配合摇绳。十分熟练后，可仅以两腕的动作来摇绳。停绳时，当跳绳由后向前摇转时，一脚向前伸，脚跟着地，脚尖抬起，使跳绳中段停在脚掌下。

（2）反摇：将绳置于体前，两手将绳由体前向上、向后摇。

3. 跳跃方法和姿势

当绳摇至脚下，刚一触及地面时，两脚立即起跳，待绳子通过脚下，两脚便自然落地。两脚落地时宜用前脚掌先着地，避免全脚掌重重地砸落在地面上。以前脚掌先着地可起到缓冲作用，避免膝关节、踝关节受损伤，也可以保护大脑不受震荡。两脚跳起时，身体应自然放松，两腿应稍屈。

（二）单摇跳

1. 双脚跳

双脚跳俗称单飞，是跳绳最基本的跳法。准备跳时，两手分别握绳把，将绳子置于身后，绳的中部约置于小腿后侧位置，上臂与前臂夹角约为 120°，两臂自然屈曲。动作开始时，两腕同时用力并配合前臂发力，将绳由体后摇至体前，当绳子触地时，两脚及时起跳，让绳通过脚下后，两脚同时落地，同时两手继续摇绳，当绳从体后往体前摇转一周再次触地时，两脚及时跳起让绳通过。（图 14–1–1）

2. 双脚交替跳

准备姿势和跳绳的方法与双脚跳动作相同，只是跳时左右脚轮流交替过绳，跳绳时类似在原地跑，两脚轮流蹬地跳（图 14–1–2）。

3. 一步跑跳

一步跑跳的准备姿势与双脚跳相同，开始跳之后，像平时跑步一样向前跑，每跳一步就向前摇绳一圈并让绳从脚下通过，动作熟练后可进行快速跑、快速摇练习。

4. 固定交叉单摇跳

固定交叉单摇跳俗称单凤花、编花跳。两臂向前摇绳，绳通过脚下后，两臂迅速在胸前交叉固定，并利用手腕的力量连续摇绳子（图 14–1–3）。

图 14–1–1

图 14–1–2

图 14–1–3

5. 交替交叉单摇跳

交替交叉单摇跳俗称单摇龙花、活编花跳。摇绳时两臂稍分开，当绳摇至体前时，两臂迅速在体前交叉，绳通过脚下后立即分开，再次摇至体前时两臂交换左右手的上下位置再交叉，这样

依次、连续跳即为交替交叉单摇跳。刚开始学跳绳时，可每隔一跳或几跳编花一次。（图 14–1–4）

图 14–1–4

（三）带人跳

带人跳是指一人跳绳时，其他伙伴不持绳，随同摇绳人的节奏与摇绳人一同跳绳，可一人带一人，也可一人带两人或多人一起跳。带人跳时，绳虽稍长，但仍属于短绳跳。

1. 一带一跳

（1）固定一带一跳。

带人者持绳将绳置于身后，被带者面对带人者而立，带人者摇绳，当绳即将摇到被带者脚下时，两人是同时起跳，先后过绳，连续如此跳绳。一般带人者身材稍高些比较容易成功。

（2）活上绳一带一跳。

带人者先做正摇跳，被带者站在一旁，观察摇绳节奏，把握时机，待带人者将绳摇至脚下跳过之后，趁绳在其体后的时机，被带者快速跑到带人者身前，待绳从带人者身后经两人头上摇至被带者脚下时，两人齐跳过绳，绳过两人脚下数次后，被带者可从正在摇动的绳中跑出。

2. 一带一钻绳洞跳

采用活上绳的方法上绳，带人者与被带者齐跳若干次，调整好节奏后，带人者将一侧手臂抬高摇绳，被带者弯腰从带人者抬高的一侧手臂下快速钻跑到其身后。当绳恰好摇到带人者身前时，被带者应已钻到其身后正中位置上。待绳摇至脚下后，两人一齐跳过，跳若干次之后，被带者再从带人者抬起摇绳的手臂下钻到其身前，待绳摇至脚下时应及时起跳。如此一钻一跳，跳完再钻，被带者好像从绳形成的小洞中钻进钻出，因此这种跳法被称为钻绳洞跳。

3. 车轮跳

车轮跳又名中国轮，是跳绳的一大特色。它是一种两人相互配合、轮流跳绳的新型跳绳方法，因为是轮流进行跳绳，从侧面看就像车轮在转动，所以这种跳法被称为车轮跳。两人同向并排站立，相距约 50 厘米，各自握一条绳，将内侧的绳把互换，交替摇绳跳过。这种跳法要求摇绳的手臂一上一下，两绳也始终在一个平面内的两端，对两人的协调性要求较高。开始时，可以先练手臂摇绳的动作，再练手脚配合。（图 14–1–5）

图 14–1–5

4. 换位半周车轮跳

基本车轮跳动作开始，两名队员协同配合摇绳，往返互换位置，在恢复基本位置停绳后，即完成一个完整的换位半周车轮跳动作。（图 14–1–6）

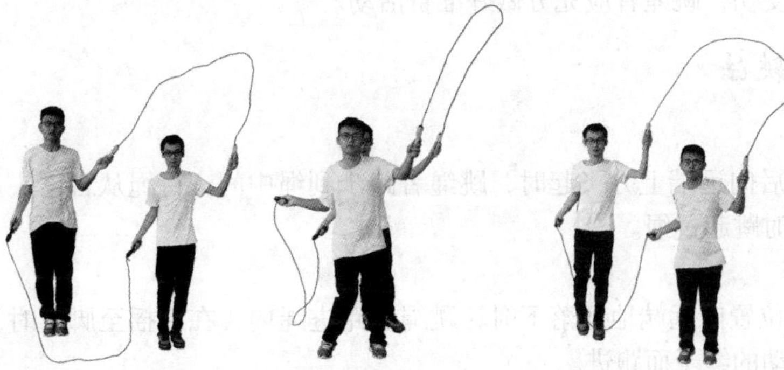

图 14–1–6

5. 转带跳

带人者与被带者相对而立。第一跳为带人跳；第二跳时，带人者移到被带者左侧，自己单独跳，而被带者在原地与其同节奏空跳一次；第三跳时，带人者则移到被带者背后，两人背对背齐跳一次；第四跳时，带人者转到被带者右侧，带人者单独跳，被带者原地空跳一次；第五跳时，两人回到原来的位置上进行一带一跳。（图 14–1–7）

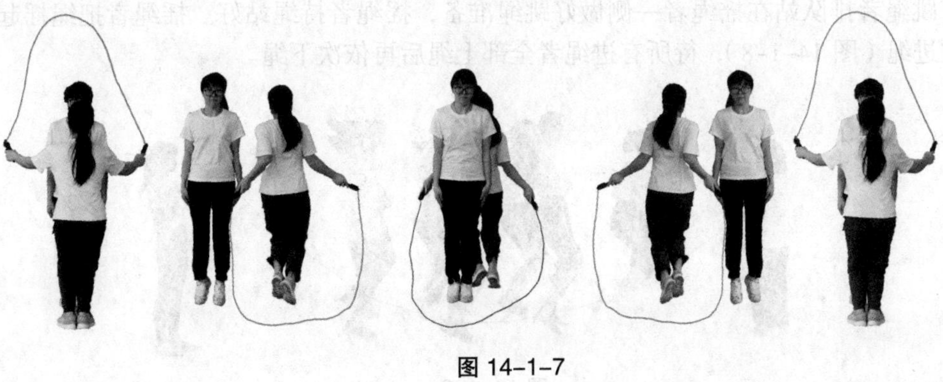

图 14–1–7

三、长绳跳

（一）基本要求和注意事项

（1）绳的长短：绳的长短依跳绳人数而定。

（2）摇绳者：身高一致，动作协调一致。

（3）跳绳者：当摇动的绳触及地面的一刹那，跳绳者必须同时起跳，让绳从脚下通过。

（4）技术特点：长绳跳是集体项目，要求摇绳、跳绳者动作协调统一，齐心协力。跳长绳对于摇绳者的技术要求较高，如果摇绳技术好，跳绳者跳起来会相对比较容易。因此，摇绳者应注意力集中，注意摇绳的速度、节奏，主动配合跳绳者。

（5）注意事项：长绳跳的进绳方法是采用活上绳法，需要跳绳者一步跨到绳中间，动作幅度较大，要防止脚踝受伤，跳绳者应充分做好准备活动。

（二）基本跳法

1. 正上绳法

当绳触及地面后向远端上方飞起时，跳绳者跑步到绳中间，待绳从自己头上摇至身旁再次触及地面的瞬间，及时跳起过绳。

2. 反上绳法

当绳摇至最高位置向远端地面落下时，跳绳者跑进绳内，在绳摇至脚下时及时跳过。反上绳法就好像是追随摇动的绳子而跑进。

（三）各种变换跳法

1. 长绳单人跳

长绳单人跳俗称跳大绳。两名摇绳者持绳相对而立，跳绳者站在摇绳者的任意一侧，做好上绳准备。当绳摇起到适当位置后，跳绳者上绳，连续跳起过绳。

2. 依次进长绳集体跳

所有跳绳者排队站在摇绳者一侧做好跳绳准备，摇绳者持绳站好。摇绳者把绳摇起，所有跳绳者依次进绳（图 14–1–8），待所有进绳者全部上绳后再依次下绳。

图 14–1–8

3. 平衡绳连续跳

五组摇绳者相对而立，将绳向同一方向摇（正摇或反摇），跳绳者列队轮流连续跳过五条绳，再转身反上绳，连续跳过五条绳，中间不允许摇空绳；跳绳者尽量不要在绳中间等待。

4. 跑 8 字跳

摇绳者持绳站好，间距不小于 3.6 米，跳绳者贴近摇绳者的一侧站成一路纵队。开始跳时，跳绳者以 8 字路线以正上绳和反上绳的方法跑入绳中跳跃，首位跳绳者上绳后，后面的同伴紧随其后依次上绳。跑动的路线与摇绳者之间的连线夹角尽量小。过绳的方法一般采用两步上下法（一步上，一步下）。步子小而快，跳起高度低，单脚落地，迅速由跳转向跑下绳。

5. 交替对摇绳连续跳

两名摇绳者持两绳相对站立，同时交错对摇两条绳，一条绳按顺时针方向摇，另一条绳按逆时针方向摇。开始时，两商定好先摇哪一条绳，当先摇的绳转至上方最高点时，另一条绳转至最低点，如此两绳一上一下地交错摇动。摇绳时，绳打地之后两人应尽量向外用力摇转，便于两绳交错而不搭在一起。两人摇绳的速度要一致，用力协调。跳绳者在绳转动区内准备跳绳，要注意观察靠近自己的这条绳，不必考虑另外那条绳，及时跳越两条交错摇过的绳，可用双脚并跳（图 14–1–9），也可用左右脚交替跳。下绳的方法如同上绳一样，也应以一条绳为参照，如跳绳次数为单数，则可按上绳方向跑出；如跳绳次数为双数，则可以从上绳的同侧方向跑出。

图 14–1–9

第二节 定向运动

学习提示

定向运动起源于瑞典，最初是一项军事体育活动，距今已有百年历史。在定向运动中，智力和体力同等重要，它不仅能强健体魄，还能培养独立思考、迅速反应和果断决定的能力。

一、定向运动概述

定向运动就是利用一张详细、精确的地图和一个指北针，按顺序造访地图上所标示的各个点标，以在最短的时间内到达所有点标者为胜利者。定向运动通常在森林、郊外和城市公园里进行，也可在大学校园里进行。

一个标准的定向路线包括一个起点（用三角表示）、一个终点（用双圆圈表示）和一系列的点标（用单圆圈表示）。这些点标已在图上用数字标明。在实际地形中，一个橘黄色和白色相间的点标旗标志着运动员应该寻找的点的位置。为了证实找到了这些点，运动员必须在到达的每一个点标处使用打卡器在卡上打卡。电子打卡系统能准确地证实运动员的造访，同时记录造访的时间。

点标与点标之间的路线并不被指定或固定，相反，运动员应自己做出选择。这种选择的能力及借助地图和指北针在森林或公园里辨明方向并以最快的速度按顺序到达目的地的能力，便是定向运动的精髓所在。

二、器材装备

1. 定向地图

定向地图是定向运动的重要工具，它包括比例尺（通常为 1 ∶ 15000 或 1 ∶ 20000）、等高距（通常为 5 米精度，至少要使以正常速度奔跑的运动员没有不准确的感觉）和内容（详细地表示与定向和越野直接相关的地物、地貌）。

2. 指北针

指北针一般由组织者提供，若要求自备，则应对其性能、类型等做出规定。目前，指北针的类型有简单式、液池式、透明式、照准式、电子式等。

3. 点标旗

运动员根据定向地图所提供的信息，利用指北针快速定向，在实地中寻找一个橙色和白色相间的点标旗，该点标旗被准确地放置在地图所标示的地点圆圈的中心。

4. 打卡器

运动员必须在到达每一个检查点时使用打卡器在卡片上打卡。检查卡面的尺寸，一般为 21 厘米 × 10 厘米。

5. 检查卡片

检查卡片主要用于判定运动员的成绩，一般用厚纸片制成，分为主卡和副卡两个部分。

6. 运动员的服装

服装轻便、舒适、易于活动即可。

7. 号码布

号码布的尺寸一般不超过 24 厘米 × 20 厘米，号码的数字高度不小于 12 厘米。比赛中要求运动员将号码布佩戴于前胸及后背。

三、技术与方法

（一）标定地图的方法

1. 概略标定

定向地图上的方位规定为上北下南，左西右东。当在站立地正确地判别了方向之后，只要将定向地图的上方对向站立地的北方，地图即被标定。

2. 利用指北针标定

先使指北针的红色箭头朝向地图上方，并使箭头与定向地图上的指北线重合，然后转动地图，使指北针的北端对正地图的磁北方向，地图即被标定。

3. 利用直长地物标定

首先应在图上找到这段直长地物，对照两侧地形，使地图上的直长地物符号与现地直长地物方向一致，地图即被标定。

4. 利用明显地形点标定地图

从地图上找到现地明显地形点的位置时，可以利用明显地形点标定地图。先选择一个地图上与现地都有的远方明显地形点，然后转动地图，使图上的站立点至目标的连线与现地的站立点至目标的连线相重合，此时地图即被标定。

（二）确定站立点

1. 直接确定

当自己所在的位置是明显地形点时，只要从图上找到该地形点，站立点即可确定。

2. 利用位置关系法确定

利用位置关系法确定站立点，主要依照两个要素：一是站立点至明显地形点的方向；二是站立点至明显地形点的距离。

3. 利用交会法确定

当站立点附近无明显地形点时，可以利用交会法确定站立点。按不同情况，交会法又可以具体分为90°法、截线法、后方交会法。90°法是当待测点位于线状地形上时，如果在与运动方向相垂直的方向上能找出一个明显的地形点，线状地形符号与垂直方向线的交会点即为站立点。当待测点位于线状地形上，但在其与运动方向相垂直的方向上没有明显的地形点时，可以采用截线法。当待测点上无线状地形，而且地图与现地相应地都有两个以上的明显地形点时，可采用后方交会法。

（三）确定前进方向

每次出发前，必须先判明出发点的图上位置，明确前进方向和目标点，然后标定地图，选准前进方向，向目标点进发。

（四）定向运动跑的技术

定向运动跑是一种长距离的间歇式赛跑，既要求能够尽可能地减少人体能量的消耗，又要求运动员根据比赛的情况具有加速能力。定向运动跑的姿势主要采用身体微向前倾或正直的姿势；呼吸时最好用鼻子与半张开的嘴共同呼吸；体力分配根据选择的路线状况、比赛的阶段和自身体能状况确定；速度一般不宜过快。

第三节　气排球运动

学习提示

气排球运动是一项集运动、休闲、娱乐为一体的群众性体育项目。作为一项新的体育运动项目，气排球如今已经受到越来越多的人的青睐。

一、气排球运动概述

气排球是我国土生土长的一项群众性排球活动。1984 年，呼和浩特铁路局集宁分局为了开展老年人体育活动，在没有规则限制的情况下，组织离退休职工用气球在排球场上打着玩儿。由于气球过轻且易爆，他们将两个气球套在一起打，最后又改用儿童软塑料球。随后又参照 6 人排球规则制定了简单的比赛规则，并将这种活动形式取名为“气排球”。

气排球属于一项群众性体育运动，简单易学。每场只需要 10 个人就可以开始运动；集体性极强，必须协调配合，有利于表现团结奋进的精神风貌；人体任何部位触球都可以，为了救球，在手来不及的情况下允许用脚踢，只要按规则要求，将球打到对方场内上空即为有效。气排球好学易懂，运动适量、不激烈，男女可以混合进场进行运动，是一项老少皆宜的运动。

二、气排球运动竞赛规则简介

（一）比赛场地与器材

1. 比赛场地

比赛场地包括比赛场区和无障碍区。比赛场区为长 12 米、宽 6 米的长方形。其四周至少有 2 ～ 3 米宽的无障碍区，从地面向上至少有 7 米高的无障碍空间。场地地面必须平坦、水平、划一。不得有任何可能造成伤害队员的隐患，也不得在粗糙或易滑的地面上进行比赛。

2. 器材

（1）球网：在垂直地面中线上空。球网为黑色，长 7 米，宽 0.8 米，网孔为 8 厘米见方。男子球网高度 2.1 米，女子球网高度 1.9 米。球网高度用量尺从场地中间丈量。球网两端离地面必须相等，不得超过规定高度 2 厘米。

（2）网柱：用圆形光滑的金属材料制成。网柱分别架设在两条边线外 0.5 ～ 1 米的中线延长线上。

（3）球：为圆形，面料由柔软的高密度合成革材料制成。颜色为彩色。圆周长为 72 ～ 78 厘米，质量为 120 ～ 140 克。一次比赛所用的球必须是同一特性、同一品牌的球。

（二）比赛进行

1.场上位置

每局比赛开始，场上队员必须按位置表排定的次序站位，在该局中不得调换。在新的一局中，每个队上场队员的位置可重新安排。

（1）四人制比赛队员位置：双方队员各分为前排2名，后排2名。前排左边为3号位，右边为2号位；后排左边为4号位，右边为1号位。

（2）五人制比赛队员位置：双方队员各分为前排3名，后排2名。前排左边为4号位，中间为3号位，右边为2号位；后排左边为5号位，右边为1号位。

2.暂停

每次暂停时间为30秒。暂停时，比赛队员必须离开比赛场区到球队席附近的无障碍区。

3.换人

（1）换人必须在换人区内进行。

（2）换人由教练员或场上队长请求，换人时，场外队员要做好上场的准备。

（3）如果要替换两名或两名以上的队员，要用手势表明请求替换人次。

（三）记分方法

比赛采用每球得分制，即胜一球得一分。

1.胜一场

比赛采用三局两胜制，剩两局的队为胜一场。如果1∶1平局时，进行决胜局（第三局）的比赛。

2.胜一局

第1、第2局先得21分同时超过对方2分为胜一局，当比分20∶20时，比赛继续进行至某队领先两分（22∶20、23∶21……）为胜一局。决胜局先得15分同时超过对方2分的队获胜，当比分为14∶14时，比赛继续进行至某队领先2分（16∶14、17∶15……）为胜一局。

（四）犯规

1.发球时的犯规

（1）发球犯规：①发球次序错误；②发球队员在发球击球时，踏及端线和发球区以外地面；③发球队员未在第一裁判鸣哨后8秒内将球击出；④球被抛起或持球手撤离后，一只手或手臂未击球，使球落地。

（2）发球击球后的犯规：①界外球；②球越过发球掩护的个人或集体。

2.拦网的犯规

（1）后排队员完成拦网或参加完成拦网的集体。

（2）拦对方得发球。

（3）拦网出界。

（4）从标志杆外进入对方空间拦网。

（5）拦网队员过网拦网，在对方进攻性击球同时或之前触球。

（6）当球飞向过网而尚未过网，有同队队员准备击该球时完成拦网。

3.进攻性击球的犯规

（1）在对方空间击球。

（2）击球出界。

（3）在前场区，完成进攻性击球，球的飞行轨迹没有高于击球点。球过网时没有明显向上的弧度（包括水平飞向过网）。

（4）对处于本场区内高于球网上沿的对方发球完成进攻性击球。

三、气排球基本技术

气排球基本技术与排球相近，可以参考排球基本技术。

体育思政课堂

休闲运动是中国体育事业的重要组成部分。跳绳简单易行，有助于增强心肺功能，提高身体的灵活性。参与定向运动时，参与者需要克服大自然中的一些困难，可以磨炼意志，提高处理复杂问题的能力，提高保护环境的意识，不断提高综合素养。长期科学的气排球运动练习可增强体质,陶冶情操,促进人的和谐发展。

参考文献

[1] 塞泽尔，惠特尼 . 营养学：概念与争论［M］. 8 版 . 王希成，译 . 北京：清华大学出版社，2004.
[2] 日本《羽毛球杂志》. 羽毛球技术图解［M］. 何阳，李大霞，译 . 北京：人民体育出版社，2002.
[3]《奥林匹克学》编写组 . 奥林匹克学［M］. 北京：高等教育出版社，1999.
[4] 陈小蓉 . 定向运动与野外生存训练［M］. 广州：中山大学出版社，2003.
[5] 陈智勇 . 现代大学体育教程［M］. 北京：北京体育大学出版社，2004.
[6] 邓树勋 . 体育与健康［M］. 广州：中山大学出版社，2001.
[7] 杜婕 . 完全运动时尚手册［M］. 北京：新世界出版社，2000.
[8] 关春芳 . 登上健康快车［M］. 北京：北京出版社，2002.
[9] 黄汉升 . 排球［M］. 北京：高等教育出版社，2001.
[10] 洪昭光 . 让健康伴随着你［M］. 海口：南海出版公司，2002.
[11] 季成叶 . 体质自我评价和健康运动处方［M］. 北京：北京体育大学出版社，2001.
[12]《健美操》编委会 . 健美操［M］. 北京：北京体育大学出版社，2005.
[13] 李维城 . 足球获胜法宝［M］. 北京：北京体育大学出版社，2002.
[14] 马学智 . 散手［M］. 北京：北京体育大学出版社，1998.
[15] 曲宗湖，杨文轩 . 现代社会与学校体育［M］. 北京：人民体育出版社，1999.
[16] 陶志翔，等 . 跟专家练网球［M］. 北京：北京体育大学出版社，1998.
[17] 杨贵仁 . 21 世纪学校体育工作全书［M］. 北京：兵器工业出版社，2001.
[18] 杨忠伟 . 体育运动与健康促进［M］. 北京：高等教育出版社，2004.
[19] 王崇喜 . 球类运动：足球［M］. 北京：高等教育出版社，2005.
[20] 王正伦 . 科学健身新概念［M］. 南京：江苏科学技术出版社，2003.
[21] 朱柏宁，李伟民 . 高校体育与健康教程［M］. 上海：同济大学出版社，2002.
[22] 郑厚成 . 全国普通高等学校体育实践教程［M］. 北京：高等教育出版社，1998.